우아한 아이디어가 세상을 지배한다

우아한 아이디어가 세상을 지배한다

매튜 메이 지음 | 박세연 옮김

살림Biz

서문

장황함은 분명히 우아함을 방해하는 요소이지만, 그렇다고 간결함을 통해 우아함을 얻어 낼 수 있는 것도 아니다. 이런 의미에서 나는 알파벳 140개로 서문을 완성했다. 왜 하필 140개냐고? 그건 트위터로 쓸 수 있는 최대 글자 수이기 때문이다.

"적음은 또 다른 많음을 의미한다." 대칭, 유혹, 생략, 지속이라는 네 가지 원칙은 결코 어렵지 않다. 우선 책을 읽어 보라!

_가이 가와사키(Guy Kawasaki),
『당신의 기업을 시작하라』 저자이자
최신 뉴스 포털사이트 올탑닷컴(Alltop.com) 설립자

차례

숨겨진 조각

·

·

·

2007년 6월 10일 일요일, 미국의 1,200만 시청자들은 당시 최고의 인기를 누리던 드라마 〈소프라노스(The Sopranos)〉의 마지막 회를 보기 위해 HBO 채널을 틀어 놓고 TV 앞을 지키고 있었다.[1] 북부 뉴저지 지역의 조직 폭력배 보스를 소재로 삼은 이 드라마는 시즌 6에 이르기까지 무려 8년여를 방영했다. 그리고 골든 글로브와 에미 상을 포함해 무려 스무 번이 넘는 수상을 기록했다.[2] 〈소프라노스〉는 그동안 공중파 프로그램이 독차지하던 인기를 누리면서 드라마 시대의 부활을 알렸다. 그 덕분에 HBO는 엔터테인먼트 산업의 선두주자로 자리 잡았다.

〈소프라노스〉 시즌 6는 데이비드 체이스(David Chase)가 제작과 극본, 그리고 연출을 동시에 맡았다는 점에서 매우 이례적이었다. 1999년 첫 방영을 시작한 이래 이런 경우는 거의 없었다. 〈소프라노스〉의 마지막 회가 시작되기 전부터 떠들썩한 광고가 이어졌다. 2004년 시트콤 〈프렌즈〉의 마지막 편 이후로 가장 요란한 시기였다. 방송 평론가들은 한 시대의 종말을 고했고, 〈소프라노스〉 마니아들은 블로그와 홈페이지에 아쉬운 심정을 토로했다. 저명한 평론가 페기 누난(Peggy Noonan)은 「월 스트리트 저널」 주말 칼럼에서 〈소프라노스〉가 현대인의 생활 모습을 통찰력 있게 그려 냈다는 칭찬을 아끼지 않았다. 페기는 이렇게 썼다. "〈소프라노스〉는 단지 인기 있는 드라마가 아니다.[3] 이것은 걸작이다. 〈소프라노스〉의 마지막 회가 방영되는 일요일 밤은 매우 의미 있는 시간이 될 것이다."

마지막 회가 방송되는 한 시간 동안, 시청자들은 토니 소프라노의 운명을 가슴 졸이며 지켜보았다. 체이스가 마지막 편을 예고한 이후로, 시청자들은 22개월 동안 드라마의 결말을 놓고 논쟁을 벌였다. '토니는 그렇게 쓰러지고 말 것인가?' 하지만 마지막 회에서도 시청자들은 그 대답을 듣지 못했다. 마지막 몇 초 동안 화면은 까맣게 변했다. 다시 몇 초가 지나자 배우와 제작진들의 이름이 자막으로 올라왔다. 〈소프라노스〉는 이렇게 끝이 났다. 시청자들은 충격에 빠졌다.

〈소프라노스〉의 결말은 전례를 찾아보기 어려운 파격적인 형태의 예술적 시도였다. 시청자 입장에서 마지막 장면은 사실 황당했다. 그런데도 뜨거운 반응을 얻을 수 있었던 이유는 결말 그 자체 때문만이 아니었다. 갑자기 까맣게 변한 마지막 장면이 시청자들의 호기심을 불러일으켰기 때문이었다.

그 순간 시청자들은 모두 자신들의 텔레비전을 의심했다. 즉, 결말에 대한 시청자들의 첫 번째 반응은 드라마의 내용과는 아무런 관계가 없었다. 위성과 케이블 TV 시대에서도 얼마든지 이런 사태가 발생할 수 있지만, 놀라운 사실은 모든 시청자들이 '똑같은' 생각을 했다는 점이다. 그들은 모두 텔레비전이 고장 났다고 생각했다. 하지만 마지막 자막이 올라가기 시작하자 그게 결말이라는 사실을 깨달았다. 너무나 당연하게도, 며칠간 소동이 벌어졌다.

월요일 아침, 「뉴욕 타임스」부터 CNN에 이르는 주요 언론은 일제히 비난을 쏟아 냈다. 예상했던 것처럼 평론가들은 혹평을 퍼부었다. 그들은 데이비드 체이스가 결국 도망쳤고, 속임수를 썼거나, 아니면 뭔가 다른 속셈이 있을 거라고 성토했다(토니 소프라노가 어떠한 운명을 맞이했다고 하더라도 시청자 모두를 만족시킬 수는 없었을 것이다. 또 애매모호한 결말은 영화 제작을 암시한다고도 볼 수 있다). 〈데일리 쇼(The Daily Show)〉 같은 코미디 프로그램들은 〈소프라노스〉의 결말을 패러디했다. 그러나 시청자들 사이에서는 뭔가 다른 일이 벌어지고 있었다. "원하는 사람이 있다면 항상 거기에 있다."라는 알쏭달쏭한 말로 시작된 '데이비드 체이스의 천재성'에 대한 새로운 평가가 매겨졌다.[4] 미완성 결말을 씁쓸해하던 시청자들의 실망감은 점차 최고의 찬사로 바뀌어 갔다.

체이스가 드라마의 장면 하나하나를 치밀하게 구성해 놓았다는 소문에 시청자들은 티보(TiVo) 레코더로 드라마를 다시 보기 시작했다. 그들은 분명하게 드러나 있는 것들은 물론, 숨겨져 있던 시각적 단서까지 분석했다. 배경음악에 속에 담긴 의미, 대화 속에 숨겨 놓은 복선, 심지어 카메라 각도와 색상 배치, 조명 효과 같은 세밀한 부분에 대한 참고 자료들도 살펴보기 시작했다. 이러한 논쟁은 온라인과 대중매체를 통해 점점 확산되었다. 그리고 새로운 이론들이 꼬리에 꼬리를 물고 이어졌다. 그 논쟁들은 마치 살아 있는 듯했다. 시청자들은 체이스가 심어 놓은 암호를 치밀하게 추적하고 사라진 조각들을 맞추면서 저마다의 결말을 만들어 냈다. 물론 다 끝나고 나서 하는 이야기이지만, 사람들은 토니 소프라노에 대해 저마다 다른 의견을 제시했다. 복잡하고 다양하게 진행되던 논쟁은 점차 세 개 정도의 범주로 좁혀졌다. 그리고 각각의 범주에 속한 사람들은 다른 그룹과 격렬한 논쟁을 벌이기 시작했다.

여기서 중요한 사실은 〈소프라노스〉가 실제로 아무런 결말을 제시하지 않고 시청자의 관심과 논쟁을 불러일으켰다는 점이다. 시청자가 원하는 결론은 아니었다. 하지만 평론가 대부분은 TV 드라마 역사에서 가장 혁신적이고 기억에 남을 만한 작품이라는 찬사와 함께, 소프라노의 마지막 회를 올해의 가장 획기적인 작품으로 선정했다. 〈소프라노스〉는 앞으로도 이러한 모습으로 시청자들의 머릿속에 기억될 것 같다.

그렇다면 〈소프라노스〉로 인한 사회적 파장이 끊임없이 이어진 이유는 무엇일까?

나는 그 대답을 조금은 엉뚱한 곳에서 찾아보고자 한다. 다음은 중국 철학자 노자의 『도덕경』에 나오는 글이다.[5]

서른 개의 바큇살이 바퀴통에 모여 있으나,

바퀴통 복판이 비어 있어서 쓸모가 있고,

찰흙을 이겨 옹기그릇을 만드나,

그 한가운데가 비어 있어 쓸모가 있다.

문과 창을 만들어 방을 만드나,

안이 비어 있기 때문에 방으로 쓸모가 있다.

그러므로 있음은 이로움을 위한 것이지만

없음은 쓸모가 생겨나게 하는 것이다.

데이비드 체이스는 기존의 결말 형식을 포기함으로써, 등장인물과 스토리에 얽힌 복잡한 문제를 자유로운 방식으로 한 번에 해결했다. 그리고 서로 관련 없어 보이는 이야기와 장면을 하나로 엮음으로써 시청자들을 실망시킬 수 있는 위험을 재치 있게 피했다. 게다가 시청자들의 호기심도 이끌어 냈다. 체이스는 장면 곳곳에 치밀한 암시를 깔아 두었으며, 특이한 형태로 작품을 마무리 지었다. 특히 화면을 암흑으로 덮어 버리는 '무(無)'라는 단순한 전략을 통해 놀라운 효과를 자아냈다. 그는 시청자들이 꼼짝하지 못하도록 마법을 걸었다. 체이스는 완성된 결말 대신 다양한 해석 가능성을 남겨 둠으로써, 시청자들이 독특하고 색다른 방식으로 참여할 수 있는 길을 열어 둔 것이다. 이것은 체이스가 '시청자'들의 지성과 창의성에 대해 표하는 가장 높은 존경의 형태이기도 하다.

　그렇다면 〈소프라노스〉의 마지막은 완벽했을까? 그렇지 않다. '완벽함'이란 모든 것이 이루어진, 그리고 결점이 없는 마무리를 말한다. 〈소프라노스〉는 이러한 완벽함과는 거리가 멀다. 하지만 완벽한 드라마보다 더욱 강력한 힘을 발휘했다. 다시 말해, '우아했다.'

존재하지 않는 존재

아래의 그림을 한번 보자. 직각으로 꺾인 세 개의 선이 있다. 이것은 아주 중요하다. 하루라도 없으면 생활이 불편해진다. 대체 이게 뭘까?

모르겠다면 여기 힌트가 있다. 하지만 한번 해답을 알게 되면, 앞으로 절대 다른 방식으로는 보지 못하게 될 것이라는 점을 명심하자. '이 그림은 가장 많이 나오는 알파벳 대문자이다.' 그러나 이 문자는 선이 아니라 공간에 있다. 이제 보이는가? 그렇다. 바로 알파벳 E다. 이제 이 그림을 다시 한 번 들여다보자. 내 말대로 이제 당신은 이 그림을 E가 아닌 다른 것으로는 볼 수 없을 것이다.

당신은 지금 '숨겨진 조각'의 힘을 체험했다. 이것은 속임수가 아니라 우아함의 정수이다. 또한 이 책의 주제이기도 한 사고의 전환을 의미한다. 즉, 가끔은 '존재하지 않는' 것이 '존재하는' 것을 드러내기도 한다.

〈소프라노스〉의 파격적인 결말은 시청자들로부터 폭발적인 반응을 이끌어 냈다. 마찬가지로 치밀하지도 복잡하지도 않은 '불완전한' 알파벳 E는 아주 흥미로운 방식으로 강한 인상을 주고 있다. 이 선들이 E라는 것을 알아차리는 순간, 기존의 인식 구조는 완전히 바뀐다. 그리고 다음부터는 자세히 들여다보지 않아도 우리의 뇌가 자동적으로 E의 이미지를 떠올린다. 〈소프라노스〉의 마지막 편처럼, 불완전한 형태의 E가 새로운 방식으로 자신의 모습을 드러낸다. 이를 바라보는 사람들은 강한 인상을 받게 된다.

여기에서 얻을 수 있는 교훈은 최소의 투자로 최대의 효과를 거둘 때 우아함이 모습을 드러낸다는 사실이다. 이와 반대로, 계속해서 무언가를 더할수록 우아함과 멀어진다. E의 이미지가 처음으로 떠오르는 순간, 사람들은 놀란다. 그전에는 E가 보이지 않았다. 하지만 이미 '존재'하고 있는 간단하면서도 계획된 선들이 사라진 조각들을 불러 모아 놀라운 힘을 발휘한다. 여기서 우아함이란 더하기가 아니라 빼기와 관련된 개념이다.

숨겨진 조각의 놀라운 힘, 즉 노자의 말을 빌리자면 '존재하지 않는 것'은 체이스가 〈소프라노스〉의 마지막 회에서 의식적 혹은 무의식적으로 추구했던 개념이다. 또한 다양한 분야에서 일하는 혁신적이고 창조적인 사람들이 추구하고 있는 것이기도 하다. 숨겨진 조각이란 창조적인 아이디어를 통해 상상력을 이끌어 내는 힘을 의미한다.

물론 그 아이디어가 반드시 새로운 것일 필요는 없다(노자 사상은 2,500년이나 되었다). 그런데도 상상력을 자극하는 아이디어를 창조하는 것은 여전히 어려우면서도 생소한 숙제로 남아 있다. 세상에서 제일 쉬운 일이 뭐냐고 물어보면, 아마도 많은 사람들이 시큰둥한 표정으로 어깨를 으쓱이며 이렇게 대답할 것이다. "가만히 있는 게 가장 쉽죠." 그러나 사실 가만히 있는 것만큼 어려운 일은 없다. 이는 세상에서 가장 부자연스러운 것이면서 인간의 본성에 어긋나는 일이기 때문이다.

가령 당신이 아프리카를 주유하면서 사진을 찍고 있다고 상상해 보자. 당신의 눈앞에 어미 하마와 새끼가 보인다. 카메라를 들어 사진을 찍으려는 순간, 어미 하마가 당신을 잡아먹을 듯이 달려든다.[6] 이러한 상황이라면 아마 당신은 치타들이 부러워할 속도로 도망칠 것이다. 하지만 「내셔널 지오그래픽」 사진가인 보이드 맷슨(Boyd Matson)의 얘기는 다르다. 100미터를 10초에 주파하는 실력이 있더라도 절대 도망가서는 '안 된다'는 것이다. 사실 달려드는 엄마 하마를 찍는 일이 보이드에겐 일상적인 업무다. 보이드에 따르면, 훌륭한 사진을 찍으려면 움직이지 말고 그 자리에 그대로 있어야 한다. 즉, '아무것도 해서는 안 된다.' 하지만 2톤짜리 맹수가 자신을 향해 달려올 때 움직이지 않고 가만히 있는 것은 세상에서 가장 어려운 일이다.

5분 동안 아무것도 하지 않고 그대로 가만히 있어 보자. 장담하건대 누구도 성공하지 못할 것이다. 5분 동안 분명히 무슨 일이든 할 것이다. 가만히 있기는 세상에서 가장 쉬워 보이지만, 사실 세상에서 가장 어려운 일인 것이다.

무엇을 그만둘 것인가

베스트셀러 저자이자 프리랜서 강사인 짐 콜린스(Jim Collins)는 HP의 스탠퍼드 비즈니스 스쿨에서 박사 후 과정을 밟고 있었다. 어느 날 그는 자신이 제일 존경하던 교수님으로부터 호된 질책을 받고 낙심하고 말았다. 그 교수는 짐에게 아무런 원칙 없이 노력하고 있다고 지적했다. 그 순간, 짐의 머릿속에 '존재하지 않는'것의 개념이 떠오르기 시작했다. 창조와 혁신 전문가인 교수는 짐에게 자아에 대한 깊은 성찰 없이 많은 에너지를 낭비하고 있으며, 이 때문에 바쁘지만 의미 없는 생활이 반복되고 있다고 꼬집어 얘기해 주었다. 이 충고는 문제의 핵심을 찔렀다. 당시 자신감으로 가득 차 있던 짐은 높은 목표를 향해 무작정 달리고 있었다. 할 일은 언제나 태산이었고 일상은 너무나 복잡했다. 그러나 그는 교수의 조언을 듣고, 멈추어 서서 자신을 뒤돌아보았다. 교수는 스승으로서 그에게 진정한 도움을 주었던 것이다. 교수는 짐에게 이런 질문을 던졌다. "자네는 2,000만 달러를 유산으로 물려받았네. 하지만 앞으로 10년밖에 살 수 없지. 이제 무슨 일을 하겠나? 그리고 무슨 일을 그만두겠나?"

짐은 자신에게 무엇이 가장 소중한지 생각해 보게 되었다. 이 질문은 짐에게 세 가지 차원에서 인생의 전환점을 가져다주었다. 첫째, 잘못된 목표와 잘못된 궤도에서 많은 에너지를 낭비하는 자신의 모습을 발견했다. 게다가 자신의 일을 너무나 싫어하고 있다는 사실도 깨달았다. 그 즉시, 짐은 직장을 그만두고 스탠퍼드 대학교로 돌아가서 연구와 교육 그리고 글 쓰는 일에 도전했다.

둘째, 시간이 얼마나 소중한 것인지 깨달았다. 요즘 짐은 한 해를 시작하면서 '하지 말아야' 할 일들의 목록을 정한다. 연중 계획표에는 항상 '그만두어야' 할 일이 포함되어 있다. 짐은 강의를 할 때마다 자신의 사례를 소개하면서 해야 할 목록과 함께 '그만 두어야' 할 목록을 작성해 보라고 강조한다. 그는 실천적인 차원 에서 제일 중요한 목표를 먼저 정하고, 이를 중심으로 다른 일을 정하라고 얘기한다. 그리고 우선순위에서 하위 20퍼센트에 해당 하는 항목들은 계속해서 제거하라고 말한다.

셋째, 당시 연구하고 있는 기업을 단지 '좋은' 기업을 넘어선 '위대한' 기업으로 성장시킬 수 있는 비결을 깨달았다. 위대한 기 업이 되기 위해서는 수익, 열정, 완벽함이라는 세 가지 기준에 기 여하지 못하는 활동과 투자를 계속해서 없애야 한다. 여기서 수 익이란 기업과 소비자들에게 가치를 제공하는 활동에 관한 것을 의미한다. 열정은 경제적인 차원을 넘어서서 숭고한 목적의식을 갖는 것을 말한다. 그리고 완벽함이란 각각의 업무를 치밀하게 수행함으로써 경쟁 상황 자체를 초월하는 것을 의미한다. 위대한 기업으로 거듭나기 위해서는 기업의 모든 활동에서 이 기준을 실 현해야 한다.

짐 콜린스는 감동적인 에세이를 통해 '멈추기'의 개념을 설명 한다.[7] 이 글은 「USA 투데이」에도 게재된 바 있다.

위대한 예술 작품은 존재하는 것뿐만 아니라 존재하지 않는 것으로 이루어져 있다. 전체와 조화를 이루지 못한다면 아무리 오랜 시간을 투자했다고 하더라도 없애 버려야 한다. 진정한 예술가와 위대한 작품은 그렇게 탄생한다. 음악이든, 소설이든, 그림이든, 기업이든, 아니면 가장 소중한 자신의 인생이든 간에 말이다.

우아한 해결책의 놀라운 효과

나는 짐의 사례를 통해 통찰력을 얻을 수 있었다. 당시 나는 도요타에서 특별하고도 난해한 과제를 맡고 있었다. 매년 수십만 가지 아이디어를 현실화하는 도요타의 놀라운 업무 프로세스를 점검하고, 이를 직원들에게 교육하는 작업이었다. 나는 그 가운데 '멈추기' 개념을 다룬 짐의 글을 접하게 되었다.

나는 글을 읽는 동안 그동안의 접근 방식이 잘못되었다는 사실을 깨달았다. 그때까지 나는 '하지 말아야 할' 일이 아니라, 본능적이고 직관적인 차원에서 오로지 '해야 할' 일만 바라보고 있었다. 그 순간, 누구나 부러워하는 도요타의 생산 라인이 '사라져야 할', 그리고 '멈추어야 할' 시스템으로 보이기 시작했다. 그리고 당시 미국의 대표적인 고급 자동차 브랜드였던 렉서스의 생산 시스템 전반에서 열정과 완벽함의 요소가 부족한 부분들을 하나씩 제거하기 시작했다. '존재하지 않는' 것이 '존재하는 것'보다 더욱 강력한 힘을 발휘할 수 있다는 깨달음을 통해 나의 세계관은 완전히 바뀌었다. 그리고 내 인생까지도 달라졌다.

나는 인식의 전환을 주제로 『우아한 해결책(The Elegant Solution)』이라는 책도 펴냈다. 여기서 나는 도요타의 사례를 바탕으로 근본적으로 차별화된 혁신적인 개념을 제시했다. 그리고 이를 토대로 도요타는 점차 세계 시장을 석권하기 시작했다. 이 책을 통해 나는 도요타의 여러 사례를 다루었고, 그러면서 우아함의 개념과 우아한 해결책으로 이룩한 결과들을 확인하고 분석했다.

그다음으로 나는 '그만두기' 개념을 내 인생에 적용해 보았다. 글을 쓰고, 강의를 하고, 우아함의 원리와 개념을 연구하기 위해, 경영 컨설팅 업무를 잠시 접어 두기로 결정했다. 나는 우아함의 형태를 더욱 치밀하게 이해하기 위해, 2년 동안 우아함의 개념을 집중적으로 연구했다. 그리고 적은 투자로 많은 성과를 추구하는 사람과 단체들을 조사했다.

나는 연구의 방향과 목표만 정해져 있다면, 앞에서 살펴본 알파벳 E 이야기처럼 다양한 분야에서 우아함의 사례들을 얼마든지 발견할 수 있다는 사실을 깨달았다. 예술에서 스포츠에 이르기까지, 공장에서 건축물까지, 그리고 과학에서 사회에 이르기까지 그야말로 모든 영역에서 우아함을 발견할 수 있었다.

나는 이 책에서 새로운 아이디어와 성과, 그리고 아름다운 인생을 만들기 위해 자신의 원칙을 실천하는 사람과 단체, 기업들을 소개하고자 한다. 이러한 사례를 접하고 나면 다음과 같은 질문을 떠올릴 수 있을 것이다. '그렇다면 우아함에 이르기 위해 무엇을 배워야 하는가?' 그 전에 한 가지 알려 둘 것이 있다. 사실 이 책의 목적은 분석이 아니라 훌륭한 사례를 제시하는 것이다. 미국의 사상가 헨리 데이비드 소로(Henry David Thoreau)가 말한 것처럼, 개념을 정확하게 이해하려면 먼저 다양한 사례를 알고 있어야만 한다. 이 책은 우아함의 세계에 도달하기 위한 구체적인 단계를 제시하고 있지는 않다. 즉, 이 책에 만병통치약이나 비법이 들어 있는 것은 아니다. 우아함의 세계에는 한 가지 해답이란 존재하지 않기 때문이다.

우아함이 갖고 있는 놀라운 힘의 원천은 어디 있는 것일까? 아직 확실하게 밝혀지지는 않았지만, 그 원천을 찾아낼 수 있다면 더욱 다양한 형태로 우아함의 힘을 활용할 수 있을 것이다.

이를 위해 나는 이 책에서 우아함을 더 큰 그림, 더 넓은 관점에서 바라보고자 한다.

위에서 언급한 접근 방식은 분명 동양적인 사고방식이다. 나는 오래전부터 아시아의 기업과 문화에 대한 연구를 해 왔다. 그리고 이를 바탕으로 동양의 정신적인 측면들을 공부했다. 물론 이런 접근 방식의 바탕에는 과학적인 사고가 깔려 있다. 일리노이 대학교의 심리학자들은 다양한 연령대의 미국인과 아시아인들로 구성된 스터디 그룹에게 정글 속에 코끼리가 있는 사진을 보여주는 실험을 했다.[8] 그리고 fMRI(기능성 자기공명영상)를 사용해 이미지를 볼 때 반응하는 두뇌 부위를 관찰했다. 미국인들의 경우, 인식에 해당하는 부분에서 빛이 나는 것을 확인할 수 있었다. 즉, 미국인들은 코끼리에 집중하고 있었다. 하지만 아시아인들은 그렇지 않았다. 그들은 코끼리가 아니라 코끼리를 포함한 정글 전체를 보고 있었다. 우아함을 살펴보는 동안, 나 역시 코끼리가 아니라 코끼리가 살고 있는 정글에 초점을 맞추고자 한다.

나는 우아함의 개념을 좀 더 생생하게 그리기 위해 다양한 각도에서 우아함을 살펴볼 것이다(예술가들은 이러한 접근 방식으로 '진실을 밝힐 수' 있다고 말한다). 그리고 우아함의 다양한 가치와 형태를 다루어 볼 것이다. 그 비밀을 벗기기 위해서, 우아함이 왜 그토록 강력한 매력을 뿜어내는지에 대한 이유도 살펴볼 것이다. 또 우아함의 기반을 이루고 있는 생략의 법칙에 대해서도 설명할 것이다. 그리고 우아한 아이디어를 지속적으로 활용할 수 있는 방법에 대해서 알아볼 것이다. 마지막으로, 우아한 아이디어를 생각해 내기가 왜 그렇게 힘든지, 무엇이 이를 가로막는지 확인할 것이다. 이러한 과제가 이 책의 기본 뼈대를 이룬다. 이들 과제를 살펴보는 동안, 당신은 우아함의 개념들을 하나씩 이해해 나갈 수 있을 것이다.

왜 우리에게 우아함이 필요한가

아마 많은 이들이 궁금하게 생각할 테지만, 위에서 제시한 과제들이 중요한 이유는 무엇일까? 그것은 오늘날 대부분의 사람들이 '하는' 것이 '하지 않는' 것보다 중요한 세상에서 살아가고 있기 때문이다. 이 말은 매우 중요한 의미를 담고 있다. 우리 사회는 언제나 더욱 근본적인 해결책, 즉 우아한 해결책을 필요로 한다. 하지만 세상을 다른 관점에서 볼 수 없다면, 지금처럼 골칫거리만 만들어 내는 그저 그런 사고방식에서 벗어날 수 없다. 토지,

노동력, 자본 같은 자원들은 고갈되고 소멸되기 때문이다. 또 인간이란 본래 본능적으로 빼야 할 때 더하고, 멈추고 생각해야 할 때 선불리 행동하고 마는 존재이기 때문이다. 게다가 가치를 잠식시키는 복잡성을 가치 창조로 바꿀 수 있는 근본적인 방법이 오늘날 절실하기 때문이기도 하다. 마지막으로 불필요한 것들을 없애고 그 자리에 중요한 것들을 채워 넣을 수 있는 공간을 만드는 기술이 필요하기 때문이다.

사실 오늘날 인류는 어느 정도 우아함의 수준에 올라와 있다. 그리고 때로는 우리가 생각하는 것보다 훨씬 높은 수준에 도달해 있는 경우도 많다. 우리는 이제부터 이러한 사례들을 집중적으로 살펴볼 것이다.

1장

무엇이 우아함을 만드는가

·

·

·

2000년 가을, 기업가 정신으로 똘똘 뭉친 하버드 대학교 재학생 앤서니 델베키오(Anthony Delvecchio)와 제이슨 카람챈드리(Jason Karamchandari)는 셔틀걸(Shuttle-Girl)이라고 이름 붙인 웹사이트를 오픈했다.¹ 사이트의 목적은 아주 단순했다. 하버드 학생들이 복잡한 교내 셔틀버스 일정표를 쉽게 이해할 수 있도록 도와주는 것이다. 이 사이트에서 두 청년은 셔틀걸에 대해 이렇게 설명했다.

셔틀버스는 이제 하버드 대학교 학생들의 일상생활이 되었다. 셔틀걸이라는 사이트를 이용하면 앞으로 더 쉽게 셔틀버스를 이용할 수 있다. 한번 생각해 보자. 우리는 언제나 일정표를 보고 셔틀버스를 이용한다. 물론 우리들은 모두 스무 살이 넘은 대학생들이다. 그런데도 과학 연구소로 가기 위해 10시에 버스에 올라탔다가, 사각형 모양의 순환 경로를 거의 한 바퀴나 돌고 난 뒤인 10시 25분이 되어서야 한숨을 내쉬며 버스에서 내린다. 눈에서는 눈물이 글썽인다. 우리는 그 심정을 잘 알고 있다. 사실 셔틀버스 일정표는 너무 복잡하다. 요새 나온 일정표를 이해하려면 게임 이론에 관한 지식까지 동원해야 한다는 이야기가 있을 정도다. 이 어려움을 해결하기 위해 이제 셔틀걸이 나섰다.

델베키오와 카람챈드리를 포함해 교내 셔틀버스를 타는 학생들은 모두 버스 일정표가 알아보기 어렵고, 허점투성이이며, 불편하고, 접근이 불가능하며, 정확하지도 않고, 짜증만 나는 골칫덩어리라는 사실을 잘 알고 있었다. 그래서 두 청년은 누구나 쉽게 정보를 얻을 수 있고, 시간에 맞춰 도착하고, 자기가 예상했던 길로 가고, 그전에 타 보지 않았던 경로도 쉽게 이용할 수 있도록 도와주기 위해 이 사이트를 구축했다.

셔틀걸 사이트는 버스 경로에 관한 정보는 물론, 휴대 장비를 통해 실시간으로 정보를 업데이트하는 서비스까지 제공한다. 델베키오와 카람챈드리는 구글을 구축했던 래리 페이지(Larry Page)와 세르게이 브린(Sergey Brin)과 마찬가지로, 자신들의 창조적 아이디어를 컴퓨터 지식과 결합해 다양하고 새로운 기술을 개발했다. 그리고 체계적인 시스템으로 이 기술들을 통합해 사용자 친화적인 사이트를 구축했다.

두 사람이 만든 로고는 알쏭달쏭한 수수께끼 같았다. 처음에는 유명 팝 스타의 애매모호한 실루엣 형태였다가, 나중에는 신비에 쌓인 하버드 대학교 여학생의 부분 이미지로 바뀌었다. 이 때문에 셔틀걸 사이트의 정체성을 둘러싼 논쟁이 교내 전체로 퍼지기도 했다.

셔틀걸 플랫폼은 실로 대단해서, 보스턴 지역의 대중교통을 관리하는 메사추세츠 항만 교통 공단은 통근 열차의 전체 일정표를 구축하는 과정에 이를 도입했다. 곧이어 여섯 개의 시와 대학 여러 곳이 이 시스템을 채택하기에 이르렀다. 이후 두 청년은 세컨드 키스 와이어리스라는 회사를 설립해 셔틀걸 플랫폼 판매를 더욱 넓은 지역으로 확대했다.

2001년 6월, 교내 신문사인 「하버드 크림슨」과 진행한 인터뷰에서 델베키오는 셔틀걸의 다양한 기능을 이렇게 설명했다. "저희는 단 한 가지 시스템으로 모든 서비스를 제공합니다. 우리는 셔틀걸이 믿기 어려울 만큼 우아한 솔루션이라고 자부합니다."

한편, 유명 작가 랜디 넬슨(Randy Nelson)은 노스캐롤라이나 샬럿에 위치한 데이비슨 대학에 단편소설 과정을 개설했다.[2] 그 수업에서 넬슨은 학생들에게 독특한 숙제를 냈다. 이쑤시개 250개들이 박스 하나, 끈 90센티미터, 풀 70그램을 주고 모형 교각을 만드는 과제였다. 게다가 구조물의 높이는 최소 이쑤시개의 두 배여야 하고, 벽돌 하나를 버틸 수 있을 만큼 튼튼해야 한다는 조건까지 덧붙였다. 넬슨은 '단순하고, 아름답고, 튼튼하고, 절대적으로 독창적인 우아한 솔루션'에 착안해 '끈과 풀을 모두 사용하고, 마지막 이쑤시개 하나까지 완벽하게 들어맞는' 구조물을 만드는 것이 과제의 목적이라고 설명했다. 그는 이 과제가 소설 쓰기에 직접적인 도움이 될 것이라고 주장했다. 넬슨의 설명에 따르면 훌륭한 소설 역시 우아하고, 독창적이고, 탄탄하고, 꼭 필요한 단어들로만 이루어져 있다. 게다가 최후의 한 단어까지 정확하게 맞아떨어지는 완벽한 구조를 갖추어야만 한다.

1983년, 백악관과 의회 그리고 시민운동 단체들 사이에서 벌어진 6개월간의 기나긴 정치적 분쟁으로 인해 미국의 인권위원회가 사라질 위기에 처한 적이 있었다.[3] 문제의 발단은 레이건 대통령이 인권위원회 위원 세 명을 독단적으로 임명하면서 시작되었다. 이에 대해 시민 단체와 의회는 행정부가 개입하면서 양당 체제를 기반으로 삼는 인권위원회의 독립적인 정체성이 위협받고 있다고 반발했다. 이로 인해 위원회의 존속 기간 연장을 둘러싼 법안 처리가 정치권의 뜨거운 이슈로 떠올랐다. 상원과 하원은 인권위원회가 행정부가 아닌 의회의 기관으로 다시 자리 잡을 수 있도록 다양한 방안을 제시했다. 그러나 상원 지도부는 입법기관 내부에 위원회를 신설해야 한다는 주장에 대해서 합의하지 못한 상황이었으며, 의원 투표에 대한 요청도 무산되고 말았다. 한편 하원은 인권위원회의 성격이 행정부 기관으로 바뀐다면 즉시 관련 예산을 철회하겠다는 결론을 투표를 통해 승인했다. 위원회의 종료 기한이 임박해지자 시간에 쫓긴 긴박한 협의가 진행되었다. 마감 시간을 얼마 남기지 않은 시점에서, 마침내 상원의 타협안이 나왔다. 그들은 임기 6년에, 위원은 여덟 명이고, 그중 절반은 민주당 그리고 절반은 공화당이 차지하는 절충안을 제시했다. 위원 선정은 대통령이 네 명, 그리고 상원과 하원이 각각 두 명을 임명하는 방식이고, 교차 임기제를 적용하며, 정당한 사유가 있을 시 해임도 가능했다. 관련 기관들 모두 이 절충안에 동의했다. 이를 두고 「뉴욕 타임스」는 이렇게 보도했다. "너무나 우아한 해결책이었다."

'우아한 해결책'이라는 표현에는 차별화된 방식으로 복잡한 문제를 한 번에 해결했다는 의미가 담겨 있다. 그리고 독창적인데다, 효율성과 단순성을 획기적인 형태로 조합했다는 뜻이다. 우아함이란 개념에는 적은 투자로 많은 효과를 얻는다는 의미가 담겨 있다. 델베키오, 넬슨, 「뉴욕 타임스」는 이러한 개념을 모두 잘 이해하고 있는 듯하다. 사실 우아함이란 우리에게 아주 친숙한 개념이며, 일상생활에서 다양한 형태로 접하는 존재다.

과학자와 수학자, 기술자들은 복잡한 현상을 간단한 형태로 설명할 수 있는 이론을 원한다. 그리고 예술가나 건축가들은 여백, 또는 '비어 있는' 공간을 활용해 시각적인 효과를 강조한다. 음악가들은 쉼표, 즉 침묵을 통해 극적인 긴장감을 조성한다. 운동선수나 댄서들은 최소의 힘으로 최대의 효과를 이루기 위해 날마다 기술을 연마한다. 일본의 건축가와 무예인들은 '시부미(しぶみ)'를 추구한다. 시부미라는 말은 정확하게 정의하기는 어렵지만 매우 중요한 의미를 담고 있다. 대략적으로 표현하자면 '요란하지 않은 은은한 아름다움'이라고 설명할 수 있겠다. 한편, 의사들은 가장 단순한 형태로 환자의 모든 증상을 한꺼번에 설명할 수 있는 진단을 찾아내기 위해 오컴의 면도날 원칙(가설은 단순해야 한다는 원칙 – 옮긴이)에 집중한다. 영화감독, 소설가, 작사가는 단순해 보이지만 사람들의 공감을 이끌어 낼 수 있는 다중적인 의미가 담긴 이야기를 만들기 위해 노력한다.

하지만 최선을 다해 추구한다고 하더라도 우아함은 그리 쉽게 붙잡히지 않는다. 우아함의 세계에는 지름길이란 없다. 잘 보이지도 않는다. 그렇기 때문에 소중하다. 우아함에 대한 경험은 언제나 심오하다. 우아함을 체험하는 순간, 사람들은 잠시 숨을 멈춘다. 손바닥으로 이마를 치면서 "맞아!" 하고 외치기도 한다. 그리고 그 순간, 세상을 바라보는 가치관이 달라진다. 그것도 영원히 말이다.

『웹스터 뉴월드 사전』 최신판을 뒤져 보면, 우아함이란 "대단히 간결하고 날카로우며 창조적인 것. 문제를 해결하는 고상한 해결책으로서, 현명하면서도 단순한 것."이라고 나와 있다. 하지만 무엇이 우아한 것이고, 어떤 의미가 담겨 있으며, 어떠한 모습으로 발현되는지, 실용적인 관점에서 더욱 알기 쉽게 설명할 수는 없을까?

크누스의 정의

스탠퍼드 대학교 컴퓨터공학과 명예교수 도널드 크누스(Donald Knuth)의 연구실에 들어서면 잠시 놀라게 된다.[4] 크누스는 키보드보다 연필과 메모지를 주로 사용하고, 항상 일어선 채로 작업하며, 이메일은 아예 사용하지도 않는다. 그의 업적을 잘 알고 있는 사람들이 그를 컴퓨터공학의 아버지로 떠받들고 있다는 사실을 감안하면 이러한 모습은 너무나 이상하다.

컴퓨터와 프로그래밍에 대한 크누스의 사랑은 반세기 전인 1957년부터 시작되었다. 당시는 메인프레임 컴퓨터(많은 데이터를 처리하기 위한 대형 컴퓨터)가 세상에 막 나오려고 하던 때였다. 크누스는 당시를 회상하며 이렇게 말한다. "IBM 650 컴퓨터에는 뭔가 특별한 것이 있었죠. 내 평생의 연구 방향을 바꾸어 놓을 만한 것이었어요."

크누스는 또한 『컴퓨터 프로그래밍의 기술(The Art of Computer Programming)』이라는 학술 전집을 집필했는데, 이 책은 많은 사람들로부터 컴퓨터 분야의 바이블이라는 찬사를 받았다. 그는 책의 머리말에서 '프로그램 속에 담긴 우아함'이라는 표현을 썼다. 컴퓨터 명령어들이 프로그래머들만 이해할 수 있는 언어가 아니라, 사람들이 실제로 읽고 이해할 수 있는 문자 체계가 되어야 한다고 믿었기 때문이다. 크누스에 따르면 우아한 소프트웨어란 프로그래머들만의 언어가 아니다. 벽난로 앞에서 음미할 수 있는 '아름다운 시' 같은 것이어야 한다.

크누스가 가장 좋아하는 강의 주제는 '골치 아픈 문제 풀기'다. 크누스는 풀이 과정을 적기도 전에 이미 머릿속에 해답을 떠올리면서 자신만만한 태도로 많은 문제를 우아하게 풀어낸다. 지난 50년 동안 컴퓨터 프로그래밍 기술은 발전을 거듭해 왔으며, 이 과정에서 크누스가 개발한 프로그램들은 실질적인 밑거름이 되어 주었다.

크누스는 우아함을 다음과 같이 정의했다. "대칭적이면서, 인상적이고, 여백을 지닌, 즉 $E=mc^2$처럼 간결하면서도 불멸의 고리를 간직한 존재."

사실 그의 정의는 좀 애매모호하다. 하지만 크누스가 평생 동안 신비로운 코드를 공부했다는 사실을 감안한다면 그리 이상한 것만도 아니다.

그의 정의는 대체 무슨 뜻일까?

우아함의 구성 요소

1782년, 레온하르트 오일러(Leonhard Euler)라는 스위스 수학자는 라틴 행렬에 관한 연구를 남겼다.[5] 라틴 행렬이란 행과 열이 모두 같은 수(n)로 이루어진 정방형 행렬을 말한다. 여기에는 단 한 가지 법칙이 있다. 즉, 1부터 n까지 숫자들이 각각의 행과 열에 한 번씩만 나타나야 한다. 가령, 일곱 개의 행과 열로 이루어진 라틴 행렬에서는 1부터 7까지의 숫자들이 각각의 행과 열에 한 번씩 등장한다.

그 이후 200년을 훌쩍 뛰어넘어, 1979년 「델 퍼즐」 잡지가 넘버 플레이스(Number Place)라는 숫자 퍼즐을 발표했다. 넘버 플레이스는 미국 인디애나폴리스 지역의 건축가 하워드 간즈(Howard Garns)가 오일러의 라틴 행렬을 변형해 만든 9×9 행렬을 말한다. 이 행렬은 3×3 형태의 하위 행렬 아홉 개로 이루어진다. 그리고 모든 숫자가 행과 열에 한 번씩만 들어가야 한다는 라틴 행렬의 법칙에, 1에서 9까지의 모든 수가 각 하위 행렬에 한 번씩만 들어가야 한다는 법칙을 새로 추가했다. 이 행렬 게임의 목표 역시 빈칸을 모두 채우는 것이다. 총 81개에 이르는 칸 일부에는 몇 개의 숫자들이 힌트 형식으로 들어가 있다.

일본의 퍼즐 전문 출판사인 니코리는 1984년에 넘버 플레이스를 약간 수정해 신문 지면에 실었다. 니코리는 30개 이하의 '힌트'를 대칭 형태로 삽입했다. 니코리는 이 퍼즐을 스도쿠라고 이름 붙였다. 그리고 불과 몇 년 사이에 스도쿠는 일본 전역에 퍼졌다.

2004년, 홍콩의 전직 판사이자 퍼즐광이기도 한 웨인 굴드

(Wayne Gould)는 스도쿠를 「런던 타임스」 편집자들에게 소개했다. 그리고 2004년 11월 12일, 「런던 타임스」는 스도쿠를 일일 특집 코너에 실었다. 곧바로 스도쿠 열풍이 몰아쳤고, 그 인기는 호주와 뉴질랜드까지 퍼져 나갔다. 그리고 이듬해 「데일리 텔레그래프」와 「데일리 메일」 같은 신문사들도 스도쿠를 연재하기 시작했다. 2005년 7월, 영국의 위성 방송사 스카이원은 세계에서 가장 큰 스도쿠 퍼즐을 만들었다. 브리스틀 인근 산기슭에 새겨진 이 스도쿠는 그 길이가 무려 84미터에 이른다.

2005년 말, 세계 퍼즐 협회는 스도쿠가 세계적으로 가장 뛰어난 논리 퍼즐 게임이라고 발표했다. 오늘날에는 온라인 버전은 물론, 라디오 및 TV 프로그램, 스도쿠 클럽, 게임 전략집, 비디오, 카드 게임, 그리고 스도쿠 경연 대회까지 유행하고 있다. 이탈리아는 2006년 세계 최초로 스도쿠 챔피언십 대회를 개최했다. 세계 각국에서 온 스도쿠 팀들이 이 대회에 참여했다. 각 나라에서 대표로 뽑히는 것도 어려운 일이지만, 이러한 국제 대회에서 챔피언을 차지하는 것은 더욱더 대단한 일이다.

「뉴욕 타임스」의 유명한 크로스워드 퍼즐 편집자이자 수수께끼학(암호와 퍼즐을 연구하는 학문)으로 학위까지 받은 유일한 인물인 윌 쇼츠(Will Shortz)는 스스로 스도쿠 '중독자'라고 선언한다.⁶ 2006년 말이 되자 스도쿠 열풍은 전 세계 수백만 명의 사람들을 중독에 빠뜨렸다.

그렇다면 스도쿠는 크누스가 내린 우아함의 정의와 무슨 관련이 있을까? 나는 스도쿠에 크누스 교수가 정의한 우아함의 구성 요소들이 모두 포함되어 있다고 생각한다. 그렇다면 크누스가 언급한 우아함의 개념을 스도쿠를 통해 살펴보도록 하자.

첫째, 크누스의 정의에서 맨 처음에 등장하는 '대칭적'이라는 개념을 스도쿠에서 찾을 수 있다. 하위 행렬로 구성된 스도쿠 속에는 힌트들이 대칭을 이루며 흩어져 있다. 둘째, 저항하기 어려울 만큼 중독적이라는 점에서 스도쿠는 '유혹적'이다. 이는 크누스의 '아주 인상적인'이라는 표현에 해당한다. 월 쇼츠 역시 빈칸을 채워 넣어야만 하는 스도쿠의 매력 때문에 자기도 모르게 중독되었다고 밝히고 있다. 셋째, 스도쿠 퍼즐은 꼭 필요한 힌트 이외에 다른 칸은 모두 비어 있다. 스도쿠를 만들기 위해서는 우선 가득 찬 행렬을 만들고, 그러고 나서 대칭 형태로 숫자를 빼 나간다. 이러한 방식으로 스도쿠 퍼즐은 완성된다. 마지막으로, 위 세 가지 특성으로 인해 스도쿠는 정형화될 수 없는 퍼즐이 된다. 즉, 스도쿠 퍼즐의 종류는 무한하다. 크누스가 말하듯, 스도쿠는 '간결하면서도 불멸의 고리를 지닌 존재'이다. 스도쿠만큼 배우기 쉬운 게임도 없다. 숫자를 모르는 아이들도 할 수 있다. 그리고 한 문장으로 게임 방법을 설명할 수 있다. 1분이면 배울 수 있다. 또한, 스도쿠 게임은 매우 보편적이다(특정 언어와 지식을 기반으로 삼는 크로스워드 퍼즐과는 다르다). 그것은 스도쿠에 나오는 숫자들이 하나의 상징이기 때문이다. 그런데도 스도쿠 퍼즐을 푸는 과정은 대단히 복잡하고도 어렵다.

대칭, 유혹, 생략, 지속성. 이것이 바로 우아함을 이루고 있는 네 가지 구성 요소이다. 이 네 가지 요소를 통해 우리는 숨겨진 조각의 힘을 발견할 수 있다.

우리는 대칭을 통해 구조, 질서, 미학에 관한 문제들을 풀 수 있다. 인간은 원래 대칭을 추구하는 존재다. 무한하게 반복되는 패턴이 숨어 있는 자연현상은 대부분 대칭을 이룬다. 대칭은 일상생활 곳곳에 숨어 있다. 사람들은 대칭을 아름다움이나 균형 같은 것이라고 생각한다. 수많은 연구 결과들은 사람들이 대칭적인 얼굴에 호감을 더 많이 느낀다는 사실을 증명한다. 대칭은 생물학에만 국한되지 않는다. 대칭은 수학과 자연, 그리고 과학과 미술이 만나는 지점이다. 대칭이 무너지면 우리는 금방 알아차린다. 이러한 인간의 성향을 이용할 수 있는 방법은 무한하다. '비대칭적'인 형태를 보면 사람들은 본능적으로 빠져 있는 조각들을

'채워 넣고' 싶은 욕망을 느낀다. 그래서 우리는 부분적인 정보만 있어도 전체적인 모양을 그려 낼 수 있다. 머릿속에서 대칭이 떠오르는 순간, 감추어져 있던 모든 것들이 모습을 드러낸다. 지금까지 없었던 모든 것들이 그 순간 존재의 영역으로 떠오르는 것이다.

연극을 보는 관객들은 서론, 본론, 결론이라는 일반적인 이야기 구조를 통해 공연의 전체 흐름을 이해한다. 그중에서 한 부분이 사라지면 관객들은 혼란에 빠진다. 하지만 곧 빠진 부분을 상상하면서 전체 구조를 추측한다. 이러한 노력을 통해 이야기의 대칭 구조를 완성할 때, 비로소 전체 이야기를 이해할 수 있다. 마찬가지로 스도쿠에서도 대칭은 결정적인 역할을 한다.

다음으로, 유혹이라는 요소는 창조성과 관련되어 있다. 유혹적인 문제들은 사람들의 관심을 사로잡고 상상력을 자극한다. 사람들은 모든 것이 밝혀져 있는 것보다 암시가 숨어 있는 상황에 더 큰 관심을 가진다. 다른 사람들이 상상할 수 있는 여지를 남겨 두는 것, 그리고 해석의 가능성을 열어 두는 것은 거부할 수 없는 신비의 아우라를 드리운다. 사람들은 해답을 찾아 부지런히 헤매게 된다. 유혹은 우리가 모르는 곳에 숨어 있다. 미지의 존재는 우리가 이미 알고 있는 것보다 훨씬 소중하며, 인간은 본능적으로 미지의 존재를 더욱 강렬히 원한다. 사람들은 알려져 있지 않다는 그 이유 하나만으로 미지의 세계에 쉽게 빠진다. 즉, 인류는 호기심을 충족시키기 위해 여행을 떠나야 하는 운명을 등에 지고 태어난 존재다.

셔틀걸을 만든 두 청년 역시 신비의 힘을 잘 이해하고 있었다. 셔틀걸 사이트의 정체성을 구체적으로 밝히지 않는 것은 단순한 속임수가 아니었다. 그것은 전체 학생들의 관심을 불러일으키기 위한 창조적인 마케팅의 일환이었다.

긍정적인 감정 반응에 대해 연구하는 신경 과학자들은 스도쿠 같은 퍼즐을 풀거나 연극의 줄거리를 추측하는 것 같은 노력이 줄무늬체(striatum)라는 뇌의 '만족감' 중추를 활성화시킨다는 사실을 밝혀냈다. 줄무늬체는 논리적 사고와 의식적인 행동을 담당하는 전두엽 부위로 연결된다. 스도쿠의 빈칸을 '채워 넣거나' 알쏭달쏭한 문제를 해결하는 것은 쾌락 또는 중독과 관련된 신경전달물질인 도파민을 분비하게 만든다. 도파민은 사람들의 중독 '성향'을 강화하는 역할을 한다.[7] 이러한 측면에서 윌 쇼츠가 스스로에 대해 스도쿠 중독자라고 밝힌 것은 정확한 지적이었다.

다음으로, '생략'이라는 요소는 경제성과 관련이 있다. 어떤 것을 줄이거나 그대로 '유지'하는 일은 인간의 본성에 어긋난다. 인간은 원래 더 많이 만들고, 계속해서 추진하고, 모으고, 저장하고, 쌓아 두고, 소비하는 동물이다. 그래서 코스트코가 성공을 거둔 것이다. 사람들은 두루마리 휴지 36롤을 창고에 쌓아 놓고 만족감을 느낀다.

비밀은 바로 여기에 있다. 인간은 계속해서 '채워 넣으려' 하고, '추가'하려고 들기 때문에, 여백을 기반으로 이루어지는 우아함에 그토록 이르기 힘든 것이다. 제품, 실적, 시장, 조직에서 나타나는 문제들은 모두 중복, 과부하, 낭비에 관한 것이다. 게다가 세 가지가 한꺼번에 나타나는 경우도 많다. 우리 모두는 이러한 문제로부터 자유롭지 못하다. 우아함에 이르거나 이르지 못하는 것은 전적으로 이러한 문제들을 어떻게 처리하는지에 달려 있다.

그렇다면 무언가를 '생략'하면 더 많은 것을 얻어 낼 수 있을까? 다시 말해, 여백을 바탕으로 더 많은 가치를 창조할 수 있을까?

혁신적인 글로벌 기업인 고어 앤드 어소시에이츠(W. L. Gore & Associates)는 직원들의 창조적 재능을 높이기 위해 기존의 직급 체계와 수직 구조를 완전히 없애 버렸다. 도요타는 신규 브랜드인 사이온 광고를 전혀 하지 않았으며, 유행 액세서리로 차를 튜닝하기 좋아하는 Y세대 소비자들을 위해 여러 가지 옵션을 과감히 없앴다. 그런가 하면 유럽 국가들의 경우, '아무것도 하지 않으면' 장기 기증자가 된다. 장기 기증을 하지 않겠다는 의사를 적극적으로 밝히지 않는 이상, 장기 기증자로 남는 것이다. 미국도 이러한 방식으로 장기 기증 개념을 변경했고, 그 결과 기증자 수가 네 배나 증가했다. 영국의 한 인터넷 은행은 지점을 하나도 설립하지 않고서도 오늘날 영국에서 가장 인지도 높은 은행으로 우뚝 섰다. 프랑스에 있는 자동차 부품 회사인 파비(FAVI)는 인사부를 없앴고, 그 후 직원들 간의 관계가 더 좋아졌다. 네덜란드의 여러 도시는 신호등을 없앴는데, 그러자 교통 흐름이 더욱 좋아졌고 자동차 사고 또한 크게 줄었다.

위의 사례들은 모두 앞서 제기한 질문에 긍정적인 답을 주고 있다. 하지만 이렇게 대답하기 위해서는 무엇을 생략할 것인지, 그리고 어떻게 실천할 것인지를 잘 이해하고 있어야 한다. 우리는 지속성이라는 요소를 통해 이를 이해할 수 있다. 지속성이란 반복적이며 지속적인 일련의 절차를 의미한다. 지속 가능한 우아한 해결책을 만들어 내기 위해서는 먼저 문제에 대한 접근 방식을 바꾸어야 한다. 그래야만 대칭, 유혹, 생략의 요소를 반복적이고 효과적으로 활용할 수 있다. 다시 말해, 지속성을 확보해야만 숨겨진 조각의 힘을 끊임없이 활용할 수 있다.

대칭, 유혹, 생략, 지속성이라는 네 가지 구성 요소는 구조적인 관점에서 바라보아야 한다. 그래야 각각의 요소들이 어떻게 작용하는지 이해할 수 있다. 또한 전체적인 시각에서 이해해야만 숨겨진 조각의 힘이 발휘된다. 하지만 각 요소들은 저마다 독자적인 방식으로 움직인다. 생략이 없어도 대칭은 나타날 수 있고, 또한 대칭이 나타났다고 해서 반드시 생략이 이루어진 것은 아니다. 마찬가지로 생략을 통해 여백을 마련했다고 해서 반드시 유혹적인 것은 아니다. 그리고 유혹적이라고 해서 모두 지속 가능한 것도 아니다. 사실 우아함의 구성 요소들은 가끔 배타적으로 작용하기도 한다. 이로 인해 우아함에 이르기가 더욱 힘들어지는 것이다. 그런데도 우아함은 반드시 대칭, 유혹, 생략, 지속성의 요소를 '동시에' 갖추고 있어야 한다. 네 가지 요소들이 균형을 이루기 위해서는 논리성과 창조성의 적절한 조합이 필요하다.

우아함과 복잡성의 관계

경제학자들이 주고받는 아주 오래된 유머 하나를 소개할까 한다. 인플레이션을 단번에 해결할 간단한 방법이 있다. 바로 판매자들이 물건 가격을 깎아서 싸게 팔도록 하는 것이다. 이 허무한 농담이 의미하는 바는 이처럼 단순한 방법으로는 인플레이션을 해결할 수 없다는 사실이다. 다시 말해, 골치 아프고 복잡한 상황을 무시하고서는 결코 문제를 해결할 수 없다는 뜻이다. 하지만 아이러니하게도 이러한 유머들이 현실에서 종종 나타나고 있다. 가령 미쓰비시 자동차의 프로모션 사례를 예로 들 수 있다. 미쓰비시는 미국 시장의 실적 부진을 만회하기 위해 '제로-제로-제로'라는 프로모션을 실시한 적이 있다.[8] 이 프로모션의 내용은 소비자들이 일 년 동안 계약금은 물론 원금 및 이자까지 한 푼도 내지 않고 차를 살 수 있도록 지원하는 것이다. 하지만 그 결과는 이름 그대로 제로로 끝났다. 수천 명의 소비자들이 공짜로 차를 몰고 나서 일 년 뒤에 고스란히 반납했다. 여기서 발생한 이자 비용으로 미쓰비시가 입은 손실은 무려 5억 달러에 달했다. 결국 프로모션은 실패로 끝났다. 애초 소비자들이 미쓰비시 자동차를 선택하지 않았던 여러 가지 복잡한 이유들을 고려하지 않았기 때문이었다.

미국의 연방 대법관을 지낸 올리버 웬들 홈즈(Oliver Wendell Holmes Jr.)는 이렇게 말한 적이 있다. "나는 단순함 대신 복잡한 문제에 신경 쓸 것입니다. 그러나 다른 한편으로, 복잡성을 바탕으로 단순함을 실현하기 위해 최선을 다할 것입니다." 이는 모든 것을 고려하고 난 뒤에라야 비로소 복잡성을 뛰어넘을 수 있다는 의미이다. 우리가 여기서 얘기하고 있는 '우아한(elegant)'이라는 단어는 단순하면서도 분명하게 문제를 해결하는 것을 의미한다. 우아한 해결책은 절대적으로 옳거나, 적어도 올바른 방향을 향하고 있으며, 레이저처럼 날카롭고 끈질기게 복잡한 문제의 핵심을 파고든다. 게다가 여러 가지 골치 아픈 사안을 한꺼번에 해결하며, 부작용도 없다. 단순하다고 해서 모두 우아한 것은 아니지만, 우아한 것은 모두 단순하다.

우아함은 예술 작품처럼 탄생하고, 감성적인 측면을 담고 있으며, 지적인 형태를 유지한다. 그리고 '현실을 뛰어넘은' 단순함을 지닌다. 하지만 이것을 '현실에 존재하는' 단순함과 혼동해서는 안 된다. '현실에 존재하는' 단순함의 사례로서, 복잡한 문제를 회피하고자 했던 '자발적 간소화' 운동을 들 수 있다. 1990년대 미국 북서부 지역에서 유행했던 이 운동은 새로운 인생관을 통해 복잡한 현대사회의 병폐를 처리하려 했다. 그러나 급속히 발전하며 기술적 진보를 거듭하는 우리 사회의 편리함과 효율성을 외면하는 것으로 끝나고 말았다.

우아함의 단순성은 체스판의 말과 같다. 체스에서 이기기 위해서는 전략적인 판단을 해야 한다. 먼저 체크메이트를 외치려면 수많은 실전 경험이 필요하다. 체스 게임은 때로는 며칠씩 걸리기도 한다. 자기 말의 움직임과 상대편의 반응에 대한 모든 가능성을 생각하다 보면 몇 시간이 훌쩍 지나간다. 하지만 분명한 사실은 한 번에 하나의 말밖에 이동할 수 없다는 것이다. 그래서 더욱 간단하고, 쉽고, 빠르게 배우고 즐길 수 있는 것이다.

고수들은 체스 게임의 복잡한 원리를 잘 알고 있다. 복잡성은 체스 게임의 일부분이며 사람들이 이 게임을 즐기는 이유이기도 하다. 체스 게임의 복잡성에 대처하고 이를 이용하기 위한 방법을 찾아 나가는 과정에 체스 게임의 재미와 스릴이 있다. 체스 게임에서 복잡성은 결코 나쁜 것이 아니다. 이처럼 체스 게임의 우아함에는 복잡성이 들어 있다. 빛이 어둠을 필요로 하고 믿음이 불확실성을 필요로 하는 것처럼, 복잡성이 없어지면 우아함도 사라지고 만다.

하지만 여기서 우아함이란 체스 게임의 복잡한 전략이 아니라 체스 게임 그 자체를 의미한다.

우아한 다이아몬드

도널드 크누스의 특이한 취미를 언급하고 넘어가 보자. 크누스와 그의 아내 질은 독특하고 다양한 도로 표지판 사진을 모으는 취미를 갖고 있다.[9] 사진은 800장이 넘고, 수집 지역도 미국은 물론 세계 곳곳에 이른다. 그들은 다음과 같은 범주 열 개를 기준으로 사진을 분류한다. 화살표, 교차로, 철도, 노면 상태, 임시 표지, 사람, 동물, 자동차, 입구, 날씨. 그리고 각 사진에는 GPS 좌표와 함께 자세한 설명이 적혀 있다. 여기까지는 그냥 일반적인 취미라고 볼 수 있다. 하지만 특이한 점은 오직 다이아몬드 모양 표지판만 수집한다는 사실이다.

도대체 왜 그는 다이아몬드 모양 표지판만 모았을까? 그의 대답은 그리 놀랍지 않다. 크누스는 다이아몬드를 우아함의 상징이라고 여기기 때문이다.

다이아몬드를 한번 떠올려 보자. 다이아몬드는 희귀하고, 비싸고, 우아하다. 하지만 다이아몬드는 놀랍게도 오직 한 가지 원소, 즉 지구상 모든 생명체를 구성하는 탄소로 되어 있다. 다이아몬드는 열과 압력이 극도로 높은 특정한 자연 조건 아래 수십억 년의 세월을 견디며 탄생한다. 이러한 과정을 거치면서 다이아몬드의 원자 구조는 치밀하게 조직화되고 단단한 형태로 재배열된다. 투명하다는 점에서 다이아몬드는 크누스의 우아한 컴퓨터 프로그램과도 비슷하다. 다이아몬드는 극도의 열과 압력을 견디면서 이를 외부로 발산한다. 또 다이아몬드는 균형을 이루며, 대칭 형태를 갖추고 있다. 보석으로 가공하면 다면체 모양을 띤다. 하지만 여러 가지 물질을 첨가해서는 절대 다이아몬드를 만들 수 없다. 오히려 불필요한 물질을 모두 제거해야만 가능하다. 원석을 정밀하게 가공하고 나면 비로소 눈부시게 빛나는 보석이 탄생한다. 다이아몬드의 자태는 정말 매혹적이다. 다이아몬드는 사람들의 마음을 사로잡고 거기에 빠져들게 만드는 놀라운 힘을 지니고 있다. 그렇기 때문에 다이아몬드는 영원한 것이다.

크누스는 다이아몬드에서 대칭, 유혹, 생략, 지속성이라는 우아함의 요소들을 발견했다. 그리고 이로 인해 다이아몬드 모양을 한 표지판에 매력을 느낀 것이다.

이제 우리는 우아함의 세계로 여행을 떠날 준비를 모두 마쳤다. 첫 번째 목적지는 대칭이라고 부르는 마을이다. 우리는 이곳에서 깜짝 놀랄 만한 것들을 발견할 것이다.

2장

대칭을 찾아내기 위한
필사적인 노력

·
·
·

과학자와 예술가들은 모두 똑같은 주문을 외우고 있다. 예술과 인생의 관계를 논한 위대한 시인 존 키츠(John Keats)는 1819년 그의 시 '그리스 항아리에 부치는 노래'에서 이 주문을 인류의 영원한 숙제로 표현한다. "아름다운 것은 진리요, 진리는 아름다움이다. 이것이 이 세상에서 인간이 알고 있는 전부요, 알아야 할 전부다." 과학자들이 세상을 논리적으로 접근하는 반면, 예술가들은 창조적으로 해석한다. 하지만 결국 과학자와 예술가들의 진리와 아름다움은 한곳에서 만난다. 그리고 이 지점에 예술과 과학의 공통 숙제인 대칭이 존재한다.

고대 시대 이후로 대칭은 예술과 과학에서 가장 흥미로운 주제였다. 좀 더 완벽한 예술적 효과를 추구하는 화가, 조각가, 음악가, 건축가, 철학자들은 오랜 세월 대칭의 개념을 연구했다. 나아가 지난 세기에는 수학, 물리, 우주론에서, 그리고 최근에는 사회학 분야에서도 대칭을 가장 기본적인 원리로서 주목한다.

'대칭'이라고 하면 흔히 좌우대칭, 또는 여러 가지 생물이나 지형적 특성에서 찾아볼 수 있는 거울 형태의 대칭을 떠올린다. 가령, 예쁜 얼굴이나 섬세한 나비 문양을 들 수 있다. 실제로 다양한 생물들의 형태를 좌우로 비교해 보면, 약간의 차이가 있지만 전체적으로 대칭을 이루고 있다는 사실을 알 수 있다. 사각형이나 원, 삼각형 등 비례적인 균형으로 이루어진 물건들은 '완벽한' 좌우대칭을 이룬다. 사실 대칭은 아주 자연스러운 현상이다. 심지어 6억 5,000만 년 전의 화석에서도 이를 확인할 수 있다. 유기체를 구성하는 수백만 개의 세포와 조직을 조합할 수 있는 방법은 무한대에 가깝다. 그런데도 자연 세계에 유독 좌우대칭이 만연한 까닭은 무엇일까? 이런 질문은 사실 존재에 관한 근본적인 물음이기도 하다.

좌우대칭 외에 다른 유형의 대칭도 있다. 가령, 회전 대칭이 있다. 이는 눈의 결정, 공, 불가사리 등에서 발견할 수 있다. 이런 물체들은 거울 대칭뿐만 아니라 중심축을 따라 회전시켜도 전체 모양이 그대로 유지되는 회전 대칭까지 이룬다. 육각형 모양을 하고 있는 눈의 결정은 60도 돌려 봐도 형태가 똑같다. 다리가 다섯 개인 불가사리는 72도 회전해도 원래 모습 그대로다. 다음번에 데이지 꽃을 들고 "나를 사랑한다. 사랑하지 않는다." 놀이를 하게 되거든, 어떤 방향으로 돌려도 모양이 변하지 않는다는 사실을 확인해 보자.

대칭의 개념을 더욱 간단하게 설명할 수 있는 방법이 있다.[1] 대칭을 논리적이고 보편적인 관점에서 이해하기 위해 수학으로 넘어가 보자. 대칭을 가장 잘 정의한 사람으로 독일 수학자 헤르만 바일(Hermann Weyl)을 들 수 있다 그는 1952년 『대칭』이라는 책을 통해 대칭의 개념을 이렇게 정의했다. "어떤 작업을 마친 이후에 그전과 동일한 모양을 유지하고 있으면, 우리는 이를 대칭이라고 한다."

가령, 'A Toyota's a Toyota'처럼 앞으로 읽으나 뒤로 읽으나 똑같은 문장을 들 수 있다. x3z+4xy+y3z와 같은 수식의 경우, x와 y의 자리를 바꾸어도 그 값은 변하지 않기 때문에 이 또한 대칭이라고 볼 수 있다. 이 사례들을 보면 바일의 정의가 얼마나 정교한 것인지 이해할 수 있다. 우리는 이 사례들에서 바일의 정의가 도형을 이용한 방식보다 논리적이고, 조직적이며, 실용적인 방식이라는 사실을 알 수 있다.

과학자와 예술가들은 대칭이란 겉으로 보기에 공통점이 없는 것들을 연결해 주는 존재라는 데 동의한다. 그리고 대칭이 우리가 일반적으로 개인적, 감정적, 주관적이라고 생각하는 것(예술적 아름다움)과 보편적, 합리적, 객관적이라고 생각하는 것(진리)을 하나로 연결하는 존재라는 점에도 동의한다. 이처럼 대칭이란 자연 세계, 즉 우리가 바라보는 세상의 본질을 이루는 존재다. 하지만 대칭은 현실에서 너무나 자주 등장하기 때문에 우리는 그 존재를 종종 망각한다. 그런데 대칭이 무너지면 얘기가 달라진다.

대칭이 사라지는 순간 사람들은 전혀 뜻밖의 상황을 만나게 된다.

대칭의 아름다움

브라이언 그린(Brian Greene)은 컬럼비아 대학교의 물리학 교수이자 베스트셀러 『엘러건트 유니버스(The Elegant Universe)』의 저자이다. 그에게 대칭이란 숨 쉬는 공기 같은 존재다. 그린을 포함한 이론 물리학자들 역시 자연의 '아름다운' 대칭에 대해 많은 관심을 갖고 있다. 그리고 우주의 어마어마한 복잡성을 공식으로 압축하기 위해 평생을 바쳐 연구한다. 그들은 우리를 둘러싼 세계의 본질을 가장 간단한 방식으로 응축하려는 시도를 한다. 다시 말해, 과학자들 역시 우아함을 추구하고 있다. 그린이 일반상대성이론을 '심오한 내적 우아함'이라고 말했던 것처럼, 아인슈타인은 일반상대성이론이 '틀리기에는 너무나 아름다운' 이론이라고 생각했다.[2] 그래서 강한 확신을 가질 수 있었다.

과학자들은 경험적인 세상, 그리고 직접 눈으로 보고 확인할 수 있는 세상을 연구한다. 이런 점을 고려한다면 과학에서 예술적 아름다움이 차지하는 비중은 매우 크다. 과학자들의 이론은 우리가 관찰할 수 있는 세상 속에 담긴 유사성을 부분적으로 담고 있다. 다시 말해 과학 이론들은 논리적 일관성뿐만 아니라, 자연계에 존재하는 구조적 아름다움과 우아함도 반영한다. 그리고 그 중심에는 대칭이 있다.

보편적인 물리적 현상을 수학적으로 정의한 과학적 이론이 그린의 대칭 개념을 만족시키기 위해서는 시간과 공간에 상관없이 언제나 적용이 가능해야만 한다. 즉, 세상 어디를 가더라도 유효해야 한다. 예외가 있어서는 안 된다. 그린이 말한 것처럼 '언제든지' 가능해야 한다. 중력의 법칙이 지구 위에서만 적용되었다면, 과학자들은 기존의 중력 법칙 대신 더욱 근본적이고 보편적인 이론을 찾아 나섰을 것이다. 하지만 우리가 알고 있는 중력의 법칙은 형태는 다르지만 달에서도 똑같이 적용된다. 달 표면에서는 누구나 제자리멀리뛰기 종목에서 올림픽 기록을 갱신할 수 있다.

왜냐하면 중력의 법칙에서 상수가 달라졌기 때문이다. 즉, 달의 질량이 지구보다 훨씬 작기 때문이다. 상수가 달라지면서 중력의 법칙은 완전히 다른 형태로 나타나지만 중력 법칙 자체는 그대로 유효하다.

지난 25년 동안 물리학자들은 초끈 이론, 또는 끈 이론이라고 불리는 문제와 씨름해 왔다. 끈 이론은 홈즈가 평생 동안 추구했던 단순함, 키츠가 표현했던 통합의 미학, 그리고 크누스의 대칭 개념에 대한 해답을 보여 주는 듯하다. 끈 이론은 일반상대성이론 같은 거시 이론과 양자역학 같은 미시 이론을 하나로 통합하려는 시도다. 일반상대성이론에서 시간과 공간은 부드럽게 이어진 곡면 같은 기하학적 구조를 이룬다. 반면, 양자역학에서는 입자 사이의 거리가 좁아질수록 그 상태가 더욱 불안정해지면서 파동이 발생한다. 마이크로 세계에서 이러한 파동은 파괴적인 형태로 나타나며, 그 순간 시간과 공간의 연결 구조는 끊어져 버린다. 이러한 차원에서 두 이론은 서로 모순된다. 지난 수십 년 동안, 상대성이론의 진영과 양자역학의 진영에 소속된 과학자들은 함께하는 자리조차 갖지 않았다. 하지만 오늘날에는 일시적으로나마 싸우지 않고 식사를 하면서 함께 얘기도 나눈다. 여기서 끈 이론은 큰 우주와 작은 우주의 모순 관계를 잠정적으로 연결하는 중요한 역할을 맡는다. 또 일반인들도 쉽게 상상할 수 있는 '끈'이라는 개념을 통해 거대하고 통합적인 설명을 제시한다.

물론 여기서 끈이란 일상생활에서 흔히 볼 수 있는 끈은 아니다. 끈 이론에서 말하는 끈은 너무 작기 때문에 눈으로 볼 수 없다. 원자의 핵보다 10억에 10억을 곱하고 거기에 다시 100을 곱한 수(10^{20})만큼 작다. 그래서 추측만 가능하다. 끈이라는 존재의 성질을 확인하기 위해서는 기존의 입자가속기에 다시 10억에 100만을 곱한 것만큼 거대한 장치를 만들어야 한다(물리학자들은 거대한 원형 입자가속기를 통해 엄청나게 빠른 속도로 입자를 충돌시키는 실험을 아주 좋아한다. 충돌의 순간 나타나는 현상을 통해 특정 입자에 관한 많은 정보를 얻을 수 있다). 바이올린이나 기타의 줄처럼 진동하는 끈의 모양은 고무 밴드와 흡사하며, 진동의 형태는 엄청나게 다양하다. 끈 이론에서는 이 진동이 양자나 전자 같은 아원자(亞原子)를 구성한다. 다른 말로 하면, 우주의 모든 물질은 하나의 현에서 울려 퍼지는 서로 다른 '노래'인 셈이다. 그린은 이렇게 표현한다. "우주는 끈들이 어마어마하게 다양한 형태로 진동하면서 연주하는 교향곡과 같다."[3]

문자의 기본 단위가 알파벳인 것처럼, 끈 이론에서 가장 작은 기본 단위는 진동하는 끈이다. 장미가 그냥 장미인 것처럼, 끈은 끈이다. 즉, 끈은 끈 자체이며 더 이상 나눌 수 없다. 장미 역시 현 위에서 울려 퍼지는 다양한 진동의 총체가 눈앞에 드러난 것이다.

하지만 끈을 볼 수 없다면, 그리고 끈의 성질을 직접 확인할 수 없다면 과연 어떻게 끈 이론의 타당성을 입증할 것인가? 앞서 언급한 것처럼 대칭의 힘을 활용하면 부분적인 정보만으로 전체적인 모습을 추론할 수 있다. 그린은 얼굴을 예로 든다. 우리는 얼굴의 왼쪽 이미지만 있어도 전체 얼굴을 그릴 수 있다(안면 기형 같은 특수한 경우가 아니라면 말이다). 얼굴은 물론 완전한 대칭은 아니지만 거의 비슷한 모습을 하고 있다. 경찰은 부분적인 정보만으로 용의자의 몽타주를 그려 낸다. 과학 분야에서도 이와 같은 시도가 지속적으로 이루어지고 있다. 과학자들은 멀리 떨어진 행성이나 은하계의 움직임을 관찰하기 위해 우주여행을 떠나지 않는다. 그 대신 대칭의 힘을 통해 숨겨진 조각들을 발견한다.

그린의 주장을 계속 살펴보기 위해, 종이에 알파벳 문자가 적혀 있다고 생각해 보자.[4] 이 문자열 속에는 y가 세 개 있다. 그리고 이 종이를 항아리 속에 밀봉한다. 이제는 힌트를 주지 않으면 문자를 알아맞힐 방법이 없다. 예전에 만화책에나 등장하던 투시 안경이 있다면 가능할지 모르겠다. 이 문자열은

'hjuiydfgybvcxzywerfgplk'처럼 얼마든지 복잡한 형태가 될 수 있다.

이제 힌트 두 가지를 주겠다. 첫째, 문자열은 의미가 있는 단어이다. 둘째, y가 세 개 들어간 단어 중 가장 짧은 것이다. 이제 해답이 떠오른다. 세 개의 y를 포함한 가장 짧은 영어 단어, 즉 'syzygy(삭망)'이다.

이 단어를 맞추는 과정은 앞서 소개했던 E 이야기, 〈소프라노스〉의 마지막 회, 그리고 스도쿠의 해답을 풀어 나가는 과정과 동일하다.

끈 이론은 진동이라는 가장 작은 단위를 바탕으로, 기존의 상호 모순적인 이론들을 하나로 묶어서 가장 작은 것부터 가장 거대한 것까지 한꺼번에 설명할 수 있는 통합 이론이라는 점에서 가치가 있다. 한마디로 말해서 끈 이론은 우아하다. 끈 이론은 아직까지는 눈으로 확인할 수 없는 우주의 통합적인 부분을 설명한다. 때문에 과학자 집단은 최종적으로 끈 이론을 증명(또는 반박)할 수 있는 증거들을 찾아내고자 노력하고 있다.

물리학자들이 생각하는 대칭은 모든 시간과 공간에 똑같이 적용할 수 있는 완전한 보편성을 갖춘 이론의 기반을 이룬다. 즉, 물리학자들의 연구 과정에서는 예술적인 측면들이 통합의 역할을 하고 있는 것이다. 그렇다면 평생을 아름다움에 바치는 예술가들은 대칭을 어떻게 생각하고 있을까? 브라이언 그린은 이렇게 말한다. "대칭은 예술에 큰 영향을 주고 있다. 그리고 깊은 만족감을 제공해 준다. 대칭은 우주의 질서와 만물의 조화를 밝힌다. 간단한 우주 법칙들로부터 나온 풍요롭고, 복잡하고, 다양한 우아함 속에는 물리학자들이 말하는 '아름다움'이 들어 있다."

그린의 말은 강력한 암시와도 같았다.

잭슨 폴록의 작품에 담긴 프랙털 패턴

2000년 봄, 리처드 테일러(Richard Taylor)는 오레곤 대학교의 물리학과 부교수 자리에 지원했다. 하지만 그의 이력서는 쓰레기통으로 직행할 위기에 처하고 말았다. 그가 평범한 물리학자가 아니었기 때문이다.[5] 그는 물리학자이자 추상 예술가였다. 보수적인 학자들은 그의 이색적인 경력을 부정적으로 생각했다. 테일러는 1994년까지 호주 뉴사우스웨일스 대학교에서 물리학을 연구한 뒤, 영국의 맨체스터 예술 학교에 들어갔다. 거기서 그는 예술과 과학을 통합하는 새로운 분야를 연구하기 시작했다. 테일러는 대칭에 관한 미학이 과학, 수학, 예술 및 우리를 둘러싼 세계와 어떻게 연결되어 있는지 아마 잘 알고 있었을 것이다. 그는 맨체스터에서 안식일을 보내면서 과학과 예술을 결합하기 위한 구상을 시작했다.

맨체스터는 '역경과 고난'을 통해 그림을 그릴 수 있는 최적의 장소이다. 1995년 2월, 테일러와 그의 동료는 잉글랜드 북부 요크셔 지역의 황무지에서 거센 폭풍을 맞고 있었다. 그들의 목표는 간단했다. 거기서 야외 경치를 그리는 것이다. 하지만 문제는 날씨였다. 겨울의 거친 눈보라 때문에 붓과 캔버스 사용은 애초에 불가능했다. 일기예보는 이번 주에 폭풍이 한 차례 이상 몰아칠 것이라고 예고했다. 테일러와 동료는 여관방에 머물면서 전략을 세웠다. 그들은 결국 프랑스 화가 이브 클라인(Yves Klein)의 실험을 재현해 보기로 결정했다.[6] 클라인은 캔버스를 차의 지붕에 얹고 파리에서부터 남서부 지역 툴루즈까지 폭풍우를 뚫고 갔다. 그러는 동안 빗방울들이 캔버스 위에 패턴을 만들어 냈다. 툴루즈에 도착한 뒤 그는 그 캔버스에 액자를 씌웠다. 그리고 자연이 선물한 작품이라고 선언했다. 작품은 즉시 팔렸다. 하지만 테일러는 클라인의 시도에서 한 걸음 더 나아가 보기로 했다.

두 사람은 폭풍 속에서 커다란 나뭇가지를 부지런히 주워 모았다. 그들은 이 가지들로 바람에 따라 흔들리는 그네를 만들었다. 원뿔 모양의 기둥 두 개를 만들고 그 사이에 긴 나뭇가지를 빨랫줄처럼 매달았다. 그리고 거기에 다시 가지를 매달아 진자처럼 움직이게 했다. 소용돌이와 돌풍에 따라 움직이는 돛처럼 진자는 바람을 타고 자유롭게 흔들렸다. 그리고 진자의 흔들림에 따라 끝에 달린 물감 통이 바닥에 있는 캔버스 위에 다양한 형태로 물감을 뿌렸다. 돌풍이 자주 불었기 때문에 패턴들은 다양한 형태로 나타났다. 그들은 이 장치가 획기적인 작품을 만들 수 있을 것이라는 예감이 들었다. 그리고 그 결과는 그들의 기대를 넘어섰다.

그들은 폭풍우 속에 장치를 남겨 두고 여관방으로 갔고, 날씨가 개고 나서 그 자리로 돌아왔다. 테일러는 자신, 아니 자연이 그린 작품을 보고 충격에 빠졌다. 잭슨 폴록(Jackson Pollock)이 거기 있었던 것이다. 적어도 잭슨 폴록처럼 보이는 무언가가 있었다. 그 순간 관습을 파괴하는 예술가인 폴록의 열렬한 숭배자였던 테일러의 머릿속에 섬광이 번뜩였다. 그들의 작품과 마찬가지로 폴록의 작품에도 자연적인 리듬에 따라 물감을 떨어뜨린 패턴이 들어 있다는 사실을 깨달았던 것이다.

요크셔 황무지에 세운 풍력 진자 장치와 리처드 테일러.

✤사진 출처 : 리처드 테일러(Richard P. Taylor).

잭슨 폴록의 작품에서 나타난 패턴에 감춰진 비밀을 풀기 위해 테일러는 자신의 첫 분야인 물리학으로 되돌아왔다. 그의 발견은 예술계를 뒤흔들어 놓았고, 과학계로부터도 큰 관심을 받았다.

1949년 8월 8일, 「라이프」지는 당시 주목받기 시작하던 추상화가 잭슨 폴록에 관한 기사를 실었다. 하지만 그 기사로 「라이프」지는 사회적인 원성을 사게 되었다.[7] 기사는 이렇게 묻고 있었다. "잭슨 폴록은 현존하는 미국의 가장 위대한 화가인가?" 이 질문으로 사회적인 파장이 일었다. 그 이유는 「라이프」가 TV보다 앞서 기사를 다루었기 때문만이 아니다. 사실 당시 잭슨 폴록을 알고 있는 사람이 그리 많지 않았기 때문이었다. 독자들은 이 질문이 무례하고 도발적이라고 받아들였다. 폴록의 작품과 기법을 다룬 한 기사에 대해 독자들은 대부분 부정적인 반응을 나타냈다. 당시 사람들은 대부분 폴록을 화가로 인정하지 않고 있었다. 폴록을 잘 알고 있는 사람들조차도 그를 '물감을 떨어뜨리는 사람'이나 '물감을 뿌리는 사람' 정도로 평가했다. 즉, 폴록은 '화가' 축에 끼지도 못하고 있었다. 「라이프」 지는 나중에 폴록을 '물감 뿌리는 잭'이라고 고쳐 불렀다.[8]

1940년대 중반, 잭슨 폴록은 맨해튼을 중심으로 한 주류 예술가 집단에서 탈퇴하면서 뉴욕의 롱아일랜드 끝에 위치한 작은 마을의 창고를 개조해 작업을 시작했다. 거기서 그는 새로운 기법을 연구했다. 그는 기존의 유럽적 회화 기법의 기본인 붓질을 아예 없애 버렸다. 그리고 그 대신 좀 더 원시적인 방법을 택했다. 캔버스에 물감을 들이붓고, 떨어뜨리고, 튀기고, 뿌리고, 칠하고, 찍어 발랐다. 스튜디오 바닥에 깔아 놓은 캔버스에는 손도 대지 않았다. 너무나 원시적인 기법이었기 때문에 학교에 가지 않는 아이들조차 쉽게 따라 할 수 있는 것처럼 보였다. 독자들은 「라이프」지의 기사에 거세게 항의했다. 폴록의 작품을 동물이 그린 것이라고 폄하하는 사람도 있었다. 사람들은 대부분 그의 작품을 예술로 인정하지 않았다. 가끔 폴록 자신도 그들의 지적을 인정하는 모습을 보였다. 사실 그의 작품에는 중심점이 없다. 상하좌우도 없고 원근법도 없다. 말 그대로 캔버스 위에 사방으로 흩어져 있는 혼돈 그 자체였다.

그렇다면 폴록의 작품에는 무언가가 숨어 있는 것이 아닐까?

요크셔의 황무지에서 만들었던 작품을 정리하면서 테일러는 중요한 사실을 깨달았다. 1995년 어느 추운 겨울날, 테일러는 예술적인 관점과 무관하게, 사람들이 발견하지 못했던 무언가를 찾아냈다. 요크셔에서 만든 작품 속의 패턴은 폴록의 작품과 그저 비슷한 수준이 아니었다. 수학적으로만 설명이 가능한 폴록의 독특한 작품들을 마치 그대로 복사한 것 같았다. 그 순간 테일러는 캔버스의 반복적인 패턴들이 프랙털(fractal)이라는 사실을 깨달았다.

프랙털이란 독특한 형태의 반복적인 기하학적 대칭을 의미한다. 즉, 무한하게 반복되는 자가 복제 형태로, 자기 유사성의 패턴을 포함한다. 그리고 확대와 축소에 상관없이 동일한 패턴을 지닌 모양이다. 프랙털은 '자연'이라는 혼돈으로부터 탄생한 질서다. 눈의 결정, 양치류 식물, 뿌리, 나뭇가지, 파도, 바람, 구름, 해안, 생리학(신경세포의 수상돌기, 혈관, 허파의 구조를 떠올려 보자)에서 프랙털을 찾아볼 수 있다. 브로콜리에서도 프랙털 구조를 살펴볼 수 있다. 이빨 사이에 끼지 않기 때문에 중요한 저녁 식사에 적당한 브로콜리 송이들은 제일 작은 줄기에서부터 머리 전체까지 하나같이 비슷한 모양이다. 프랙털 구조에는 아래위, 안팎, 좌우, 중심이 존재하지 않는다. 테일러가 제시하는 첫 번째 실마리는 폴록의 작품에 믿을 수 없을 만큼 수많은 자연의 패턴이 들어 있다는 사실이다. 이 책 78~79쪽을 보면 프랙털의 실제 모양과 그 원리를 살펴볼 수 있다.

　프랙털의 매력은 임의적이고 혼란스러운 자연 현상 속에서 정교하고 대칭적인 디자인의 계층적 패턴을 발견할 수 있다는 사실에 있다. 프랙털은 결코 질서정연한 모습으로 나타나지 않는다. 극히 간단하고 결코 변하지 않는 몇 가지 법칙을 바탕으로 한 '무질서' 속에서 탄생한다. 몇몇 단순한 법칙들이 고도로 조직화된 구조를 만들어 낸다. 브라이언 그린의 표현대로, 너무나 아름다운, 그리고 에너지를 가장 쉽고 효과적으로 활용할 수 있는 형태로 패턴이 형성된다. 예를 들어, 나뭇가지와 뿌리는 신경 및 혈관 조직 같은 프랙털 구조를 형성한다. 또 가장 효과적인 방식으로 화학물질과 영양분을 전달할 수 있도록 고도로 정밀한 시스템을 구축한다. 다른 말로 하면, 프랙털은 우아한 구조를 이루고 있다.

맨체스터 예술 학교 시절 폴록의 그림을 재현하는 자연적인 방법을 우연히 발견하기 전에, 테일러는 이미 프랙털 전문가였다. 당시 그는 컴퓨터 및 휴대전화, CD 플레이어 같은 가전제품 속의 회로에서 발생하는 전류를 연구하고 있었다. 전기회로 속에서 전류는 보통 눈으로 확인이 가능할 만큼 질서정연한 모습으로 흘러간다. 그러나 나노 기술이 점차 상용화되자 테일러와 동료는 원자 크기의 100배 정도에 불과한 회로를 사용해 나노 제품을 만들 수 있었다. 그리고 곧이어 비교적 큰 규모의 회로에서는 전류가 질서정연하고 통제된 형태로 흘러가지만, 극도로 미세한 회로에서는 번개, 나뭇가지, 뿌리가 뻗는 모양 같은 자연의 패턴, 즉 프랙털 구조로 흘러간다는 사실을 발견했다. 테일러는 프랙털 구조가 미래의 전자 기술 분야에서 매우 중요한 역할을 할 것이라고 예상했다. 그리고 프랙털 구조를 활용하기 위한 연구에 집중했다. 어찌 보면 당연한 것이지만, 테일러를 유명하게 만든 것은 잭슨 폴록의 작품에서 프랙털을 발견한 성과였다. 잭슨 폴록은 1956년에 죽었고 테일러는 1975년이 되어서야 그곳에서 프랙털을 발견했던 것이다.

테일러는 연구를 통해 자연이 만든 프랙털 패턴과 폴록의 패턴이 놀랄 만큼 닮았으며 두 창조적인 '프로세스'들이 유사하다는 사실을 밝혀냈다. 그는 폴록의 작업을 직접 지켜보았던 사람들과의 인터뷰와 폴록의 모습을 담은 다큐멘터리 자료를 분석했다. 그리고 그 과정에서 폴록이 캔버스에 뿌려진 물감 궤적의 연장선상에서 천천히, 그리고 단계적으로 물감의 층을 만들면서 작품을 완성했다는 사실을 발견했다. 물감의 궤도는 캔버스를 빙빙 도는 삼차원적 움직임을 이차원으로 표현하고 있었다. 폴록은 물감 뿌리기 작업을 마친 이후에 몇 시간 또는 며칠 동안 작업을 중단했다. 그리고 한참 지나서 다시 물감을 뿌렸다. 이것은 요크셔 황무지에서 눈보라가 그림을 그렸던 방식과 유사했다. 테일러는 폴록이 무작위로 물감을 뿌린 것은 아니라고 믿었다. 그렇다고 해서 수학적으로 엄밀히 계산하며 물감이 흐르는 데이터를 치밀하게 통제한 것도 아니다. 그런 일은 아마 불가능했을 것이다. 그 대신 폴록은 민첩하고 유연한 몸놀림을 통해 그림을 그렸을 것이다. 리처드 테일러는 이제 이 가설을 증명하기로 마음먹었다.

테일러는 우선 폴록의 말 속에서 실마리를 찾아보았다. "나는 자연이 창조하는 리듬에 귀를 기울인다. 나는 자연 자체이다." 오늘날 사람들은 폴록이 자연의 모습을 천재적으로 표현한 예술가라고 생각한다. 폴록과 가까운 친구였던 루벤 카디쉬(Reuben Kadish)는 이렇게 얘기한다. "나는 폴록의 그림에서 가장 중요한 것은 지금 당신이 바라보는 작품 자체가 아니라, 그 작품을 바라볼 때 당신의 내면에서 일어나고 있는 현상이라고 생각한다." 이 말은 과연 무슨 뜻일까? 폴록의 작품을 볼 때 내면에서 무언가가 일어난다는 것은 무슨 의미일까? 모닥불 가에 앉아 별을 바라보고, 나뭇잎이 흔들리는 소리를 듣고, 해변에서 파도가 부서지는 소리를 듣는 경험을 말하는 것일까?

테일러는 이제 브라이언 그린과 그의 동료들인 끈 이론 물리학자들이 사용했던 수학의 세계로부터 해답을 이끌어 내야 한다고 생각했다. 그는 맨체스터에서 그림을 정리하고 나서 예전의 연구실로 되돌아갔다. 그리고 나노 전자회로에 전기가 흐를 때 발생하는 프랙털 패턴을 연구하는 과정에서 사용했던 것과 똑같은 분석 기술을 활용해 폴록의 패턴을 연구하는 기나긴 연구 여정에 돌입했다.

테일러의 연구를 이해하기 위해 여기서 잠깐 프랙털에 대해 살펴보자. 또한 만물이 움직이는 거대한 우주 속에서 프랙털이 어떤 의미를 지니고 있는지도 생각해 보자. 이는 이론적인 수학, 과학, 예술을 뛰어넘어 이를 현실에 적용하는 방법을 찾아내기 위한 과정이기도 하다.

'프랙털'이라는 용어 자체는 베노이트 만델브로트(Benoit Mandelbrot)가 1975년에 처음으로 사용했다.[9] 만델브로트는 당시 뉴욕에 있던 IBM의 토머스 왓슨 연구소의 연구원이었다. 그는 여기서 경제학, 회계, 정보기술 분야에 관련된 문제를 수학적인 차원에서 해결하는 연구를 하고 있었다.

물론 프랙털이라는 용어를 만델브로트가 제일 먼저 사용하기는 했지만, 그 이후 수십 년 동안 수많은 과학자 및 예술가들이 프랙털 구조의 대칭적, 자기 반복적, 기하학적 패턴을 연구했다. 1904년, 스웨덴 수학자 헬게 폰 코흐(Helge von Koch)는 아주 단순한 원리를 응용해 독특한 도형을 만들었다. 이 도형은 특이한 모양 때문에 '코흐 눈송이'라고 알려졌다. 코흐 눈송이가 특이한 점은 특정 부위를 떼어 내서 확대해도 이를 포함한 더 큰 부분과 똑같은 형태를 이룬다는 사실이다. 코흐 눈송이를 만드는 방법은 간단하다. 우선 한 선분을 삼등분하고 삼등분한 선분 세 개로 정삼각형을 만든다. 이를 원래의 선분 중간에 붙인다. 이러한 작업을 무한 반복한다. 이렇게 만들어진 구조물 세 개를 삼각형 형태로 붙이면 코흐 눈송이가 완성된다. 이처럼 간단한 법칙을 사용하면 놀라운 예술작품이 탄생한다. 코흐 눈송이는 아주 복잡해 보이지만, 사실 자연의 한 부분을 슬며시 드러내고 있는 데 불과하다.

여기서 흥미로운 사실은 만델브로트가 지적하기 전까지 코흐를 포함한 수학자들은 이것이 자연의 모습과 닮아 있다는 생각을 하지 못했다는 점이다. 자연에는 이처럼 완벽한 구조물이 없으며, 동일한 패턴을 계속 반복하는 것보다 즉흥적이고 다양한 방식으로 사물을 만들어 내는 편이 더욱 자연에 가까운 것이라고 여겼기 때문이다. 가령, 산의 모습이 그렇다. 산을 이루는 부분, 즉 골짜기, 바위 봉우리, 계곡 등은 산 전체의 모습과 별로 닮지 않았다. 하지만 더욱 자세히 파고 들어가면 여기서도 유사성을 발견할 수 있다. 이러한 유사성은 측정은 물론 통계적인 분석도 가능하다.

만델브로트가 처음부터 눈송이나 산의 형태에 관심을 가진 것은 아니었다. 그는 원래 시장 상황과 가격 변화를 중심으로 연구 중이었으며, 특히 목화 시장의 경기 주기를 분석하는 작업을 추진하고 있었다. 1961년, 만델브로트는 자신의 연구에서 특이한 사실을 발견했다. 불가사의하게도 한 달 동안 무작위로 나타

프랙털

프랙털은 특수한 형태의 대칭 도형이다. 한 가지 패턴에는 자신보다 크기가 작으면서 똑같은 모양의 하위 패턴이 들어 있다. 부분의 형태는 전체와 똑같다. 자연 세계에서도 프랙털을 확인할 수 있다(물론 이 그림처럼 완벽한 모양은 아니다). 법칙은 아주 간단하다. 만물은 간단한 법칙에 따라 아름다우면서 복잡한 모습으로 피어난다.

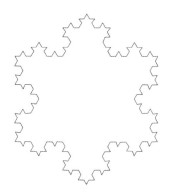

코흐 눈송이 만들기

헬게 폰 코흐는 1904년에 프랙털 곡선을 개발했다. 우선 하나의 선분을 삼등분해 그 중간에 삼각형을 붙인다. 코흐 곡선은 이러한 알고리즘을 무한히 반복하면서 이루어진다. 코흐 눈송이는 세 개의 코흐 곡선으로 구성된다.

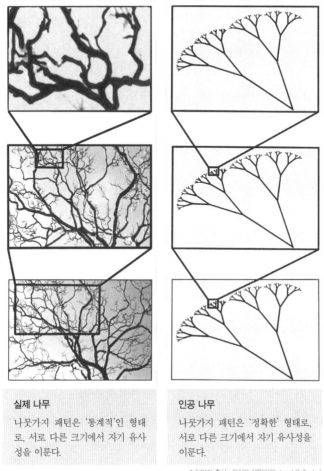

실제 나무
나뭇가지 패턴은 '통계적'인 형태로, 서로 다른 크기에서 자기 유사성을 이룬다.

인공 나무
나뭇가지 패턴은 '정확한' 형태로, 서로 다른 크기에서 자기 유사성을 이룬다.

❖ 이미지 출처 : 리처드 테일러(Richard P. Taylor).

난다고 생각했던 가격 변동 추이가 10년 동안의 전체 형태와 흡사했다. 이 발견을 계기로 만델브로트는 연구 대상을 더욱 넓혀 나갔다.

예를 들어, 나일 강 수위의 변화에 대한 연구를 통해, 일주일 동안의 변화가 백 년 동안의 추이와 비슷하다는 사실을 확인했다. 그리고 영국 해안선의 전반적인 형태가 특정 부분의 불규칙한 모양과 비슷하다는 사실도 발견했다. 다음으로 만델브로트는 '영국의 해안선 길이는 모두 얼마나 될까?'라는 질문을 떠올려 보았다. 그리고 '무한대'라는 결론에 이르렀다. 아무리 세부적으로 들어가더라도 항상 유사한 패턴을 가진 형태가 계속해서 나타난다고 믿었기 때문이다. 만델브로트는 단계별로 유사한 패턴이 계속해서 나타나는 현상이 인공적으로 만든 다양한 도형에서는 물론, 자연 세계에서도 나타나고 있다고 확신했다. 이러한 현상을 설명하기 위해 만들어 낸 단어가 바로 '프랙털'이었다. 프랙털이라는 용어는 라틴어 'fractus'에서 나온 것으로, '중단된' 혹은 '파괴된'이라는 뜻이다. 만델브로트는 프랙털에 관한 연구들을 정리해 1977년에 『자연의 프랙털 기하학(The Fractal Geometry of Nature)』이라는 책을 발표했다. 그는 이 책을 통해 프랙털을 과학적인 개념으로 정립했으며, 자연과 복잡성, 그리고 프랙털에서 공통적으로 드러나는 놀랍도록 단순한 대칭 형태를 확인했다.

우리는 어디서나 프랙털을 발견할 수 있다. 그래서 프랙털은 '자연의 지문'이라고도 불린다. 리처드 테일러의 질문 역시 바로 여기서 시작된다. 폴록은 눈보라가 그림을 그린 것처럼 복잡하고, 혼란스럽고, 유쾌한 자연의 프랙털로 작품을 만들어 낸 것은 아닐까?

이 질문에 대답하기 위해, 테일러는 바람의 힘을 빌려 만든 자신의 작품과 폴록의 작품에서 나타나는 다양한 패턴을 비교 분석해 보기로 했다. 그는 이 작업에 컴퓨터 프로그램을 동원했다. 각 작품을 고해상도의 사진으로 찍거나 스캐닝 작업을 한 뒤, 컴퓨터 프로그램을 통해 이를 분석한 것이다. 작품 하나를 분석하는 데 일주일 이상의 시간이 걸렸다. 물감 층을 따로 분리하고 건축가들의 레이아웃 패드처럼 동일한 크기의 정사각형 이미지들을 수학적인 형태로 겹쳐 보았다. 그리고 이를 컴퓨터로 분석했다. 테일러는 어떤 부분이 색칠돼 있고 어떤 부분이 비어 있는지, 그리고 어떤 패턴으로 이루어져 있는지 꼼꼼히 관찰했다. 정사각형 격자로 이미지를 마음대로 확대하거나 축소했고, 다양한 축척으로 분석해 보았다. 연구가 막바지에 이를 무렵, 그가 폴록의 작품으로부터 얻어 낸 패턴의 종류는 무려 500만 개에 이르렀다. 어떤 작품 혹은 어떤 부분이든 간에, 아주 작은 격자로부터 가로세로 1미터에 이르는 거대한 격자에 이르기까지, 수많은 프랙털 패턴을 확인할 수 있었다. 인식이 가능한 가장 작은 패턴은 가로세로 길이가 0.1인치 미만이었으며, 대형 패턴은 보통 이보다 1,000배 이상 컸다. 가로세로 길이가 무려 3.6미터에 달하는 패턴도 발견했다. 테일러는 이렇게 결론지었다. "우리가 자연에서 프랙털을 발견하기 전에, 폴록은 이미 20년 동안 프랙털을 창조하고 있었다."

테일러는 여기서 만족하지 않았다. 폴록의 작품들이 뿜어내는 매력이 과연 프랙털 때문인지 궁금했다. 프랙털이 폴록의 작품을 해석하는 열쇠라면, 사람들이 폴록의 작품을 보고 "그래서 뭐가 어쨌다고?" 하고 던지는 질문에 대답할 수 있어야 했다.

테일러는 다양한 방식으로 분석 작업을 시도했다.[10] 우선 폴록의 작품을 연대순으로 분석했다. 그리고 프로그램을 사용해 프랙털 패턴에서 나타나는 복잡성 정도를 반복적으로 측정했다. 여기서 테일러는 '프랙털 차원'이라는 기준을 사용했다. 프랙털 차원은 패턴의 복잡성 정도에 대한 단위이며 이차원 이미지의 경우 1~2의 값을 갖는다. 코흐 눈송이는 1.26이고 해안선은 1.45의 프랙털 차원 값을 가진다. 그리고 자연적인 현상은 대부분 1.2~1.7 범위에 속한다. 테일러는 프랙털 차원에 대한 분석을 통해, 폴록의 작품들이 후기로 갈수록 더욱 복잡한 패턴을 보이면서(테일러는 폴록이 시각적인 유혹의 한계를 시험하고 있다고 믿었다), 전반적으로 자연적인 현상에 근접해 가고 있다는 결론을 내렸다. 그 범위에서 벗어난 작품은 단 하나에 불과했다. 하지만 폴록은 그 작품 위에 다른 그림을 그려서 없애 버린 상태였다. 예전에 찍어 두었던 사진으로 볼 때, 그 작품의 프랙털 차원은 1.9 정도였다.

프랙털 차원 1.1   프랙털 차원 1.7   프랙털 차원 1.9

❖ 이미지 출처 : 리처드 테일러(Richard P. Taylor).

테일러는 폴록의 작품에 나타난 프랙털을 통해 그의 재능을 확인했다. 테일러는 과학자로서 합리적인 방법을 좋아하긴 했지만, 폴록의 작품에는 다소 실용적인 접근 방식을 택하기로 했다. 그는 이러한 질문을 던졌다. 폴록의 작품이 의도적으로 만들어진 것이 아니라면? 또는 특별한 방법을 사용한 것이 아니라면?

프랙털은 우연의 결과이고 캔버스 위에 물감을 뿌리기만 하면 저절로 나타나는 것이라면? 그래서 누구라도 폴록의 작품을 따라 할 수 있다면?

이를 확인하기 위해 테일러는 폴록의 작업실 바닥에 남아 있는 물감 자국을 분석했다. 작품을 만드는 동안 바닥에 뿌렸던 물감의 흔적에서 다양한 패턴을 찾을 수 있었지만, 프랙털은 발견되지 않았다. 이 말은 폴록의 작품들이 모두 의도적으로 만들어졌다는 뜻이다. 그러나 테일러는 여기서 멈추지 않았다. 2004년, 그는 학생 37명을 대상으로 실험을 했다. 그는 학생들에게 폴록이 썼던 것과 같은 도구를 사용해 폴록의 방식대로 물감을 뿌려 보라고 했다. 이렇게 만들어진 그림들 역시 난해하면서 다양한 패턴을 보여 주었는데, 시각적인 형태의 즐거움과는 거리가 멀었다. 그러나 프랙털은 단 하나의 그림에서도 발견되지 않았다.

컴퓨터를 사용하지 않고 폴록의 패턴들을 자연스럽게 따라 할 수 있는 최고의 방법은 테일러가 폴로카이저(Pollockizer)라고 이름 붙인 기계를 사용하는 것이다. 폴로카이저는 요크셔의 황무지에서 테일러가 사용했던 풍력 진자의 현대판이다. 꼭대기 부근에 달린 전자기 코일이 진자를 작동시키면, 진자에 달린 물감 통이 노즐을 통해 바닥에 놓인 캔버스에 물감을 뿌린다. 진동

폭과 주기를 조절함으로써 패턴을 규칙적 혹은 불규칙적으로 만들 수 있다. 폴로카이저는 프랙털은 물론 프랙털이 아닌 패턴도 만들어 낸다.

이제 테일러는 다음과 같은 질문을 던졌다. 폴록의 작품에서 풍기는 놀라운 매력(그의 마지막 작품들 중 하나인 '푸른 기둥'의 가격은 4,000만 달러를 웃돈다)으로 미루어 볼 때, 사람들은 프랙털이 아닌 것보다는 프랙털 패턴을 더 선호하는 것일까? 그렇다면 폴록의 그림과 자연의 형태에서 나타나는 프랙털 차원의 범위가 가장 이상적인 형태일까? 만약 그렇다면, 폴록의 작품은 실로 대단한 것이다.

이 질문들에 대한 대답은 모두 '그렇다'이다. 2000년 이후 테일러는 시각적인 인지 실험을 수십 차례 시도했으며, 이를 통해 의미 있는 결과를 도출했다. 120명의 사람들을 대상으로 프랙털 패턴에 대한 선호도를 알아보는 실험이었는데, 이 중 113명이 프랙털을 선택한 것으로 드러났다. 그리고 220명의 사람들을 대상으로 출처가 다양한 서로 다른 프랙털 패턴 40가지를 보여 주는 실험에서는 대부분 프랙털 차원 1.3~1.5 범위에 있는 이미지를 선호하는 것으로 밝혀졌다. 또한 그 선호도는 컴퓨터, 폴록의 방식, 자연을 찍은 사진, 폴로카이저 등 프랙털을 만들어 낸 방법과

● 패턴의 확대

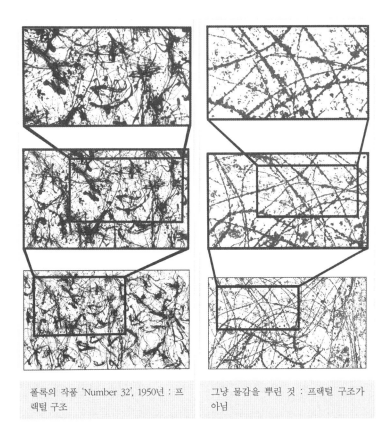

폴록의 작품 'Number 32', 1950년 : 프랙털 구조

그냥 물감을 뿌린 것 : 프랙털 구조가 아님

프랙털 구조인 경우, 전체 형상은 세부적인 차원에서도 동일하게 나타난다. 오른쪽 그림의 경우, 확대할수록 전반적인 구조가 파괴되면서 단순화되고 있다. 그리고 패턴의 형태도 변한다. 반대로, 왼쪽 폴록의 작품에서는 확대와 상관없이 비슷한 패턴이 그대로 나타난다. 이는 폴록의 작품이 프랙털 구조로 되어 있음을 의미한다. 하지만 오른쪽 그림은 확대 정도에 따라 패턴이 달라지기 때문에 프랙털 구조라고 할 수 없다.

❖ 이미지와 분석 출처 : 리처드 테일러(Richard P. Taylor).

폴로카이저

무작위한 것처럼 보이지만, 자연의 힘을 활용하여 잭슨 폴록의 우아한 작품 속에 담긴 아름답고 복잡한 대칭을 재현하는 모습.

❖사진 출처 : 리처드 테일러(Richard P. Taylor).

는 무관한 것으로 드러났다. 오늘날 컴퓨터 화면에서 볼 수 있는 화면 보호기 역시 대략 이러한 범위에 속하는 역동적인 프랙털로 이루어져 있다.

테일러는 실험을 통해 사람들이 프랙털이라는 자연적인 대칭 패턴에 민감한 반응을 보인다는 사실을 증명했다. 하지만 왜 이러한 성향이 나타나는지는 아직 밝혀지지 않았다. 테일러는 사람들의 성향이 최소한 태곳적에는 미적인 측면이 아니라 생존 본능과 관련된 것이었다고 추측한다.

워싱턴 주립 대학교의 환경 심리학과 부교수인 테일러의 동료 제임스 와이즈(James Wise)는 프랙털에 대한 선호 기원을 인류의 진화 과정에서 찾을 수 있다고 말한다. 와이즈에 따르면, 아프리카 평원에 살던 원시 인류는 키가 큰 풀숲에서 바람이나 맹수에 의해 프랙털이 파괴되면 이를 즉각 확인할 수 있었다. 즉, 원시 인류는 프랙털 패턴에서 안전함을 느꼈다. 하지만 열대 우림처럼 프랙털 차원이 지나치게 높은 경우에는 오히려 더 많은 불안, 긴장, 위협을 느끼게 된다.

그렇다고 해서 여기서 프랙털을 인식하는 우리 신체의 생물학적 메커니즘까지 정확하게 알아야 할 필요는 없다. 인간에게 프랙털에 대한 강력한 성향이 있다는 사실을 인식하는 것만으로 충분하다. 우리는 프랙털이 우아함을 추구하는 인간의 본성과 밀접한 관련이 있다는 사실로부터 다음과 같은 중요한 교훈을 얻을 수 있다. 첫째, 단순한 법칙이 놀라운 결과를 낳는다. 둘째, 단순한 법칙을 효율적이고 자율적인 형태로 따름으로써, 외적인 질서나 통제보다 더욱 뛰어난 성과를 올릴 수 있다. 이러한 교훈이 의미하는 바는 매우 중요하다. 생존을 위한 노력이든, 혹은 세상과 조화를 이루려는 노력이든, 인류는 효율적으로 조직을 구성하려는 숙제를 떠안고 있다. 여기서 현대 사회와 관련한 중대한 문제가 떠오른다. 이론 물리학이나 추상 예술을 넘어서서, 과연 현실의 복잡함으로부터 조화를 이루어 내는 일은 가능할 것인가? 우리는 잭슨 폴록의 말에서 실마리를 얻을 수 있다.

나는 삼각대를 사용하지 않는다. 바닥에 놓고 그리는 편이 더 편하다. 바닥에서 작업을 하면, 작품에 더 가까이 다가가고 작품과 하나가 되는 느낌을 받을 수 있기 때문이다. 작품의 주변을 돌면서 네 방향에서 작업할 수 있으며, 말 그대로 그림 속으로 걸어 들어갈 수 있다. 작품과의 접점을 잃어버리는 순간, 그림은 엉망이 된다. 작품에 이르는 끈을 놓지 않아야만 순수한 조화와 자연스러운 교류를 유지할 수 있다. 그리고 그 과정에서 그림은 세상 밖으로 나온다.

이 말은 과연 어떤 의미일까? 그리고 우아함과 무위(無爲)의 세계와 어떠한 관련이 있는 것일까?

신호등이 없는 도로

네덜란드 북부에 위치한 드라흐텐은 인구 4만 5,000명이 살고 있다. 이 17세기 풍 마을 드라흐텐의 복잡한 사거리에 들어서면 뭔가 이상한 느낌을 받는다. 지역 주민들이 라바이플라인(Laweiplein)이라고 부르는 이 사거리의 이름은 '라바이(lawei)'라는 기계로부터 비롯되었다. 라바이는 원래 바구니를 높이 들어 올려 광부들에게 작업 중단을 알렸던 나무로 만든 구식 기중기를 말한다. 이 사거리에는 매일 수천 명의 보행자 및 자전거와 더불어 2만 2,000대의 차량이 통행한다.[1] 그렇다면 라바이플라인의 특이한 점은 무엇일까? 그것은 바로 뭔가 중요한 것들이 없다는 점이다. 사실 너무 많은 것들이 보이질 않는다.

가장 먼저 눈에 들어오는 것은 신호등이 없다는 사실이다. 정지, 서행, 양보를 알려 주는 표지판도 없다. 라바이플라인의 바닥은 빨간색 벽돌로 되어 있으며, 전체적으로 둥근 모양이다. 빨간 벽돌은 일종의 경고 표시로서, 이 구역이 특별한 곳이고 안전장치나 신호가 없다는 점을 알려 주는 역할을 한다. 통행 구역, 흰색 선은 물론 자동차, 자전거, 사람이 다니는 길을 구분하는 방지턱조차 없다. 즉, 이 사거리에는 언제 지나가야 할지 알려 주는 기존의 신호체계가 모두 사라지고 없다.

여기서 잠시 사람들의 행동을 살펴보면, 평범한 사거리에서와는 다른 일어 벌어지고 있다는 사실을 발견할 수 있다. 교통 흐름은 잠시도 멈추지 않는다. 라바이플라인의 모든 방향에서는 오가는 차량과 보행자들이 쉴 새 없이 움직인다. 사거리 공간을 함께 공유하면서 제각각 갈 길을 간다. 하지만 지금까지 알고 있던 어떤 사거리보다 더욱 유연하게 움직인다. 속도가 빠르지는 않지만 차량이 멈추는 일은 없다. 또한 항상 일정하지는 않지만 파도나 바람처럼 자연스럽게 흘러간다. 트랙터, 자동차, 트럭, 화물차, 자전거, 오토바이, 보행자들이 한데 섞여 있는데도 경적 소리나 싸우는 소리, 주먹다짐, 급정거 소리, 위험천만한 상황이 벌어지지 않는다. 영화 〈미드나잇 카우보이〉에서 더스틴 호프만이 차량의 보닛을 내려치며 "내가 걸어가고 있잖아!"라고 외치는 명장면을 떠올릴 만한 어떠한 조짐도 찾아볼 수 없다. 교통 흐름을 방해하는 움직임이 좌우에서 동시에 일어나기도 한다. 그러나 왼쪽에서 자전거가 달려오면 대형 트럭이 속도를 늦춰 양보를 한다. 교차로를 대각선으로 가로질러 쇼핑 카트를 무작정 들이미는 할머니를 발견하는 순간, 버스 운전자는 멀찍이 멈추어 서서 할머니가 안전하게 지나갈 때까지 기다려 준다. 실로 눈으로 보고도 믿기 어려운 장면이다.

실제로 이 사거리를 지나가 보면, 어떻게 이러한 시스템이 흘러 가는지 이해할 수 있다. 라바이플라인에는 신호등과 표지판, 안내문으로 가득 찬 일반 교차로에 없는 무언가가 있다. 사람들은 사거리에 진입하는 순간 발생하는 모든 상황에 최대한 주의를 기울인다. 즉, 라바이플라인의 안전은 위험에 대한 인식으로부터 나온다. 이쯤에서 이러한 질문이 떠오른다. '라바이플라인이 더 안전한 이유가 무엇일까?' 간단히 말하자면, 사람들이 머리를 쓰기 때문이다. 사람들은 사거리에 진입하기 전부터 속도를 낮추고 안전 상태와 교통 흐름을 먼저 살펴본다. 라바이플라인에서 이러한 주의는 '반드시 필요한' 의무 사항이다. 라바이플라인에 진입할 때는 신호만 따르는 수동적인 운전자가 아니라, 교통 상황에 완전히 개입해서 '자율적' 질서에 기여하는 참가자가 된다. 사람들끼리 눈을 마주치면서 상황을 충분히 인지할 수 있도록 속도를 낮춤으로써 자연스럽게 교통 흐름이 좋아진다. 라바이플라인의 교통 흐름은 일반 사거리와 비교되지 않을 정도로 자연적인 리듬을 형성한다. 물론 예전부터 그랬던 것은 아니다. 2004년에 리모델링을 마친 후에야 통제와 분리 방식을 따르는 과거의 교차로 형태에서 벗어날 수 있었다.

드라흐텐에 있는 라바이플라인은 네덜란드 교통 조사원 출신의 기술자 한스 몬더만(Hans Monderman)이 설계했다. 그는 1970년대 발생한 교통사고를 조사하는 동안, 사고의 원인 대부분이 잘못된 교통 시스템 때문이라는 사실을 깨달았다. 몬더만은 이렇게 얘기한다. "도로는 많은 이야기를 들려줍니다. 그 이야기에 귀를 기울이면 얼마나 많은 것들이 잘못되어 있는지 알 수 있습니다."[12]

가령, 청신호가 들어오면 사람들은 아무런 생각 없이 앞으로 나아간다. 마치 로봇처럼 달려갈 뿐 주변 상황에는 별로 신경 쓰지 않는다. 노면 위의 신호는 운전자의 시선을 빼앗는다. 그래서 이러한 신호를 보느라고 양옆에서 발생할 수 있는 잠재적인 위험 요소를 보지 못한다. 적신호는 위험 요소를 살피면서 안전하게 진행할 수 있는 가능성 자체를 빼앗아 버린다. 몬더만은 이렇게 말한다. "교통신호로 넘쳐나는 넓은 도로는 사람들에게 이렇게 말하고 있습니다. '앞으로 가세요. 빨리 지나가세요. 우리가 모든 걸 관리하고 있으니 안심하세요.' 하지만 이는 매우 위험한 메시지입니다. 교통관리 전문가들의 고질적인 문제는 도로에 문제가 생기기만 하면 항상 무언가를 추가하려고 한다는 점입니다. 저는 추가가 아니라 제거를 해야 한다고 생각합니다." 몬더만은 교통관리 전문가들이 마치 배관공처럼 문제에 접근하고 있다고 지적한다. 배관공들은 흐름을 원활하게 하기 위해서 항상 파이프의 크기를 확장한다. 하지만 도로의 너비만 확장하는 경우, 운전자들은 애초의 도로 설계 대신 '신호'에만 의존하게 된다.

몬더만은 인간과 기계를 따로 분리해서 생각하는 전통적인 사고방식에 근본적인 문제가 있다는 사실을 깨달았다. 기존의 사고방식은 소위 '적은' 교류와 '많은' 명령이라는 잘못된 시스템에서 비롯된다. 몬더만은 기존 교통 시스템을 구축하기에는 예산이 부족한 작은 마을을 위해 주행속도를 전체적으로 낮추는 작업을 맡은 적이 있다. 그는 전통적인 사고방식에서 벗어나, 직관적으로 새롭고 차원이 다른 접근 방식을 시도해 보기로 했다. 즉, 복잡한 도로가 더 안전하다는 아이디어를 적용하기로 결심한 것이다.

몬더만은 이를 위해 기존의 것들을 하나씩 제거해 나갔다. 좁은 S자 도로, 교통신호, 안내선, 가드레일, 제한속도 등을 없애 마을 풍경을 다시 살렸다. 그리고 몇 달 후, 상황을 점검하기 위해 마을로 돌아왔다. 몬더만은 자신이 본 광경에 놀랐다. "과속방지턱을 설치하면 평균 10킬로미터 정도의 감속을 기대할 수 있습니다. 그런데 이 마을의 경우, 50퍼센트에 달하는 속도 감소 효과를 얻었습니다. 마을의 평균 주행속도는 시속 57킬로미터에서

30킬로미터로 줄었습니다. 처음엔 제 눈을 의심했습니다. 우리는 단지 이 마을이 원래 모습을 되찾을 수 있도록 노력했을 뿐인데 말이죠." 그 이후로 몬더만은 전국의 교통 시스템을 대상으로 똑같은 시도를 했다. 그리고 30년 동안 노력한 끝에 교통신호에 대한 기존의 인식을 사회적인 의사소통 체계로 전환할 수 있었다. 그에게 교통 시스템은 기술적인 것뿐 아니라 문화적인 의미를 함께 담고 있었다.

2008년 1월, 안타깝게도 몬더만은 암으로 세상을 떠나고 말았다. 그 전에 나는 그가 가장 좋아했던 사거리 몇 곳을 함께 둘러볼 수 있었다. 몬더만은 라바이플라인에 기자들을 데려가거나, 자신이 설계에 참여했던 교차로에 다른 사람들과 함께 가 보는 일을 무척 좋아했다. 그는 뒷짐을 진 채 도로로 곧장 내려가 자동차를 마주보며 걸어가곤 했다. 그가 가장 자랑스럽게 여겼던 것은 아마도 브링크라는 이름의 광장이었을 것이다. 브링크는 네덜란드 북부 우스터볼데의 프리슬란트 마을에 있는데, 마을 주민들은 이것을 '붉은 교차로'라고 불렀다. 브링크는 라바이플라인보다 5년 정도 먼저 완성되었다. 하지만 1998년에 공사가 이루어지기 전에는 브링크 역시 신호등, 도로선, 횡단보도, 제한속도 표지판, 우선 통행권 등으로 돌아가는 여느 아스팔트 교차로와 다를 바 없었다. 브링크의 바닥은 빨간색 벽돌로 되어 있으며 중심부가 불룩 솟아 있다. 그리고 '이것이 전부다.' 도로 턱도 없고, 가로수 옆에는 카페 테이블이 들어서 있다. 브링크 역시 라바이플라인과 함께 자동차, 자전거, 보행자가 자유롭게 왕래하는 사거리로 널리 알려져 있다.

몬더만은 드라흐텐과 우스터볼데 지역에서 모두 놀라운 성과를 거두었다. 평균 속도, 대기시간, 사고는 절반으로 줄어들었으며, 일부 지역에서는 완전히 사라졌다. 반면 전반적인 효율성과 만족도는 두 배로 증가했다. 예전에는 보행자와 자전거들이 교차로를 통해 지나다니는 것을 매우 꺼려했지만, 요즘은 많은 사람들이 이용하고 있다. 결론적으로 리모델링 이전에 비해 교차로의 효율은 두 배 좋아진 것으로 나타났다. 지역 주민들은 서로서로 조심하는 분위기가 조성되고 있다며 반긴다.

드라흐텐과 우스터볼데의 성과는 단지 흥미로운 볼거리가 아니다. 몬더만의 아이디어는 덴마크, 스웨덴, 벨기에, 독일, 프랑스, 스페인, 호주, 영국 및 미국으로까지 퍼져 나갔다. 플로리다, 매사추세츠, 캘리포니아, 콜로라도 주 정부는 이 시스템을 부분적으로 도입했다. 하지만 몬더만의 아이디어를 완벽하게 실현한 곳은 아직까지 없으며, 당분간 쉽게 나타날 것 같지도 않다.

영국의 독립 영화 감독 마틴 카시니(Martin Cassini)는 몬더만의 아이디어를 실천하고 있는 것으로 유명하다. 그는 80년 넘게 이어져 온 교통 시스템이 하룻밤 새 바뀌지는 않을 것이라고 충고한다.[13] "먼저 교통 시스템이 어떻게 등장했는지 그 역사를 이해할 필요가 있습니다."[14] 밝혀진 바에 따르면, 1929년은 교통 시스템의 역사에서 아주 중요한 해였다.

1929년에 영국 심의회 의장직을 맡고 있던 헨리 메이버리(Henry Maybury) 경찰국장은 런던 지역을 대상으로 주요 도로와 그 밖의 도로에 우선권 시스템을 도입했다. 이 시스템에 따르면 진입 순서에 상관없이 주요 도로를 주행하고 있는 차량이 우선적으로 교차로를 통과할 수 있다. 영국의 채널 아일랜드 지역에서 필터인턴(filter-in-turn)이라고 알려진 것과 정반대되는 개념이다. 필터인턴에 따르면 먼저 진입한 차량이 우선 통행권을 갖는다. 게다가 자동차에 보행자나 자전거보다 우선 통행할 수 있는 권리까지 주었다. 자동차를 제외한 모든 사람들은 불편을 감수해야 했다. 그 이후로 자동차는 아무리 위험한 상황이라고 하더라도 조금의 기회만 있으면 미친 듯이 달려들었다. 그리고 여기에 신호등이라는 공식적인 제어장치가 추가되었다. 시스템은 차량 속도를 줄이는 것이 아니라 완전히 멈추어 서도록 명령한다.

1929년은 또 뉴저지 교외 지역에 '자동차 세대를 위한 마을'이라는 개념으로 설계된 래드번이라는 신도시가 등장한 해이기도 하다. 래드번은 자동차와 사람을 엄격하게 구분해서 설계한 새로운 도시였다. 이 도시에서 운전과 보행은 완전히 다른 개념이며, 그렇기 때문에 자동차와 보행자는 절대 같은 공간에 존재할 수 없다. 자동차는 널찍하고 좋은 도로로 달리고, 보행자는 주택가에 인접한 '슈퍼 블록'이라는 거리로만 다닌다. 슈퍼 블록에는 각각의 블록을 연결하는 포장 통행로와 함께 막힌 도로, 그리고 녹지 공원이 있다. 부모들은 안심하고 자녀들을 학교에 보내고, 운전자들은 마음 놓고 달릴 수 있게 되었다. 성과는 놀라웠으며, 그 결과 이 시스템은 차차 유럽 대륙과 미국으로 급속하게 퍼져나갔다.

흥미롭게도 1929년은 미시간 대학교에서 고속도로 공학을 연구하고 있는 로저 모리슨(Roger Morrison) 교수가 그의 논문 「신호등 사거리에서 정지 신호와 정지-진행 신호의 상대적 효율성」을 발표한 해이기도 하다.[15] 모리슨 교수는 이 논문에서 교통 정체, 빨간불인데도 진행하는 문제, 불필요한 신호에 대한 짜증과 불만, 추돌 사고, 노란불 점등 시 운전자들이 속도를 올리는 현상, 신호를 피해 멀리 돌아서 운행하는 습관 등 교통신호 시스템과 관련된 부작용을 뒷받침하는 수많은 증거를 제시했다.

그런데도 1963년에 영국의 도시 설계사 콜린 부캐넌(Colin Buchanan)은 '도심 지역 교통'이라는 제목의 정책안을 내놓았다. 그의 정책 역시 자동차와 보행자를 엄격히 구분한다. 이 때문에 운전 행동심리학에 관한 많은 연구 자료들이 나오기도 전에, 신호등 시스템이 먼저 줄을 지어 나타나기 시작했다. 그리고 이 정책안을 바탕으로 영국 교통부의 전신이라 할 수 있는 '도로 표지 규정 및 일반 지침'이 탄생했다. 이는 바로 마틴 카시니가 비판했던 것이다. 카시니는 비효율적이고, 위험하고, 골치 아프고, 돈이 많이 드는 전통적인 교통관리 시스템에 반대했다. 카시니는 몬더만과 마찬가지로 뉴욕이나 런던 같은 대도시도 자율적인 관리 시스템을 도입해야 한다고 주장했다. 카시니는 자신의 주장을 뒷받침할 수 있는 여러 가지 증거를 제시한다.

2008년 1월 14일 월요일, 한스 몬더만이 사망한 지 일주일이 지났을 때, 카시니가 제작한 〈신호등의 폐해에 관한 사례〉라는 프로그램이 BBC 2 채널을 통해 방송되었다. 프로그램의 하이라이트는 혼잡한 런던 시내의 사거리를 일반적인 상황, 그리고 정전 때문에 신호등이 고장 난 상황으로 비교해 보여 주는 부분이었다. 택시 기사들은 인터뷰를 통해 이렇게 얘기한다. "신호등이

고장 나니 더 좋아진 것 같아요. 그냥 없애 버려도 될 것 같은데요?" "신호등이 작동하지 않을 때, 오히려 교통 체증이 줄어들더군요. 흐름도 빨라졌어요." "신호등은 아무런 쓸모가 없어요. 운전자들이 조금만 조심하면 되거든요."

1989년 4월 14일, 「워싱턴 포스트」의 칼럼니스트 그리드락 박사(Dr. Gridlock)가 쓴 사설, '신호등이 사라지면 체증이 풀린다'에 대해 로버트 펑크라는 독자는 자신의 경험을 담은 편지를 써 보냈다.

지난주 어느 날 페어팩스 카운티와 알렉산드리아 지역에 정전이 발생했습니다. 그 바람에 신호등 전체가 완전히 작동을 멈추었습니다. 교통 대란이 일어나기 일보 직전이었죠. 하지만 차량 흐름은 매우 원활했습니다. 교통 체증도 없었을뿐더러, 사람들은 조심스럽고 공손한 태도로 운전을 하기 시작했습니다. 작은 사고 하나 발생하지 않았습니다. 중심 도로로 들어오는 차량은 상황에 따라 부드럽게 합류했습니다. 운전자들은 속도를 늦추고 서로 수신호를 주고받았습니다. 일반적으로 발생하던 교통 체증의 원인은 장시간 차량을 묶어 놓는 신호등 시스템이 아니었나 생각해 봅니다. 그 누가 아니라고 자신 있게 말할 수 있겠습니까? 그날 신호등이 없어도 아무런 문제가 발생하지 않는다는 사실을 확인했습니다. 저는 보통 때보다 25분이나 일찍 회사에 도착했습니다. 그날의 상황은 극심한 정체의 주범인 복잡하고 값비싼 교통 시스템보다 훨씬 효율적이었습니다. 문제점만 양산하는 현재의 교통 시스템에 대해 다시 한 번 생각해 보아야 할 때가 온 것 같습니다. 신호등이 꺼진 그날, 저는 가장 느긋한 출근 시간을 만끽할 수 있었습니다.

한스 몬더만은 현재의 교통관리 시스템에서는 사람들이 결코 이렇게 움직이지 않을 것이라고 확신했다. 도로 설계를 전면적으로 수정해야만 가능했다. 그는 2004년 8월 22일자 「타임스」 일요일 판에서 이렇게 얘기했다. "좀비처럼 대하면 좀비처럼 움직인다. 하지만 지성인으로 대하면 지성인으로서 움직일 것이다."

몬더만의 이 말은 잭슨 폴록의 말과 똑같다. 다만 구체적인 표현이 다를 뿐이다. 단순한 법칙을 기반으로 시스템을 구축하면 흐름은 자연적으로 형성된다. 이는 어떠한 인위적인 규범보다 더욱 질서 있고 자율적인 조직으로 이어진다. 이러한 환경 속에서 사람들은 주변의 존재들과 관계를 맺고 상호 교류를 한다. 주위와의 관계가 끊어지는 순간, 혼란이 발생한다. 한스 몬더만은 현재의 교통관리 시스템이 안전 운행에 필요한 상호 교류를 차단함으로써 자연스런 운행을 방해한다고 생각했다.

몬더만의 발견은 더욱 중요한 질문으로 이어진다. 그렇다면 자연적인 조화를 이루는 원동력은 무엇일까? 이 질문에 대한 해답을 찾기 위해, 나는 드라흐텐의 라바이플라인 같은 공유 공간을 한스 몬더만과 함께 설계할 기회를 가졌던 영국의 도시 설계사 벤 해밀튼 베일리(Ben Hamilton-Baillie)를 만나 보기로 했다.

벤은 영국에서 '홈 존(home zone)'이라는 공유 공간을 설계한 사람이다. 홈 존이란 자동차와 보행자가 함께 이동하는 도로를 의미한다. 벤은 어린이 주의 표지판보다 실제로 도로에 어린이가 '있을' 때 운전자들이 더욱 주의를 기울인다는 사실을 발견했다. 사실 운전자들은 표지판에 크게 신경을 쓰지 않는다. 도로에 아무도 없을 때 특히 더 그렇다. 여기서 벤의 말을 들어 보자. "연구에 의하면 운전자들은 실제로 교통 표지판의 70퍼센트 이상을 무시하는 것으로 나타났습니다. 하지만 도로나 그 주위에 사람이 있는 경우, 운전자들은 더욱 주의를 기울입니다."[16] 이 말은 안전을 위한 표지판이 오히려 치명적인 사고를 일으킬 수 있다는 사실을 의미한다. 예를 들어, 아이들이 뛰어놀 만한 도로가 아닌데도 어린이가 공을 줍기 위해 뛰어드는 경우 아주 위험한 사고가 발생할 수 있다. 하지만 자동차와 사람이 동일한 공간에 함께 있으면 운전자는 긴장을 늦추지 않는다. 한스 몬더만처럼 벤 역시 교통신호가 사람들에게 안전에 대한 잘못된 인식, 즉 안전이라는 환상을 심어 준다고 지적한다. "이는 가장 치명적인 부주의를 낳게 합니다. 교통신호는 사람들의 책임과 주의 의무를 빼앗아 갑니다. 교통신호가 많아질수록 사람들의 책임감은 줄어드는 거죠."

벤은 또 이렇게 얘기한다. "아무도 집 안에 '침을 뱉지 마시오.'라고 써 붙여 놓지 않습니다. 사람들은 집 안에 어울리지 않는 것들을 매달아 두지 않습니다. 거실에 이러한 경고문을 붙여 놓는 것은 가족을 짜증나게 만들 뿐입니다." 여기서 벤이 말하고자 하는 바는 우리를 둘러싼 환경적, 문화적인 신호들이 구성원들의 행동 방식을 결정한다는 것이다. 그렇기 때문에 자동차와 사람 간의 경계를 허물고 도로와 인도를 같은 공간에 배치하면, 사람들은 자연스레 이러한 조건에 따라 행동한다. 운전자, 자전거, 보행자가 평등하게 공간을 공유하면, 우선 통행권의 개념은 사라지고, 서로에 대한 존경이 중요시되는 건전한 사고방식이 등장할 것이다.

나는 먼저 진입한 사람이 먼저 진행하는 영국 채널 아일랜드 지역의 '필터인턴' 방식에 대한 벤의 의견을 물어보았다. 그는 누가 먼저 진입했는지는 사실 아무런 의미가 없다고 얘기했다. 진입 순서를 따지면 문제는 원점으로 돌아간다. 즉 인위적으로 순서를 결정하는 과정이 다시 나타난다. 공간 공유는 자연적으로 나타나는 선이나 리듬의 형태여야 한다. 가령, 축구장이나 공연장, 또는 스케이트장의 흐름과도 같다. 벤은 사물이 자연스럽게 움직이는 방식을 보여 주는 사례로 스케이트장을 꼽는다. "사물의 움직임과 관련해 가장 잘못된 점은 합리적이라고 믿는 시스템 대부분이 실제 관찰이 아니라 가정을 기반으로 만들어졌다는 사실입니다." 벤은 이야기를 계속했다. "관찰을 먼저 한 뒤에 설계를 했더라면, 지금까지 이렇게 많은 것들을 만들어 낼 필요가 없었을 겁니다." 효율적인 교통 환경을 위해 전 세계적으로 매년 수십억 개의 장비를 설치하고 있는데도, 효율성과 안전의 측면에서 교통 시스템의 우수성을 입증할 전반적인 조사 자료는 나오지 않는다. 반면 폐해를 보여 주는 연구 자료는 너무나 많다.

벤의 스케이트장 이야기를 좀 더 생생하게 이해하기 위해, 태어나서 한 번도 아이스링크를 구경한 적이 없고, 얘기를 들은 적도 없다고 상상해 보자. 이제 당신은 사람들이 스케이트를 타는 모습을 구경하기 위해 링크에 들어선다. 스케이트를 신은 사람들이 빙판을 빙빙 돌고 있는 모습이 보인다. 무척이나 복잡하다. 그런데도 사람들은 별 문제 없이 즐겁게 놀고 있다. 아무런 표시선도 없는데 사람들의 흐름은 일정하게 유지된다. 어떤 사람은 가장자리로 돌고 또 다른 사람은 링크 중앙에서 스핀과 점프 실력을 뽐낸다. 전문가도 있고 초보자도 있다. 뒤로 가는 사람도 있다. 속도도 제각각이다. 뭔가 엄청나게 혼란스럽다. 한 방향으로 도는 것 말고는 별다른 규칙이 없는 것 같다. 그래서 더 걱정이 된다. 그런데도 얼음판 위로 나가 걸음마를 시작하면서 사람들이 즐기고 있는 모습을 관찰해 보면, 아무것도 걱정할 필요가 없다는 사실을 깨닫게 된다. 대형 사고는 발생하지 않는다. 간혹 흐름을 방해하는 사람들이 있지만, 곧 다른 사람들에 의해 흐름 속으로 들어간다. 사람들의 다양한 스케이팅은 전체 속도와 흐름에 따라 제어된다. 들어오고 나가는 전체 모양은 마치 하늘을 나는 새의 무리와 흡사하다. 이제 스케이트장에서 사람들이 상호 교류하고 의사소통을 하는 복잡함과 미묘함의 세계를 이해할 수 있을 것 같다. 브라이언 그린이라면 이 장면을 인간 입자가속기에 비유했을 것이다. 사람들이 작은 충돌을 통해 큰 사고를 예방하는 기술을 익히는 모습도 발견했을 것이다. 리처드 테일러였다면, 프랙털 패턴, 즉 흐름 속에서 조화를 발견했을 것이다. 대부분의 사람들은 아이스링크에는 아무런 규칙이 없다는 사실을 느끼게 될 것이다. 그리고 두려움이 사라지고 자신감이 생기는 순간, 무리 속으로 더욱 용감하게 들어갈 것이다. 다른 사람들이 스케이트를 타는 모습이 너무나 행복해 보이기 때문이다.

벤은 이렇게 결론짓는다. "인간은 기존의 시스템이 규정하는 한계를 뛰어넘어 더욱 복잡한 상황에 대처할 수 있는 능력을 가지고 있습니다. 신호와 선은 사람들이 사회적인 책임을 다하는 것을 방해할 따름입니다. 이러한 장치들은 당시의 상황을 정확하게 해석하고 이에 따라 대처할 수 있는 인간의 능력을 가로막습니다. 통제 장치가 많을수록 사람들은 스스로 생각해야 할 필요성을 덜 느끼기 때문이죠."

벤은 아직도 스케이트장에서 서로 눈을 마주치는 자연스런 리듬과 거기서 발생하는 사람들 간의 상호 교류가 나타나는 예술적 공간을 찾아다니고 있다. 마틴 카시니의 다큐멘터리 작품 〈소리 질러도 아무도 듣지 못하는 차 속에서〉 중 벤이 했던 말을 들어 보자.

안내판, 차선, 표지판, 신호등, 분리대, 도로 중앙의 안전지대 등 모든 장치를 없애는 순간, 사람들은 자신이 도로를 걷고 있다고 느끼게 될 것입니다. 공간을 공유함으로써 서로 양보하고, 충돌을 피하고, 서로에 대해서뿐만 아니라 주변 상황과 교류하기 위해 자신의 본능을 발휘할 것입니다. 공간을 공유하는 것은 매우 혼란스러워 보일 수 있습니다. 그러나 인간은 공중에 매달린 신호등에만 반응하는 로봇이 아니라, 몸과 마음을 사용하는 지적인 존재라는 점을 명심해야 합니다.

벤은 자신이 설계했던 공유 공간 속에서 폴록을 재현하고 있다. 좀 더 정확하게 표현하자면, 인간을 이용해 폴로카이저와 캔버스를 만들어 놓았다. 리처드 테일러가 풍력 폴로카이저를 사용해 캔버스 위해 자연적인 프랙털 패턴을 뿌린 것처럼, 벤이 설계한 공유 공간은 인간의 지성으로써 자율적이면서 조직적인 행동이라는 심오한 패턴을 만들어 냈다. 폴록의 작품들과 마찬가지로, 거대한 혼란으로부터 유기적이고, 매혹적이고, 아름다운 대칭이 모습을 드러내고 있다.[17]

대칭과 균형이 주는 교훈

우리는 대칭의 마을에서 몇 가지 소중한 교훈을 얻을 수 있다.

첫째, 우주는 대칭으로 이루어진 거대한 세계다. 문명에도 대칭의 아름다움이 깃들어 있다. 대칭은 문명 속에 계속 존재해 왔으며 그전에도 존재해 왔다. 눈에 보이지 않는 미세 입자의 진동으로부터 날씨 같은 기후, 그리고 머나먼 은하계에 이르기까지, 반복적이고, 리드미컬하고, 자아 복제적인 대칭의 패턴이 뿌리를 내리고 있다. 인간이라는 존재 역시 내부적, 외부적으로 대칭적인 형상을 갖추고 있다. 그렇기 때문에 인간은 대칭의 형태에 민감할 수밖에 없다. 우리는 대칭을 기반으로 문제를 풀어 나간다. 그리고 대칭을 통해 우주 어디엔가 존재하고 있을 해답을 찾아 나선다. 우리가 할 일은 대칭을 발견하는 일이다. 하지만 문제는 대칭이 쉽게 발견되지 않는다는 사실이다. 또 어떻게 찾아야 하는지도 알기 어렵다. 게다가 인간은 거시적인 측면보다 부분에만 집착하는 성향이 있기 때문에 인위적으로 대칭을 만들어 내려는 함정에 쉽게 빠진다. 이로 인해 보편적으로 존재하고 있는 근원적인 단순성이 아니라, 인위적인 결과물에만 집착한다. 그리고 쉽게 생각할 수 있는 범위 안에서만 움직이려고 한다. 하지만 이러한 노력들을 중단하고 바라보고 생각할 수 있다면, 지금 하고 있는 일을 잠시 접어 두고 오랜 시간 반복적인 패턴을 관찰할 수 있다면, 복잡한 문제 바로 그 중심에 해답이 숨어 있다는 사실을 발견할 것이다. 해답을 모른다고 해서 인위적으로 해답을 만들어 내서는 안 된다. 바꾸어 말하자면, 노력이 무조건 좋은 것은 아니다. 대칭에 숨겨진 힘을 발견해야만 우아한 해결책에 이를 수 있다.

여기서 잠깐 생각을 해 보자. 공유 공간의 개념이 과연 그렇게 급진적인 시도일까? 일반적인 관점에서는 충분히 그렇다. 하지만 1929년 이전의 도시 풍경을 담은 오래된 사진이나 그림을 보면 생각이 달라질 것이다. 또는 유튜브에서 'India Traffic'으로 동영상을 검색해 봐도 된다. 여기저기 분주하게 이동하는 다양한 탈것들과 보행자들로 가득한 거리 풍경을 확인할 수 있을 것이다. 우리는 여기서 공유 공간이 신호등 발명 이전의 시대로 한 걸음 물러서는 것이라는 사실을 이해할 수 있다.

두 번째는 첫째로부터 나오는 것으로, 유명한 몬태나 역설을 통해 쉽게 이해할 수 있다. 1995년 12월, 미국 몬태나 주는 1975년까지 실시했던 '합리적이고 신중한' 고속도로 시스템을 부활시켰다. 이 시스템은 독일의 아우토반과 비슷하다. 특정한 제한 속도가 정해져 있는 것이 아니라, 운전자들이 상황에 맞게 속도를 조절하도록 자율권을 허용하는 제도이다. 그 후 5년 동안 교외 지역 고속도로에서 속도제한이 사라졌으며, 몬태나는 25년 만에 가장 낮은 고속도로 교통사고 사망률을 기록했다. 하지만 몬태나 경찰은 이러한 시스템에 제동을 걸었다. 그리고 시속 128~145킬로미터의 범위 내에서 단속을 하는 속도제한법을 임시적으로 다시 실시했다. 몬태나 대법원은 임시 법규로 과속 차량을 단속하는 동안, '합리적이고 신중한' 시스템의 기준이 애매모호하고 불확실하다는 점을 들어 위헌 판결을 내렸다. 2000년, 몬태나 주는 속도제한 시스템을 다시 실시했고, 그 해 고속도로 사망률은 111퍼센트 증가했다. 그 후 2년 동안 몬태나 주는 고속도로 사망률 통계에서 줄곧 상위권을 차지했다.

몬태나 역설을 통해 우리는 균형 잡힌 상황일지라도 인위적으로 조작을 가하면 균형이 쉽게 무너질 수 있다는 교훈을 얻을 수 있다.[18] 질서와 조직을 고착화하기 위해 무리하게 개입함으로써, 처음에 생각했던 것과는 전혀 다른 결과들이 발생한다. 프랙털 대칭에서도 이와 비슷한 교훈을 얻을 수 있다. 즉, 몇 가지 간단한 법칙만으로도 충분히 효과적이고 효율적인 패턴을 만들어 낼 수 있다. 중앙 집중적으로 치밀하게 구성된 수많은 규칙들, 즉 사람들을 귀찮게 만드는 엄격한 규제를 통해서는 결코 우아함에 이를 수 없다. 함축적이고, 모든 사람들이 이해하고, 모두가 책임 지는, 하지만 사회적 상황에 따라 얼마든지 변화할 수 있는 기준 이 필요하다. 즉 개별적이고 다양한 해석이 가능한 몇몇 중요 원칙을 통해서만 우아함에 이를 수 있다.

실제로 애초의 의도와는 정반대의 결과가 나타나는 경우가 많이 있다. 위험을 낮추려는 노력이 더 위험한 결과로 이어지기도 한다. 왜냐하면 사람들은 안전하다고 느낄수록 잠재적인 위험에 신경을 덜 쓰기 때문이다. 이러한 경우 사람들은 스스로 생각하지 않고, 또 주위에서 벌어지는 상황에 신경을 쓰지도 않는다. 이는 큰 재앙으로 이어질 수 있다. 가령, 성능이 우수한 새로운 브레이크 시스템을 장착했다고 생각해 보자. 그러면 자신도 모르는 사이에 운전 습관이 달라진다. 굳이 사람들의 운전 행태를 분석하지 않더라도 짐작이 가능하다. 새로운 브레이크 시스템에 대한 믿음 때문에 운전자들은 무의식적으로 더욱 과감하게 차를 몰 것이다. 이와는 반대로, 새로운 브레이크를 떼고 기존 시스템을 다시 장착한 경우에는 어떨까. 속도를 줄이고 더욱 신중하게 운전할 것이다. 즉, 다시 안전 운행 모드로 돌아간다. 이것이 바로 우리가 애초에 원했던 것이다.

이 이야기는 엄격한 규제를 통해 운영되는 모든 기업에 많은 점을 시사한다. 오늘날 대기업들은 직원들의 근태 문제를 관리적 차원에서 접근한다. 직원들을 감시하는 '결근 관리자' 제도를 실시하는 기업도 있다. 이는 엄격하게 규제할수록 직원들의 업무 태도가 좋아질 것이라는 생각을 전제로 삼는다. 하지만 도요타는 달랐다. 도요타는 1983년 제너럴 모터스와 제휴를 맺고, 당시 멈춰 섰던 공장을 새롭게 가동했다.[19] 문을 닫기 전 이 공장은 직원들의 결근율이 20퍼센트에 육박했고, 당시 제너럴 모터스의 공장 중 최악의 품질 및 생산성 실적을 기록하고 있었다. 도요타는 그전에 여기서 근무했던 근로자들을 그대로 불러들였다. 그리고 100개가 넘는 세부 업무를 단 세 개로 압축했다. 또한 복잡한 조직 구조를 단순하게 정리하고 두 가지 핵심 원칙을 바탕으로 기업 문화를 재건했다. 사람에 대한 존경과 점진적인 개선, 바로 이 두 가지 원칙이 다름 아닌 도요타 철학의 정수와 영혼이다. 도요타는 업무 내용에 따라 직원들을 배치했고, 창조적인 아이디어를 적극적으로 제안할 수 있는 업무 분위기를 조성했다. 이후 결근율은 3퍼센트로 떨어졌고 품질과 생산성은 계속해서 기록을 갱신했다. 한편 노동조합이 제출한 5,000개나 되는 불만 사항들은 1만 5,000개가 넘는 직원 주도의 개선 사업을 통해 모두 해결했다.

마지막으로, 확실성과 예측 가능성이 사라지면 관심과 주의가 나타난다는 점을 들 수 있다. 우리는 이러한 사실을 공유 공간 개념을 통해 쉽게 이해할 수 있다. 원칙은 간단할수록 강력한 영향력을 끼친다. 그리고 상황이 불확실하고 애매모호할수록, 더욱 많은 관심과 주의가 나타난다. 즉, 불확실한 상황에서 운전자들은 더욱 속도를 줄이고 주의를 기울인다. 물론 우리가 필사적으로 찾으려는 대칭이나 질서를 한눈에 파악하기란 어려운 일이다. 그런데도 사람들은 주의를 기울이고 더욱 적극적으로 개입한다.

1969년 노벨 문학상을 수상한 아일랜드 작가 사무엘 베케트(Samuel Beckett)는 그 해에 프랑스에서 '없이(Sans)'라는 제목의 실험적인 단편을 발표했다. 이후 이를 영어로 다시 썼으며, 제목을 '레스니스(Lessness)'라고 붙였다.[20] 이 작품의 원문 첫 부분을 잠깐 소개한다.

Ruins true refuge long last towards which so many false time out of mind. All sides endlessness earth sky as one no sound no stir. Grey face two pale blue little body heart beating only up right. Blacked out fallen open four walls over backwards true refuge issueless.

Scattered ruins same grey as the sand ash grey true refuge. Four square all light sheer white blank planes all gone from mind. Never was but grey air timeless no sound figment the passing light. No sound no stir ash grey sky mirrored earth mirrored sky. Never but this changelessness dream the passing hour.

이 작품은 영어권 사람들에게도 무척 난해한 글이다. 하지만 이 작품은 질서와 조화로 가득 차 있다. 짧은 두 문단 속에 담긴 의미를 파악하기란 좀처럼 쉽지 않다. 사실 '레스니스'라는 이 실험적인 작품은 베케트가 개발한 몇 가지 단순한 법칙으로 이루어졌다. 그는 이 법칙에 따라 문장을 배열했다. 실제로 베케트는 이 작품을 통해 애매모호한 느낌을 적절하게 표현하고 있다. 베케트는 예일 대학교 도서관에 이 작품에 관한 비밀을 남겨 놓았다. 이 작품은 열 개의 문장으로 구성된 여섯 개의 '문장 그룹'으로 이루어져 있다. 총 60개의 문장은 모두 두 번씩 등장한다. 그리고 매번 다른 순서와 구조로 나타난다. 각 단락은 모두 3~7개의 문장으로 이루진다. 베케트는 전체적으로 주제를 분명히 밝히지 않은 채로 여섯 개의 문장 그룹에 특정한 주제적 요소를 심었으며, 형식적인 구조도 구축해 놓았다. 일부 학자들은 베케트가 시간에 대한 관념을 사용했다고 주장한다(한 시간은 60분, 하루는 24시간, 한 주는 7일, 일 년은 12개월로 이루어진 것처럼). 베케트는 해독의 열쇠를 연극 분야의 저명한 학자인 루비 콘(Ruby Cohn)에게 알려 주었다고 한다.[21] 그녀는 1973년 자신의 저서 『베케트로 돌아가서(Back to Beckett)』에서 이렇게 설명한다.

> 베케트는 문장 60개를 여섯 그룹으로 나누었다. 하나의 문장 그룹은 한 가지 심상을 표현한다. 그는 문장 60개를 각각 다른 종이에 적은 뒤, 상자에 넣어서 섞고 무작위로 두 번씩 뽑았다. '없이'라는 작품에 나온 문장 120개는 이런 식으로 배열된 것이다. 그리고 나서 베케트는 3이라는 숫자를 종이 네 장에 적고, 4는 여섯 장에, 5는 네 장에, 6은 여섯 장에, 그리고 7은 네 장에 적었다. 그리고 다시 한 번 무작위로 뽑아서, 적혀 있는 숫자에 따라 문장을 배열했다. 최종 문장 120개는 바로 이렇게 탄생한 것이다.

여기서 중요한 사실은 독자들은 '레스니스'라는 작품 내용과 상관없이 무작위적이고 혼란스러운 인상을 받는다는 점이다. 이 작품에서 문장의 구조나 의미를 파악하는 일은 대단히 어렵다. 다음에 무슨 문장이 나올지 예측하기도 힘들다. 그리고 각 문장을 더욱 단순한 형태로 정리하는 것도 불가능하다. 일부 수학자들은 베케트가 혼란을 줄이려고 한 것이 아니라, 오히려 혼란을 적극적으로 이용했다고 주장한다. 수학자들은 '레스니스'의 절반은 769개의 단어로 이루어져 있으며, 이 숫자는 자신과 1로밖에 나누어지지 않는 소수라고 설명한다. 더블린 대학교의 엘리자베스 드류(Elizabeth Drew)와 매즈 하르(Mads Haahr) 교수는 「레스니스 : 무작위성, 의식, 의미」라는 논문에서 이렇게 설명한다.[22] "베케트는 문맥의 흐름을 알려 주는 분명한 결정 요인을 드러내지 않음으로써, 독자들이 작품과 상호 교류할 수 있는 이해의 공간을 마련해 두었다. 독자들은 어지러운 문장 속에 숨겨진 패턴을 찾기 위해 노력한다. 그러면서 무작위적인 배열을 연결하고 이해하기 어려운 문맥의 흐름을 조합해 보려는 시도를 하게 된다."

여기서 이러한 질문이 떠오른다. 사람들은 왜, 그리고 어떻게 애매모호하고 불확실한 이야기에 관심을 갖고 창조적인 관점으로 접근하는 것일까?

3장

여백의 유혹

.

.

.

남들과 아무런 생각을 주고받지 않으면서 하루를 보내기란 너무나 어려운 일이다. 우리는 식사 메뉴처럼 사소한 결정부터 신제품 개발 같은 복잡한 문제에 이르기까지, 언제나 아이디어를 만들고 이를 다른 사람들과 함께 나눈다. 지금까지 우리는 아이디어가 최대한 구체적이고, 완벽하고, 분명해야 성공을 거둘 수 있다고 믿어 왔다. 그러나 사람들의 마음을 사로잡은 아이디어를 살펴보면 결코 그렇지 않다. 라바이플라인이나 벤의 사거리 설계에서 살펴볼 수 있듯이, 오히려 애매모호하고 불확실한 아이디어가 더욱 흥미진진하고 자극적이며, 때로는 사람의 목숨까지 살리는 놀라운 성과를 보여 준다.

매혹적인 아이디어는 사람들의 상상력을 자극한다. 우리는 다음에 어떤 일이 벌어질지 예측할 수 없는 상황에서 불안감을 느낀다. 호러 영화를 보거나 추리소설을 읽는 사람들의 심각한 눈빛을 떠올려 보면 쉽게 상상할 수 있다. 반대로 결말을 쉽게 추측할 수 있거나 시시하게 끝나는 경우, 사람들은 실망한다. 뻔한 스토리라고 생각되는 순간, 흥미는 사라진다.

사람들의 마음을 사로잡고, 최면을 걸고, 상상력을 자극하는 마법의 저편에는 무엇이 있는 것일까? 그 마법은 과연 어디서 나오는 것일까?

논피니토 기법

2007년 11월 2일 이른 오후, 나는 파리의 루브르 박물관에 영구 소장되어 있는 모나리자 앞에서 얼어붙은 채로 서 있었다. 나는 모나리자의 애매모호하고 불확실한 매력에 대해 이리저리 생각해 보았다. 그러다 문득 예술 사학자 곰브리치(E. H. Gombrich)가 그의 유명한 저서 『서양미술사(The Story of Art)』에서 레오나르도 다빈치의 걸작에 대해 얘기했던 대목이 떠올랐다. "내가 가장 놀란 것은 모나리자의 생생함이었다. 모나리자는 마치 나를 보고 느끼는 듯했다. 모나리자의 모습은 살아 있는 여인처럼 계속 변했다. 내가 돌아볼 때마다 그녀는 조금씩 다른 모습을 하고 있었다. 모나리자의 사진에서도 이러한 신비한 경험을 할 수 있다. 하물며 루브르에 있는 오리지널 작품은…… 가히 초자연적이다."[1]

솔직히 말해서 나는 모나리자의 사진만 보고서도 감동을 받았다는 곰브리치의 말을 이해할 수 없었다. 그래서 진품을 보면 그의 말을 조금이나마 이해할 수 있지 않을까 하는 기대를 품고 루브르로 여행을 떠났다. 그리고 거기서 그의 말을 확인했다. 모나리자는 처음 보았을 때는 약간 슬프면서도 외로워 보였다. 하지만 다른 그림들을 획 둘러보고 다시 돌아왔을 때, 모나리자는 유혹하는 눈빛으로 나를 쳐다보았다. 그리고 마지막으로 그녀를 쳐다보았을 때는 마치 나를 조롱하는 것처럼 보였다. 곰브리치는 이렇게 말했다. "이러한 경험은 말도 안 되는 것처럼 보이지만 엄연한 사실이다." 이제 머릿속에서 이런 질문이 떠오른다. 모나리자의 얼굴이 마치 마법처럼 변화하면서 유혹적으로 보이는 이유는 과연 무엇일까?

불확실성과 애매모호함의 효과를 가장 극적으로 활용해 보는 이로 하여금 신비와 호기심을 불러일으키게 만든 대가가 바로 르네상스 시대의 천재 레오나르도 다빈치이다. 비밀단체 활동이나 종교적인 음모, 여러 가지 암호에 관련된 모든 문제를 떠나, 모나리자에는 다빈치의 천재성을 확인할 수 있는 실마리가 들어 있다. 다빈치는 1400년대 후반 피렌체의 화가들이 고민했던 문제를 해결했다. 당시 피렌체의 화가들은 어떻게 하면 그림 속의 인물이 살아 있는 것처럼 보이게 만들 수 있을까 고민했다. 모나리자가 세상에 나오기 이전, 대부분의 작품들은 인물을 생생하게 표현하지 못하고 있었다. 그림 속에는 언제나 조각처럼 딱딱하고 차가운 사람들만이 있었다. 곰브리치는 화가들이 실제의 모습과 동작을 그대로 베껴서 세밀하게 표현할수록 관객이 작품 속에서 생생한 느낌을 받기 어려워진다고 생각했다.

레오나르도 다빈치는 스푸마토(sfumato)라는 기법을 개발했다.[2] 이 기법은 말 그대로 사람들에게 '안개처럼 사라지는' 느낌을 선사한다. 다빈치는 이 기법을 '뚜렷한 윤곽을 없애는' 방법이라고 정의했다. 다빈치는 스푸마토 기법을 바탕으로 대상의 윤곽을 다른 부분과 겹쳐서 흐릿하게 표현했다. 다빈치의 작품에서 드러나는 생생함의 비결은 바로 이 스푸마토 기법에 있다. 모나리자의 얼굴 특징을 드러내는 눈과 입의 가장자리를 자세히 살펴보면 모나리자의 신비를 이해할 수 있다. 다빈치는 눈과 입의 윤곽을 일부러 흐릿하게 표현했다. 그래서 보는 이의 위치에 따라 표정이 달라지고 마치 살아 있는 듯한 느낌을 주는 것이다.

다빈치는 또한 많은 화가들에게 영감을 주었다. "전체 윤곽을 뚜렷하고 선명한 형태로 표현하지 말고 푸모소(fumoso, 안개)가 피어나듯 그려라……. 즉, 더 혼란스럽게 표현해라. 말하자면, 덜 분명하게 표현해라." 이처럼 다빈치는 보는 이들의 상상력을 자극하는 방식을 선택했다. 그 이유는 무엇이었을까? 곰브리치는 다빈치가 정확하게 묘사를 하는 것보다 애매모호하게 표현함으로써 관객의 애를 태우는 기술을 잘 알고 있었기 때문이라고 믿는다. 다빈치는 제자들에게 밑그림을 세밀하게 그리지 말라고 가르쳤다. 이는 '마음속에 애매모호한 이미지를 간직할 수 있도록' 하기 위해서였다. 곰브리치는 스푸마토 기법이란 화가도 볼 수 없었던 것을 관객들이 이해할 수 있도록 만드는 것이라고 설명했다. 다시 말해, 천재의 손길은 보는 이로 하여금 계속해서 무언가를 상상하도록 만든다. 500년이 지난 지금, 다빈치의 작품들은 여전히 토론의 주제와 출판 및 영화 산업의 원천으로 남아 있다.

하지만 미완성 기법을 활용했던 예술가는 다빈치 한 사람만이 아니었다. 미켈란젤로 역시 조각가 도나텔로(Donatello)의 '논피니토(non finito)' 기법을 완성해 세상에 널리 알렸다. 논피니토란 미완성 혹은 불완전함이라는 뜻이다. 희미하게 표현하는 논피니토 기법은 조각품들이 미완성인 것처럼 보이게 하면서도, 사실 더 깊은 느낌을 전달해 준다. 미켈란젤로는 조각품 속에 예술가의 고뇌를 그대로 반영함으로써, 사람들이 '숨겨진' 주제를 감성적인 차원에서 접근하도록 만들었다.

하지만 다빈치도, 그리고 미켈란젤로도 미완성과 애매모호함의 개념을 예술에 도입한 최초의 인물은 아니었다. 12~13세기경 일본에서 선종 사상이 싹틀 무렵, 일본의 예술과 철학 분야는 선 사상의 미학적 주제인 '비어 있음(空)'의 개념을 소재로 삼기 시작했다. 선 사상에서 비어 있음이란 멈추지 않는 영혼의 움직임을 의미한다. 음악과 연극 작품 속의 고요한 멈춤, 그림 속 여백의 미, 그리고 엄숙한 다도 의식에서 볼 수 있는 장엄하면서도 매혹적인 게이샤들의 절제된 동작은 그 속에 모두 특별한 의미를 담고 있다. 선 사상을 추구하는 예술가들은 순간적인 멈춤과 고요함을 통해 창조적인 에너지를 표현한다. 선 사상에서 인간의 영혼은 알 수 없는 미지의 존재이다. 그렇기 때문에 추상적인 암시 기법이야말로 예술적 창조성을 실현하는 유일한 방식이다. 이와는 반대로 유한성은 자연과 어울리지 않으며, 정체를 의미하고, 생명력을 감소시키는 것이라고 여겨진다. 선 사상을 추구하는 예술가들의 목표는 균형 잡힌 미완성 예술 작품을 통해 조화를 만들어 내는 것이다. 또한 사람들이 작품 속에 숨겨진 조화를 발견함으로써 창조의 행위에 동참하도록 만드는 것이다. 유명한 시인 후지와라 테이카(Fujiwara Teika)는 그의 시에서 논피니토 기법을 사용한다. "아이디어를 이끌어 낸 시인은 그것을 절묘한 형태로 작품화해 다른 사람들이 그 속에서 상상력을 펼칠 수 있도록 풍부한 여백을 마련해 두어야 한다." 테이카의 작품은 일본의 선 사상에서 주요한 흐름을 형성한다. 역사가들은 그의 예술적 작품을 선 사상에 대한 예술적, 철학적 교과서라고 소개한다.

논피니토 개념은 이탈리아의 르네상스를 넘어서 서유럽 전체로까지 퍼져 나갔다. 1620년경 프란시스 베이컨(Francis Bacon)은 인간의 약점에 대해 관심을 가지고 있었다. 그것은 비어 있음의 중요함을 무시하는 사고방식을 의미한다. 프란시스는 그의 저서 『노붐 오르가눔(Novum Organum)』에서 이렇게 언급한다. "인간의 지성을 가로막는 가장 큰 방해물은 아둔함, 무능함, 그리고 감각에 의한 착각이다. 일반적으로 감각을 즉각적으로 자극하는 것들은 그렇지 않은 것들을 압도한다. 하지만 감각을 직접적으로 자극하지 않는 것이 훨씬 더 많은 의미를 품고 있다. 눈으로 보는 순간, 생각은 멈춘다. 그래서 사람들은 눈에 보이는 것에만 집착한다."

베이컨의 발견은 새로운 사고의 지평을 열었다. 1700년대 후반, 영국에서 낭만주의가 유행하면서 예술가들은 보는 이의 상상력을 자극하는 논피니토 기법에 많은 관심을 기울였다.[3] 초안 스케치도 하나의 예술 작품으로 인정받았다. 1757년, 아일랜드의 사상가 에드먼드 버크(Edmund Burke)는 거칠고 개략적인 스케치 작품이 '최고의 완성도로 이루어진 작품'보다 더욱 높은 상상력을 이끌어 낼 수 있다고 주장했다. 또한 스코틀랜드의 철학자 헨리 홈(Henry Home, Lord Kames)은 그의 1762년 저서 『비판의 요소(Elements of Criticism)』에서 논피니토의 개념을 중점적으로 다뤘다. 여기서 그는 중국의 정원을 사례로 든다. "중국인들은 상상력을 중요하게 생각한다. 그들은 정원을 쉽게 파악하기 어려운 형태로 만든다. 작은 폭포 앞에 나뭇가지를 드리워서 물이 떨어지는 모습을 분명하게 드러내지 않는다. 중국의 정원을 제대로 감상하려면 상상력을 총동원해 모든 것들을 자세하게 들여다보아야 한다."

1800년대 후반에서 1900년대 초반에 활동한 프랑스 후기 인상파 화가인 폴 세잔(Paul Cézanne)은 보는 이들이 또 다른 차원에서 참여할 수 있는 그림을 그렸다.[4] 초기 비평가들의 혹평에도 불구하고, 세잔은 더욱 극단적인 형태로 논피니토 기법을 사용했다. 세잔은 스스로 생각하고 상상하는 것만이 진정한 감상에 이르는 길이라고 믿었다. 그래서 자신의 붓질 하나하나에 보는 이들이 상상력을 펼칠 수 있는 공간을 남겨 두었다.

논피니토의 현대적 형태는 이러한 역사를 거쳐 이루어졌다. 〈소프라노스〉의 마지막 편을 제외하고 논피니토 기법을 활용한 사례를 들어 보라면, 나는 마이크 니콜스(Mike Nichols)의 1967년 고전 〈졸업(The Graduate)〉의 한 장면을 꼽을 것이다. 이 영화에는 갓 대학을 졸업한 벤 브래드포드 역을 맡았던 더스틴 호프만이 스쿠버 장비를 갖추고 손엔 작살을 든 채 수영장에 뛰어들어 잠수하는 장면이 나온다. 그는 물속에서 스스로의 인생에 대해 생각한다. 이 장면에는 대화도, 내레이션도, 음악도 없다. 주인공이 내쉬는 숨소리밖에 들리지 않는다. 하지만 관객은 이야기의 흐름을 바탕으로 주인공의 심리 상태를 이해할 수 있다. 동시에 관객은 자기 나름대로 다양한 각도에서 이 장면을 해석한다. 즉, 저마다의 개인적인 경험과 감정을 주인공에게 이입할 수 있는 것이다. 영화 평론가 조 모건스턴(Joe Morgenstern)은 이 2분 동안의 '조용한' 장면이 영화사에 길이 남을 명장면이라고 말한다.[5]

지금까지 우리 사회는 늘 구체적이면서 완벽한 아이디어를 원했다. 그런데도 눈여겨볼 만한 예외가 간혹 등장했다. 하지만 이러한 예외는 사실 예외라고 볼 수 없다. 오히려 새로운 법칙을 만들어 내는 도전이라고 보는 편이 마땅하다. 자신들이 시작한 일을 마무리할 수 있는 권리를 관객에게 부여하는 것은 예술가들이 관객의 지성을 존경하고 있다는 뜻이다. 그리고 이러한 예술가들은 기존의 법칙을 완전히 뒤엎을 수 있는 새로운 형태의 법칙을 만들어 내고 있다.

아이폰의 마케팅 전략

2007년 1월 9일 아침, 애플의 CEO 스티브 잡스(Steve Jobs)는 샌프란시스코의 모스콘 센터에서 2007년 맥월드 콘퍼런스의 시작을 알리는 기조연설을 하고 있었다. 특유의 터틀넥과 청바지 차림으로 선 잡스는 그 자리에서 가장 최신 제품, 그리고 가장 획기적인 제품인 아이폰을 소개했다. 당시 아이폰은 5개월 후인 6월 말 출시를 앞두고 있었다. 잡스가 아이폰의 기능을 하나씩 소개하자 청중은 점차 최면에 빠져들었다.

사람들이 본 것은 매끈한 모양새를 갖춘 전혀 다른 차원의 휴대전화였다. 아이폰은 사람들이 오래전부터 애플에 기대하던 바로 그 제품이었다. 애플은 예전부터 기존의 휴대전화에 이메일, 인터넷, 음악, 사진, 동영상 기능을 첨가한 '스마트'폰으로 휴대전화 시장에 진출할 계획을 갖고 있었다. 하지만 아이폰은 운영체제와 웹 브라우저 기능을 제한적이거나 '맛보기' 수준으로 추가한 다른 경쟁사들의 스마트폰과 달리, 애플 컴퓨터의 강력한 시스템을 몽땅 탑재했다. 게다가 mp3 시장에 지각변동을 몰고 왔던 애플의 유비쿼터스 플레이어인 아이팟(iPod)의 기능까지 포함했다. 아이폰의 디자인과 기능은 아름답고 환상적이었으며 저항할 수 없는 매력을 뽐냈다.

청중은 아이폰의 매력에 푹 빠졌다. 하지만 사람들이 정말로 놀란 것은 '보이지 않는' 부분에 있었다. 애플 마니아들은 스티브 잡스가 여백의 미를 얼마나 사랑하는지 잘 알고 있다. 그들은 잡스의 미니멀리즘에 대한 열정, 특히 버튼과 관련된 집착에 익숙했다. 매킨토시 키보드에는 원래 커서를 조종하는 방향키가 들어 있지 않다. 그리고 기본적으로 마우스가 두 개의 버튼을 갖고 있는 것에 반해, 매킨토시 마우스들은 2005년까지 모두 버튼 하나로만 작동했다. 잡스는 업계 표준으로 자리 잡은 마우스의 다양한 버튼 구조를 '우아하지 못한' 것이라며 아주 싫어했다. 그는 데스크톱의 전원 버튼도 없애 버렸다. 또, 애플 매장의 대기 라인과 카운터도 없앴고, 매장 내 엘리베이터의 버튼도 숨겼다. 잡스는 심지어 단추 달린 셔츠도 입지 않는다고 한다.

잡스는 아이폰에 이르러서는 전 세계 '모든' 휴대전화에 들어 있는 키패드까지 제거해 버렸다. 아이폰에는 누르고, 전화를 걸고, 클릭하고, 스크롤할 수 있는 휠도, 레버도, 버튼도 없다. 단 하나, 홈 버튼만 있다. 아이폰은 심플하고, 아름답고, 산뜻한 라인으로 유명한 애플의 디자인 기준과 비교해 보더라도, 지금까지 나온 제품 중 가장 높은 여백의 수준을 자랑한다. 제품의 표면 대부분을 차지하는 터치스크린에 손가락만 갖다 대면 생생한 삼차원 화면으로 음악, 사진, 메일, 영화를 즐길 수 있다. 키보드는 가상화되어 소프트웨어 속으로 숨어들어 갔다.

하지만 이러한 아이폰의 획기적인 기능에 쏟아진 첫 번째 반응은 부정적이었다. 비평가들이 〈소프라노스〉의 마지막 편에 대해 퍼부었던 혹평과 마찬가지로, 아이폰 발표에도 부정적인 의견이 잇달아 터져 나왔다. AT&T를 단일 서비스 제공자로 선택한 애플의 선택에 대해서도 비난이 쏟아졌다. 키보드가 없다는 점도 지적 대상이었다. 사람들은 AT&T의 느린 서비스 속도에 대해서 비판하면서도, 한 단계 더욱 빨라진 와이파이(Wi-Fi) 기능에 대한 칭찬에는 인색했다. 그런데 이러한 비난의 소리와 더불어 두 가지 현상이 나타났다.

첫째, 어마어마한 규모의 애플 마니아들이 부정적인 분위기에서도 용기를 내고 있었다. 그들은 비판적인 반응에 대해 힘을 모아 이의를 제기할 수 있는 근거를 마련해 갔다. 블로거들의 움직임에도 불이 붙었으며, 애플 마니아들의 움직임도 나날이 커졌다. 둘째, 「월 스트리트 저널」의 기술 칼럼니스트 월트 모스버그(Walt Mossberg)가 키보드를 없앤 결정을 지적했을 때, 잡스는 이렇게 대답했다. "키보드가 사라졌기 때문에 더욱 복잡한 프로그램을 운영할 수 있습니다. 터치 키보드의 정확도를 높였고, 프로그램에 따른 키보드 종류도 다양해졌습니다. 키보드가 필요 없을 때는 완전히 숨겨 버릴 수도 있습니다. 이제 사람들은 스크린 전체로 메일을 읽고, 검색을 하고, 지도를 보고, 사진과 영화를 감상하고, 그리고 새롭게 개발된 다양한 프로그램을 마음껏 즐길 수 있습니다. 저는 아이폰의 가상 키보드 시스템이 아이폰의 최고 자산이자 경쟁력이라고 확신합니다."

아이폰의 기능과 형태에 관한 아이디어들은 잡스가 실제로 사용했던 휴대전화, 그리고 아이폰 이전에 나왔던 모든 휴대전화에 대해 그가 느낀 실망감으로부터 비롯되었다. 잡스는 기존의 휴대전화를 사용하면서 많은 불편을 느꼈다. 그중 키보드 사이즈가 작다는 것이 가장 불편했다.

엄청난 광고 예산을 퍼부어 시장을 강타했던 역대 유명 제품들처럼, 아이폰도 출시 후 곧바로 시장의 주목을 받았다. 하지만 아이러니하게도 잡스는 광고에 많은 돈을 투자하지 않았다. 엄청 난 광고 투자는 다양한 마케팅, 판매, 언론 플레이를 통해 강력 하게 매출을 '밀어붙이는' 기업 활동의 일부분이다. 하지만 애플 은 달랐다. 그들은 매출을 인위적으로 높이려는 시도를 하지 않 았다.

잡스는 버튼과 함께 마케팅 프로그램도 없애 버렸다. 몇 달에 걸친 프로모션, 다양한 채널을 통한 홍보, 수백만 달러가 들어가 는 광고도 하지 않았다. 스티브 잡스가 맥월드 콘퍼런스에서 보 여 주었던 시연이 홍보의 전부였다. 아이폰의 단순한 디자인은 애플의 마케팅 전략과 조화를 이루었다. 애플은 아이폰을 소개 하고 나서 아무것도 하지 않았다. 판매 시점까지 아무런 광고도 하지 않았다. 사전에 정보를 고의로 유출시켜 언론을 자극하는 전략도 쓰지 않았다. 잡스가 방송에 출연해 그의 카리스마를 보 여 주는 시도도 없었다. 영향력이 큰 IT 저널리스트들의 관심을 끌기 위한 자리도 별도로 마련하지 않았다. 또한 애플 문화를 알 리려는 노력도 하지 않았다. 특별한 출시 프로그램이나 리베이트 프로그램도 실시하지 않았다. 게다가 아이폰의 출시 가격은 일반 휴대전화의 세 배에 달했다. 선주문 프로그램조차 없었다. 애플은 2007년 6월 29일 저녁 6시를 시작으로 매장 판매를 시작했다. 치밀하게 계획된 애플의 움직임은 '하지 않기' 전략을 기반으로 삼고 있었다.

2008년 3월, 「포춘」지는 아이폰이 '가장 모범적인 혁신'이며, 애플은 '미국에서 가장 존경받는 기업'이라고 선언했다. 그러자 애플은 '하지 않기' 전략에 대해 이렇게 설명했다. "사람들은 모두 더 많이 하기를 원합니다. 그리고 목표를 위해 최선을 다해야 한다고 생각합니다. 하지만 결과는 종종 애초의 의도와는 반대로 나타나고 있습니다. 한 가지 아이디어에 집중하는 것은 다른 아이디어들을 포기하는 일이기도 합니다. 그러므로 선택은 항상 신중해야 합니다. 우리는 우리가 이루어 낸 것과 마찬가지로, 하지 않았던 것들에 대해서도 자랑스럽게 생각합니다."

아이폰 판매가 임박했을 때는 미국과 영국의 휴대전화 시장 절반 이상이 애플을 주목하고 있었다. 높은 가격이나 대기 시간에도 불구하고, 2,000만 명에 달하는 미국인들이 적극적인 관심을 보였다. 즉, 아이폰은 출시 전부터 휴대전화 시장의 거대한 지각변동을 '예언하고' 있었다.

지금까지 우리는 아이폰의 사례를 통해, 비즈니스 환경에서 논퍼니토 개념을 어떻게 적용할 수 있는지 살펴보았다. 미지의 것, 이해하기 힘든 것, 불완전한 것의 매력을 더 잘 이해하기 위해서는 이성과 감성이 작동하는 방식을 이해해야만 한다.

호기심을 자극하는 방법

그리스 철학자 아리스토텔레스는 "사람들은 원래 알고자 하는 욕망을 갖고 있다."라는 말을 남겼다. 그는 바로 인간의 호기심에 대해 언급했던 것이다. 영국의 시인 새뮤얼 존슨(Samuel Johnson)은 인간의 호기심을 '처음이자 마지막 열정'이라고 표현했다. 호기심이란 그 대상의 선악을 떠나, 뭔가 다른 것, 저 멀리 있는 것, 이해하기 힘든 것을 알아내려는 인간의 원초적인 욕망이다. 어떤 것을 '금지'하는 순간, 사람들은 그것을 하고 싶은 유혹에 빠진다. 사과를 따 먹은 이브, 상자를 연 판도라, 호기심 때문에 죽는 고양이를 떠올려 보자. 카페에서 옆 테이블의 커플이 들뜬 표정으로 지난밤 벌어진 일을 속삭이고 있다면, 사람들은 대부분 그들의 말에 집중할 것이다.

아이폰의 사례에서는 물론, 우아함을 드러내는 조각 작품에서도 인간의 호기심을 발견할 수 있다. 이러한 호기심을 이해하기 위해 철학자들이 언급하는 인간의 본성까지 알아야 할 필요는 없다. 우리들은 모두 호기심에 대해 잘 알고 있다. 그러나 그 호기심의 기원은 우리들이 잘 모르는 미지의 영역에 있다.

윌리엄 제임스(William James)는 1890년 그의 저서 『심리학 원리(The Principles of Psychology)』에서 호기심의 유형 두 가지를 자세히 다룬다.[7] 첫 번째 유형은 대상에 대해 '감성적인' 반응을 보이는 본능적 호기심을 말한다. 사람들은 새로운 것, 일상적이지 않은 것, 특별한 의미를 가진 것에 관심을 가진다. 이러한 대상을 접하는 순간, 대상을 이해하려는 욕망이 저절로 솟아난다. 낯설고 예기치 못한 대상과 맞닥뜨릴 때, 동물은 상대를 관찰하는 행동을 보인다. 개는 처음 보는 개를 경계하면서 상대의 냄새를 맡는다. 이러한 행동은 개과 동물이 걸어온 진화의 역사를 보여 준다. 두 번째 유형은 '지적인 호기심'이다. 제임스는 이를 '불협화음을 들었을 때 뇌가 반응하는 것처럼, 자신이 가지고 있던 기존의 지식 체계와 조화를 이루지 않거나 큰 차이를 보이는 경우' 나타내는 거부 반응이라고 설명한다. 지난 세기 동안 발전해 왔던 호기심에 관한 연구 대부분이 윌리엄 제임스의 이론을 기반으로 삼는다.

1950년대 후반, 토론토 대학교의 심리학자 다니엘 벌라인

(Daniel Berlyne)은 자발적인 차원에서 호기심을 연구함으로써 제임스의 연구를 더욱 확장했다.[8] 그는 호기심을 다양한 호기심과 특정한 호기심이라는 두 범주로 구분했다. 다양한 호기심이란 새로운 것을 찾아 나서고, 위험을 감수하고, 모험을 감행하는 보편적인 호기심을 의미한다. 특정한 호기심이란 특정 대상을 이해하기 위해 이를 관찰하려는 성향을 의미한다. 벌라인은 호기심을 자극하는 네 가지 외부 요인으로 복잡성, 새로움, 불확실성, 모순을 꼽았다. 그리고 호기심에는 임계점이 존재한다는 사실을 밝혀냈다. 즉, 자극 수준이 임계점 아래에 있으면 호기심은 발생하지 않는다. 반대로 임계점보다 너무 높은 경우, 호기심 대신 두려움이나 회피 반응이 나타난다. 호기심이 나타나려면 네 가지 요인중 하나 혹은 그 이상의 요인이 '유효 범위'에 있어야만 한다.

이미 고인이 된 음악학 연구가 레오나드 메이어(Leonard Meyer)는 1956년 그의 저서 『음악의 감성과 의미(Emotion and Meaning in Music)』에서 이와 비슷한 결론을 제시했다. 메이어는 화음의 패턴을 구성하고 이어 나가는 동안에도 청중을 계속 자극하기 위해 곡이 거의 끝날 때까지 결론을 제시하지 않았던 베토벤의 시도를 분석했다. 그는 베토벤의 현악 사중주 14번 C# 단조의 50마디 전체를 연구했다.[9] 그 결과, 베토벤이 관객들과 함께 놀이를 즐기려 했다는 사실이 밝혀졌다. 베토벤은 결론을 좀처럼 쉽게 보여 주지 않았고, 그전까지는 불완전한 형태로 변주들을 이어 나갔다. 메이어는 명곡의 가치는 관객과 얼마나 섬세하게 교감할 수 있는지에 달려 있다고 말한다. 예측이 너무 쉬운 곡과 마찬가지로, 예측이 전혀 불가능한 작품도 관객에게 만족감을 주지 못한다. 메이어는 이렇게 덧붙인다. "예측하지 못했던, 그래서 놀라움을 주는 패턴을 들을 때…… 청중은 일단 판단을 미룬다. 그리고 다음에 이어지는 부분에서 이해하지 못했던 부분을 알 수 있기를 기대한다. 하지만 이해가 되지 않는 상황이 계속 이어질 경우, 청중은 흥미를 잃고 혼란에 빠진다."

그리고 40년 후, 카네기 멜론 대학교의 게오르그 레벤스타인(George Loewenstein) 교수는 윌리엄의 연구로부터 당시의 지배적인 발견에 이르기까지, 호기심에 관한 심리학적 연구를 새롭게 해석했다.[10] 그리고 여기에 아이디어를 접목시켜 '정보격차 이론'을 만들어 냈다. 사람들은 지배적인 정보와 일치하지 않는 정보를 접하는 순간, 불편함을 느낀다. 그리고 이러한 불편은 호기심으로 이어진다. 여기서 호기심이란 불편함을 느끼게 하는 차이를 좁히려는 욕망을 말한다. 불편함의 강도는 부조화가 얼마나 크게 느껴지는지에 달려 있다. 그리고 부조화의 정도는 현재 얼마나 많이 알고 있는지, 또 앞으로 얼마나 많이 알기를 바라는지에 달려 있다.

예를 들어, 나는 여러 분야에서 나보다 지식수준이 높은 사람들이 무수히 많다는 사실을 잘 알고 있다. 하지만 그렇다고 해서 불편함을 느끼지는 않는다. 그 차이가 워낙 크고 눈에 잘 보이지 않기 때문에 차이를 가늠해 볼 시도조차 하지 않는다. 하지만 내가 관심을 가진 분야에서 나보다 더 많이 아는 사람을 만나는 경우 불편함을 느낀다. 특히 저녁 식사 도중 그 차이를 계속해서 떠올리게 해 주는 사람을 만나면 더욱더 불편하다. 이러한 경우, 내가 모르는 정보의 조각들에 대한 궁금증이 커진다. 이러한 불편함은 호기심으로 이어지고, 호기심은 정보의 간격을 좁히기 위해 노력하도록 만든다. 그래서 다음번에 만날 때는 오히려 내가 상대방을 불편하게 만드는 위치에 서기도 한다.

레벤스타인은 이러한 절차를 호기심의 '상황적 요인'이라는 개념으로 설명한다. 그는 상황적 요인에 다양하고 중요한 의미가 담겨 있다고 말한다. 첫째, 부족한 정보에 대한 호기심의 크기는 정보격차에 달려 있다. 둘째, 해결책에 점진적으로 접근하는 경우와는 반대로, 단편적인 정보만으로 모든 문제를 한 번에 해결할 수 있다고 생각하는 경우, 사람들은 그 정보를 얻기 위해 더욱 노력한다. 셋째, 기존의 정보가 많을수록 호기심은 더욱 증가한다. 다시 말해, 많이 아는 사람일수록 호기심이 더 많다는 뜻이다. 레벤스타인은 여러 연구를 통해 자신의 아이디어를 실험해 보았다.

한 실험에서 그는 참가자들에게 컴퓨터 화면을 통해 45개의 정사각형으로 이루어진 격자를 보여 주었다. 격자 뒤에는 그림이 숨어 있으며, 마우스로 격자를 클릭하면 뒷면의 이미지가 나온다. 레벤스타인은 이 실험에서 두 종류의 화면을 사용했다. 한 화면에는 여러 마리의 동물이 함께 들어 있고, 다른 화면에는 동물 한 마리만 들어 있었다. 레벤스타인은 실험 참가자들에게 호기심에 관한 연구라는 말은 하지 않은 채, 컴퓨터 마우스 적응 훈련이라고만 설명했다. 실험 참가자들은 무조건 다섯 개의 격자를 클릭해야 한다. 레벤스타인은 다섯 번의 클릭 이후, 피실험자들이 그림을 확인하기 위해 몇 번이나 더 클릭하는지 측정해 그것으로 호기심의 정도를 확인했다. 클릭을 하면 바로 그림이 나타나는 것이 아니라 4초 정도 시간이 걸린다. 실험 참가자들은 클릭을 하고 나서 자연스럽게 그림 전체를 그리게 된다. 결과적으로 동물 한 마리가 있는 화면을 클릭했던 참가자들이 훨씬 더 많은 사각형을 클릭했던 것으로 밝혀졌다. 참고로, 동물 한 마리가 들어 있는 화면은 더 많이 클릭을 해야 전체 그림을 이해할 수 있다.

또 다른 연구에서 레벤스타인은 참가자들에게 어떤 사람의 각기 다른 신체 부위를 찍은 사진 세 장 중 일부를 보여 주었다. 세 장을 다 보여 준 사람도 있고, 두 장 혹은 한 장을 보여 준 사람, 그리고 한 장도 보여 주지 않은 사람도 있었다. 각각의 사진은 몸통, 손, 발의 모습을 담았다. 그리고 나서 참가자들이 사진 속 인물을 얼마나 궁금해하는지 측정해 보았다. 여기서 레벤스타인은 실험 참가자들에게 1달러 미만의 작은 금액이나 그 사람의 전체 사진 중 하나를 선택할 수 있는 권리를 주었다. 그 결과, 사진을 더 많이 본 사람들일수록 전체 사진에 더 많은 호기심을 갖고 있는 것으로 밝혀졌다.

레벤스타인은 위의 실험들로부터 특정한 상황적 요인에 해당하는 정보가 빠져 있는 경우 호기심이 증가한다는 결론을 내렸다. "문제를 내거나 수수께끼 또는 퍼즐을 푸는 경우, 사람들은 숨어 있는 정보를 찾아내야만 한다. 이러한 정보는 호기심을 자극하는 직접적인 동인이다. 예상은 할 수 있지만 구체적인 해답이 나와 있지 않은 문제에 부딪히는 경우, 호기심이 발생한다. 자신의 예상과 어긋나는 상황도 호기심의 중요한 동인이다. 또한 자신보다 더 많은 정보를 가진 사람 역시 호기심을 일으키는 상황적 요인으로 작용할 수 있다."

하지만 여기에는 조건이 필요하다. 정보격차 이론은 이미 알고 있는 정보와 알기를 원하는 정보 사이에 차이가 있다는 것을 인식하고 그 정도를 측정할 수 있다는 가정에 기반을 둔다. 그리고 숨겨진 정보는 구체적이고, 획기적인 것이어야 한다. 레벤스타인은 이렇게 덧붙였다. "호기심을 가로막는 장애물은 자신이 모른다는 사실을 깨닫지 못하는 것이다. 우리 주위에는 이러한 장애물이 너무나 많이 있다."

레벤스타인의 연구 자료가 세상에 나오고 나서 몇 년이 지난 1990년대 후반, 마케팅 전문가인 딜립 소먼(Dilip Soman)과 사투아 메논(Satua Menon)은 고민에 빠져 있었다. 온라인 광고를 클릭하도록 만드는 조건을 연구하는 과정에서 레벤스타인의 정보격차 이론이 문제가 된 것이다.[11]

소먼과 메논 두 사람은 경영에 관한 중요한 질문 두 가지를 던졌다. 첫째, 소비자들이 새로 출시한 제품이나 서비스를 빨리 인식하도록 만들려면 어떻게 해야 할까? 둘째, 인터넷 소비자들이 스스로 제품 정보를 검색하도록 만들려면 어떻게 해야 할까? 두 사람은 호기심의 놀라운 힘을 활용하면 소비자들이 제품 정보를 적극적으로 찾아다니도록 만들 수 있다는 사실을 증명하려 했다. 그들의 시도에는 중요한 의미가 담겨 있었다.

1997년에 소먼과 메논은 '소니 QV'라는 가상의 디지털 카메라로 두 가지 실험을 실시했다(당시 디지털 카메라는 생소한 제품이었다). 소먼과 메논은 소니 QV의 제품 광고를 두 가지 유형으로 나누어 제작했다. 각 유형의 광고는 제품의 주요 기능 두 가지 중 하나에 초점을 맞추었다. 하나는 사진을 디지털 방식으로 찍고 보관할 수 있다는 것이고, 다른 하나는 그 사진을 이메일로 전송할 수 있다는 것이었다. 두 유형의 광고 모두 각각의 주요 기능을 호기심을 자극하는 수단으로 활용했으며, 이를 광고의 헤드라인으로 사용했다.

또한 소먼과 메논은 헤드라인은 동일하게 유지하면서 편집과 세부적인 정보를 변경하는 방식을 사용해 각 유형별로 다시 세 개의 광고를 제작했다. 하나는 정보의 간격을 아주 좁게, 그다음은 중간 정도로, 마지막 하나는 매우 크게 설정했다. 여기서 정보 간격이 좁은 광고란 소니 QV에 관한 세부적인 정보를 모두 담고 있는 시안을 말한다. 중간 정도의 광고는 디지털 카메라에 관련된 정보만 주었다. 마지막으로 정보격차가 큰 광고는 소니 QV가 신제품이라는 정보 외에 어떠한 것도 제공하지 않았다.

소먼과 메논은 첫 번째 실험에서 참가자들에게 총 여섯 가지의 광고 시안 중 하나를 무작위로 나누어 주었다. 그리고 참가자들의 호기심 수준을 측정하기 위해 설문지도 주었다. 설문지에는 다음의 문항 네 가지가 들어 있었다. 이 제품에 대한 당신의 호기심은 어느 정도입니까? 얼마나 더 많은 정보를 원합니까? 광고를 읽는 동안 얼마나 집중했습니까? 매장에서 이 제품을 보면 관심을 가지겠습니까?

설문 결과는 놀라웠다. 광고의 두 유형과는 상관없이, 중간 정도의 정보격차로 제작한 광고를 받은 참가자 그룹이 다른 두 그룹에 비해 호기심 점수가 두 배 높은 것으로 드러났다. 그리고 이 그룹의 참가자들이 소니 QV를 가장 고가의 제품이라고 인식하는 것으로 밝혀졌다.

두 번째 실험은 온라인으로 진행되었다. 실험의 기본 골격은 첫 번째와 동일했다. 이 실험에서는 온라인 참가자들에게 여덟 쪽짜리 온라인 카탈로그 두 가지를 보여 주었다. 각 카탈로그에는 네 개의 광고가 들어 있으며, 그중 하나가 소니 QV 광고였다. 첫 번째 유형의 카탈로그는 정보격차가 크게 제작되었다. 즉, 상세한 제품 소개가 들어 있지 않았다. 반면 두 번째 유형에는 소니 QV에 대한 자세한 정보가 실려 있었다. 각 유형은 서로 다른 여섯 가지 광고로 이루어져 있는데, 모든 광고에는 클릭을 하면 더욱 자세한 정보를 제공하는 사이트로 넘어갈 수 있는 링크가 걸려 있었다. 정보가 부족한 첫 번째 유형의 광고를 본 참가자들 중 소니 QV에 대해 더 많은 정보를 원하는 사람들은 링크를 클릭하면 된다. 두 번째 유형의 광고 속에는 이미 세부적인 정보가 들어 있지만, 역시 링크를 통해 정보 사이트로 넘어갈 수 있었다. 또한 모든 광고에는 제품 FAQ로 이동할 수 있는 링크도 들어 있었다. 하지만 FAQ 링크를 클릭하면 '공사 중'이라는 문구가 뜨고, 그 아래에 질문을 등록할 수 있는 버튼이 있었다.

소먼과 메논은 첫 번째 실험의 참가자들을 대상으로 실시한 네 가지 설문 조사와 같은 차원에서, 온라인 참가자들의 클릭 횟수를 집계했다. 그리고 FAQ 사이트를 통해 제출한 질문의 수를 분석했다. 그 결과, 광고에 담긴 정보의 양과 참가자의 호기심 사이에 거꾸로 된 U자 모양 곡선이 나타났다. 이 말은 중간 단계의 정보를 담은 광고를 본 참가자들이 가장 많은 호기심을 가졌다는 뜻이다. 게다가 중간 단계의 광고에서 참가자들이 가장 오랫동안 정보를 검색한 것은 물론, 가장 많은 질문을 보낸 것으로 드러났다. 이것은 중간 단계의 광고가 양적인 측면뿐만 아니라 질적인 측면에서도 참가자들의 호기심에 가장 큰 영향을 주었다는 것을 의미한다.

소먼과 메논은 소비자들의 호기심을 자극하기 위해서는 정보 격차 이론과 더불어 다음의 세 가지 전략을 시도해야 한다고 결론 내렸다. 첫째, 일반적인 지식수준을 기준으로 중간 정도의 정보격차를 제시한다. 둘째, 호기심을 만족시킬 수 있는 정보를 충분히 마련해 둔다. 셋째, 스스로 호기심을 풀 수 있도록 시간적인 여유를 제공한다.

이 전략은 마법 같은 유혹의 기술이다. 물론 실천하기 쉬운 전략은 아니다. 하지만 실험에서 살펴본 것처럼 그 효과는 놀랍다. 위 실험은 행동 연구 차원에서 중요한 의미를 담고 있다. 나는 위 실험에 어떠한 심리학적 메커니즘이 숨어 있는지 궁금해졌고, 소먼과 메논의 실험 뒤에 숨겨진 원리를 밝혀내고 싶었다. 그래서 일생을 바쳐 마음과 뇌의 상호 작용을 연구했던 제프리 슈왈츠(Jeffrey Schwartz) 박사를 찾아가기로 했다. 슈왈츠 박사는 UCLA 신경 과학회 소속 신경 전문가이다. 또한 『마음과 뇌(The Mind and the Brain)』를 공동 집필했으며 신경 과학 분야의 세계적인 권위자로도 널리 알려져 있다.

두뇌의 채워 넣기 기능

산타 모니카 변두리에 위치한 슈왈츠 박사의 개인 연구실은
UCLA 대학으로부터 멀리 떨어져 있다.[12] 덕분에 그는 비교적 자
유로운 분위기 속에서 임상 연구를 진행한다. 나는 슈왈츠 박사
를 처음 보는 순간, 끊임없이 아이디어가 샘솟는 사람이라는 인
상을 받았다. 그는 자신의 다양한 아이디어를 아주 짧은 시간에
생동감 있게 풀어내는 비상한 재주를 갖고 있었다. 또한 신경 과
학 분야에 철학, 그리고 심지어 종교까지 접목하려 시도했던 특
이한 경력도 갖고 있었다. 슈왈츠 박사에 관한 이야기는 이 책의
마지막 장에서 한 번 더 다룰 것이다. 나는 슈왈츠 박사로부터
정보격차가 사람들의 호기심을 불러일으키는 이유에 대해 듣고
싶었다.

슈왈츠 박사는 인간의 두뇌란 패턴을 만들고, 패턴을 인식하
고, 패턴을 정형화시키는 기계라고 말한다. 우리가 가장 모르고
있으며, 동시에 가장 제어하기 힘든 우리의 뇌는 모든 경험을 저
장한다. 그리고 감각 정보를 전기적인 형태로 바꾸어 인식 기능
을 담당하는 회색 물질인 대뇌피질로 전송한다. 슈왈츠 박사는
우리의 뇌는 자동적으로 모든 경험을 데이터 형태로 보관한다고

설명한다. 데이터가 추가되면 점차 증가하는 형태로, 그리고 편집이 되지 않은 원재료의 상태로 보관된다. 데이터가 저장되는 동안 전기적 신호는 아주 짧은 시간에 흘러가 버리지만, 그 과정에서 구조적인 메커니즘을 형성한다. 이로써 유사한 정보가 들어오면 이미 형성된 구조적인 메커니즘에 따라 저장을 한다. 이러한 과정을 통해 기억과 인식이 완성된다. 이러한 절차는 반복적으로 강화되면서 정신적인 구조, 즉 사고방식, 편견, 패러다임을 형성한다. 인간의 모든 정신 활동은 바로 이러한 과정을 기반으로 이루어진다. 새로운 데이터가 유입되는 경우, 뇌는 그 정보가 마음속에 이미 강력하게 자리를 잡고 있는 기존의 메커니즘과 조화를 이루는지, 아니면 충돌하는지를 판단한다. 이를 기준으로 효과적이고 효율적으로 신속하게 데이터를 분류해 구조화한다. (슈월츠 박사를 두 번째 방문했을 때, 나는 이러한 프로세스가 초래하는 부작용에 대해서 들을 수 있었다. 이는 이 책의 마지막 장에서 논의할 것이다.)

슈월츠 박사는 우리가 코미디 프로그램을 보면서 웃는 이유가 기존에 형성해 놓았던 정신적 메커니즘, 혹은 행동적 패턴을 객관적으로 바라볼 수 있기 때문이라고 설명한다. 그의 설명에 따르면, 최고의 코미디 또는 코미디언들은 우리들이 '공평한 관객' 역할을 할 수 있게 만든다.[13] 여기서 공평한 관객이라는 용어는 애덤 스미스(Adam Smith)가 1759년 그의 논문 「도덕 감정론(The Theory of Moral Sentiments)」에서 처음 사용한 것으로, 주관적인 관점에서 벗어나 스스로의 모습을 객관적으로 바라보는 시선을 의미한다. 요즘의 코미디는 우리 모두가 공유하는 행동과 생각의 보편적인 패턴을 소재로 삼는다. 우리가 〈사인펠드(Seinfeld)〉〈커브 유어 엔수지애즘(Curb Your Enthusiasm)〉〈디오피스(The Office)〉 같은 시트콤을 볼 때 웃을 수 있는 이유는 자신의 행동 패턴을 객관적으로 바라볼 수 있기 때문이다. 우리는 이런 드라마를 보는 동안 외부에서 스스로를 재미있는 구경거리인 것처럼 들여다보게 된다.

그렇다면 인간의 이런 측면은 호기심과 어떤 관련이 있는 것일까? 자연 세계와 마찬가지로 인간의 사고 역시 진공상태를 싫어한다. 패턴의 일부가 사라지면 사람들은 이를 금방 알아챌 수 있다. 우리는 특정 패턴이 갑자기 변화하거나 홀연히 사라져 버릴 때, 두 가지 형태로 반응한다. 첫째, 놀라움에 사로잡힌다. 〈소프라노스〉의 마지막 편을 보고 있는 동안 갑자기 화면이 사라지면 모두들 깜짝 놀란다. 그리고 이야기의 결말이 너무나 궁금해진다. 맥월드 콘퍼런스의 참석자들은 아이폰을 보고 충격에 빠졌다. 일반적인 휴대전화, '스마트'폰, 그 밖에 독특한 형태의 휴대전화들이 기본적으로 갖추고 있는 것이 모두 사라져 버렸다. 〈소프라노스〉와 아이폰에 대해 미국 사회가 보였던 첫 번째 반응은 패턴의 변화에 대한 놀라움과 분노였다. 하지만 놀라움과 분노는 시간이 지나면서 호기심으로 바뀌었다. 이는 벌라인과 레벤스타인이 호기심의 주요 동인이라고 지적했던 '기대의 파괴'가 만들어낸 직접적인 결과이다. 동시에 소먼과 메논의 첫 번째 전략이 유효하다는 것을 증명해 준다.

두 번째 반응은 자신의 호기심을 해결하기 위해 정보격차를 좁히고 각각의 정보를 연결하기 위해 노력하는 모습으로 나타난다. 이는 〈소프라노스〉의 마지막 편에 대한 사람들의 반응이기도 하다. 그리고 애플의 신비주의 마케팅 사례와도 일치한다. 소먼과 메논의 두 번째 전략처럼, 〈소프라노스〉와 아이폰의 사례에서 사람들은 다양한 정보를 통해 스스로 호기심을 해결했다.

많은 연구 결과에 따르면, 인간은 주위 상황을 이해하기 위해 가능한 한 정보 간격을 좁히려는 성향을 나타낸다. 20세기 초반, 인간의 인식 과정에 초점을 맞춘 게슈탈트 심리학이 등장했다.[14] 게슈탈트라는 용어는 원래 오스트리아 심리학자인 에렌펠스(Christian von Ehrenfels)가 사용했다. 에렌펠스는 윌리엄 제임스가 『심리학 원리』를 발표했던 1890년에 『게슈탈트의 특성(On Gestalt Qualities)』이라는 책을 펴냈다. 여기서 게슈탈트란 부분들의 합계가 아니라 전체적으로 이어진 통합 구조를 통해 이해하려는 인간의 인식 성향을 말한다. 게슈탈트 심리학에서 인식의 기본 원리는 인접성을 기반으로 삼는다. 아래의 그림들을 보자. 원, 사각형, 삼각형이 보이는가?

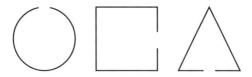

하지만 이 도형들은 엄밀히 말해 원, 사각형, 삼각형이 아니다. 하지만 사람들은 대부분 망설이지 않고 원, 사각형, 삼각형이라고 대답한다. 왜냐하면 우리의 뇌가 빠진 부분을 즉각 채워 주고 있기 때문이다. 이러한 두뇌의 기능을 설명하는 용어로 '채워 넣기'가 가장 적절할 듯하다. 여기서 채워 넣기란 우리 두뇌의 추측 기능을 의미한다. 신경 과학자들은 '블라인드 스팟 효과'로써 채워 넣기 기능을 설명한다.[15] 블라인드 스팟은 맹점이라고도 한다. 이미 아래 실험을 해 봤던 사람들도 있을 것이다. 그렇지 않다면 지시에 따라서 한번 시도해 보자.

우선 그림을 눈 가까이 가져간다. 그런 다음 오른쪽 눈을 감고 왼쪽 눈으로 X를 바라본다. 그리고 이제 천천히, '아주' 천천히 그 그림을 눈에서 멀어지게 하자. 어느 순간 O가 사라지고 회색 배경만 남을 것이다. 이것이 바로 뇌의 '채워 넣기' 기능이다. 반대로 왼쪽 눈을 감고 O를 보아도 된다. 그러면 X가 사라질 것이다.

잘 되는가? O가 사라지는 이유는 O의 이미지가 망막의 시신경 원판이라는 구역에 들어갔기 때문이다. 시신경 원판은 안구의 시신경 다발이 망막을 관통해 뇌로 연결되는 지점이다. 이 지점에 상이 맺히면 우리의 뇌는 인식을 하지 못한다. 하지만 인간의 두뇌는 '표면 삽입(surface interpolation)'이라는 기능을 통해 정보의 빈 공간을 인접한 부분의 정보로 채워 넣는다. 위의 경우에서 인접한 정보는 회색 배경이다. 신경 과학자들은 두뇌의 채워 넣기 기능이 생존을 위한 메커니즘으로서 발달했다고 설명한다. 원시 인류는 맹수들이 풀숲에 숨어 있을 때 부분적인 이미지를 조합해 맹수들의 전체 모습을 추측했다. 직장 상사가 버티컬 블라인드 틈으로 자신을 감시하고 있는 모습을 발견하는 경우도 마찬가지다. 우리는 그를 세로로 조각난 사람이 아닌 전체 이미지로 파악한다. 빅토리아 시대의 물리학자 데이비드 브루스터 (David Brewster) 경은 이러한 두뇌의 기능을 '신성한 기술자'라고 표현하며 종교적인 개념으로서 받아들였다.

여기서 놀라운 사실은 맹점의 크기는 밤하늘에서 보름달이 차지하는 비율의 열 배에 해당할 만큼 크다는 점이다. 위의 그림에 싫증이 났다면 주변에 있는 다른 물건을 눈 가까이 두고 한쪽 눈을 감은 채 똑같은 실험을 해 보자. 조금만 해 보면 맹점에 상을 맺히게 하는 기술을 터득할 것이다. 영국의 찰스 2세는 죄수의 목을 베기 전에 이 방법으로 죄수의 머리를 보이지 않게 했다고 한다. 이 기술은 여러모로 쓸모가 많다. 특히 저녁 파티에 쓸 만한 흥미로운 얘깃거리이다.

이러한 두뇌의 기능을 통해 우리의 눈은 스스로를 속인다. 이제 눈앞에 손가락 세 개를 세우고 가능한 한 손가락들을 넓게 벌려 보자. 그리고 초점을 흐리게 한 채로 천천히 눈에서 멀어지게 해 보자. 어느 순간 손가락이 네 개가 될 것이다. 이것은 한 차원 발전된 두뇌의 트릭이다. 아마 눈을 사시처럼 만들어 초점을 흐리게 하는 유치한 속임수라고 생각하는 사람도 있을 것이다. 그렇다면 다음 그림을 자세히 보자. 사각형 사이에 점들이 홀연히 나타났다가 사라지는 것이 보이는가? 이러한 현상 역시 우리의 뇌가 부지런히 채워 넣기를 한다는 증거이다. 이제는 뭔가가 분명히 보인다는 사실을 부정할 수 없을 것이다.

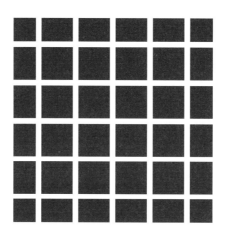

우리 눈의 착시 현상을 설명하는, 그리고 요기 베라(뉴욕 양키즈의 전설적인 포수)의 실수를 용서해 줄 수 있는 연구는 그 밖에도 많이 있다. 그리고 이러한 연구들은 시각뿐만 아니라 청각에 대해서도 이루어지고 있다.[16] 위스콘신 대학교의 심리학자 리처드 워런(Richard Warren)은 1970년에 「사이언티픽 아메리칸(Scientific American)」이라는 잡지에서 자신의 연구를 소개했다. 그는 어떤 문장을 발음할 때 기침 소리 같은 소음으로 특정 단어의 발음을 방해하더라도 사람들이 문장 전체를 완전한 형태로 들을 수 있다는 사실을 증명했다.[17] 예를 들어, "It was found that the (기침)eel was on the axle[(바퀴)가 차축에 달려 있다는 사실을 알아냈다.]"처럼 기침 소리를 중간에 넣더라도 사람들은 wheel(바퀴)이라는 단어를 듣는다. 하지만 마지막 단어를 table(탁자)로 바꾸면 meal(음식)이라고 듣는다. 그리고 orange(오렌지)로 바꾸면 peel(껍질)이라는 단어로 이해한다. 이후 십 년이 지나 다카유키 사사키(Takayuki Sasaki)라는 일본 심리학자도 비슷한 실험을 통해 이와 똑같은 결과를 제시했다. 그는 유명한 노래 중간에 소음을 삽입해 특정 음을 듣지 못하게 했을 때도, 사람들이 전체 음을 모두 들을 수 있다는 사실을 발견했다. 수많은 작곡가, 그리고 그중에서 특히 낭만적인 클래식 기타 연주곡을 작곡하는 음악가들은 이러한 효과를 오래전부터 활용하고 있다.

여기서 중요한 사실은 우리가 이런 두뇌의 창조적인 기능으로부터 많은 도움을 받는다는 사실이다. 일부 조각만으로 전체를 완성하는 우리 뇌의 능력은 제프리 슈왈츠가 앞에서 언급했던 것처럼, 패턴을 구성하는 기능과 밀접한 관련을 맺고 있다. 패턴은 전반적인 흐름을 보여 준다. 그리고 이 패턴은 다시 새로운 정보에 대한 의미와 이해로 이어진다. 대칭의 놀라운 힘을 활용할 때, 우리는 패턴을 만들어 내는 두뇌의 능력으로부터 도움을 얻는다. 정보격차가 크게 벌어진 상황에서도 우리의 두뇌는 상상력을 발휘해 숨겨진 패턴을 완성할 수 있다. 이제 다음으로, 소먼과 메논의 두 번째와 세 번째 전략을 집중적으로 살펴보자.

정보와 시간, 그리고 호기심

소먼과 메논이 주장한 것처럼 정보격차로 인한 호기심에는 임계점이 존재한다. 하지만 충분한 정보와 더불어 적당한 실마리를 제공해야 한다는 두 번째 전략은 과학이라기보다는 예술에 가까워 보인다. 스푸마토를 사용했던 다빈치나 논피니토를 사용했던 미켈란젤로, 그리고 세잔 같은 예술가들은 직관적인 차원에서 절묘한 균형을 완성했다. 그들은 분명 시각적 인식 분야의 대가였다.

다음 그림을 보자. 왼쪽에서 오른쪽으로 살펴보면, 색칠된 부분의 크기에 따라 주의와 시선이 변할 것이다. 제일 왼쪽을 보면 작고 검은 사각형에 초점이 모아진다. 중간 그림의 경우, 대칭 구조 때문에 시선이 균형을 이룬다. 맨 오른쪽 그림은 첫 번째 그림과 색깔만 다른 동일한 형태로 이루어져 있다. 이 그림을 통해 정보격차의 개념을 이해할 수 있다. 즉, 사람들은 존재하는 것은 무시하고 존재하지 않는 부분에 관심을 가진다. 그리고 이러한 성향을 기반으로 호기심의 임계점을 넘어선다.

소면과 메논이 제시했던 거꾸로 된 U자 곡선을 떠올려 보자. 강한 호기심을 유발하기 위해서는 이 곡선의 최대값에 가까이 가야 한다. 즉, 정보 과잉, 또는 정보 부족의 상황을 둘 다 피해야 한다. 최대값이 정확하게 어디인지는 측정하기 힘들다. 그러나 일반적으로 문제는 정보 과잉의 경우에 발생한다. 2008년 아이오와 대학교에서 이루어진 실험은 너무 많은 정보가 사람들의 호기심을 떨어뜨리는 주요 원인이라는 사실을 증명한다. 첫 번째 실험에서 연구진은 피실험자들에게 두 가지 비디오 중 하나를 선택해 보게 했다. 그중 하나는 평론가들 모두 극찬을 한 작품이라고 소개했고, 다른 하나는 엇갈린 평가를 받았다고 소개했다. 그 결과, 엇갈린 평가를 받은 영화를 선택한 그룹이 다른 그룹에 비해 자신의 결정에 더욱 긍정적인 평가를 내리는 것으로 나타났다. 두 번째는 핸드크림을 대상으로 실험했고, 마지막 세 번째 실험에서는 초콜릿으로 실험을 했다. 두 번째 및 세 번째 실험에서는 한 그룹에 많은 정보를 주고 다른 그룹에 상대적으로 적은 정보를 주었다. 그 결과, 적은 정보를 받은 그룹이 상대편 그룹에 비해 제품에 대해 더욱 긍정적으로 생각하는 것으로 드러났다. 그들은 이러한 현상을 '축복받은 무지의 효과'라고 이름 붙였다.

영국에서 가장 유명한 초콜릿 브랜드인 캐드버리 역시 위의 초콜릿 실험에 관한 결과를 잘 알고 있었을 것이다.[18] 2007년 8월, 캐드버리 쉐프스의 광고대행사를 맡고 있는 팰론 월드와이드는 텔레비전에 내보낼 90초짜리 초콜릿 광고를 제작했다. 이 광고에서는 고릴라로 분장한 사람이 스튜디오에 앉아 필 콜린스(Phil Collins)의 '인 더 에어 투나잇(In the Air Tonight)'이라는 곡에 맞춰 드럼을 연주한다. 첫 1분 동안 카메라는 음악을 감상하는 듯 가만히 앉아 있는 고릴라를 클로즈업한다. 마치 일생에서 가장 중대한 공연을 앞둔 표정이다. 그다음 26초 동안 고릴라는 혼신의 힘을 다해 드럼을 치기 시작한다. 실제로 제품 소개는 광고의 마지막 4초 동안 나가는 '넘치는 기쁨'이라는 자막이 전부다. 하지만 광고가 나가고 나자 매출은 2개월 만에 10퍼센트나 증가했다. 그리고 그 해 12월경 유튜브를 통한 광고 노출 횟수는 무려 700만 건에 이르렀다.[19]

이제 소먼과 메논의 세 번째 전략으로 넘어가자. 사람들이 호기심을 직접 해결할 수 있도록 충분한 시간을 주는 방법은 가장 간교하면서도 흥미롭고 매력적인 기술이다. 그토록 많은 사람들이 스도쿠에 중독되고, 셜록 홈즈가 나오는 추리소설이나 CSI 같은 TV 프로그램이 인기를 끄는 이유가 바로 여기에 있다. 슈왈츠 박사는 호기심을 해결하는 행위가 추리소설의 결론을 확인하거나 스도쿠의 마지막 칸을 채우는 것처럼, 뇌의 쾌감 중추를 자극한다는 사실을 밝혀냈다.[20] 이는 fMRI 스캔을 통해서도 확인할 수 있다. 보상이 걸린 외적 자극이 이러한 현상을 만들어 낸다. 줄무늬체라는 두뇌 부위는 목표 달성을 위한 논리적인 사고와 행동을 관장하는 전두엽에 연결되어 있다. 즉, 이 연결 통로를 통해, 육체와 정신을 연결하고 중독과 관련 있는 신경전달물질인 도파민을 분비해 쾌감을 느끼게 한다. 다시 말해, 뇌의 '채워 넣기' 기능은 우리에게 쾌감을 선사한다. 그리고 이 쾌감을 위해 호기심을 해결하려는 행동을 반복적으로 나타낸다(쇼핑 중독 같은 일상적인 중독 역시 마찬가지다).

여기서 중요한 요소는 시간이다. 상투적인 표현처럼 시간이 제일 중요하다. 데이비드 체이스와 스티브 잡스는 시간의 길이는 달랐지만, 모두 시간의 효력을 가장 적절히 활용했다. 체이스는 최종회 바로 전편에서 그 이야기의 모든 실마리가 마지막 회에 있다는 사실을 암시해 두었다. 잡스는 아이폰의 발표로부터 판매 시점에 이르기까지 시장과 소비자들에게 6개월의 시간을 주었다.

인간의 두뇌는 고유한 형태로 시간을 인식한다. 그리고 그 때문에 가끔 후회할 짓을 저지르고 만다. 가령, 친구의 이삿짐을 옮겨 주다가 허리를 다쳐 며칠간 고생을 했다고 가정해 보자. 이제 다시는 이사를 도와주지 않겠다고 결심한다. 하지만 또 다른 친구로부터 부탁이 들어온다. 그는 아름다운 동네에 자리 잡은 멋진 집을 싼 가격에 샀다고 자랑한다. 그러면 친구의 새집을 보고 싶은 마음이 든다. 이사 날짜는 2주일 후라고 한다. 친구는 이렇게 부탁한다. "이사할 때 좀 도와줄래?" 그러면 이렇게 대답하게 된다. "물론이지. 집을 구경하고 싶어서 참을 수 없는걸!" 아파서 며칠 동안이나 고생을 했는데도, 그리고 이삿짐을 옮기는 일이 얼마나 힘든지 잘 알고 있는데도 거절하지 못하는 이유는 무엇일까? 바로 그 친구가 제안했던 시간의 간격이 적절했기 때문이다.

그리고 머릿속의 두뇌가 채워 넣기 차원에서 2주일이라는 시간이 호기심을 푸는 데 적당한 시간이라고 판단했기 때문이다. 그 친구가 오늘 당장 도와 달라고 했다면 아마도 거절했을 것이다. 지금 당장 새집으로 달려가서 무거운 철제 담장을 옮기기에는 지난번의 고통이 너무나 생생하게 남아 있다. 또한 이와는 반대로 3개월 이후에 이사를 한다면 우리의 두뇌는 그 간격이 너무 길다고 느낄 것이다. 그러면 아마도 이렇게 대답했을 것이다. "이사할 때가 되거든 다시 알려 줄래?" 친구의 멋진 새집을 직접 눈으로 보고 싶은 호기심을 해결하기에 2주일이라는 시간은 최적의 간격이다. 이 간격으로 인해 호기심은 후회할 짓을 저지르게 된다.

2005년, 네덜란드 심리학자 에릭 반 디크(Eric van Dijk)와 마르셀 질렌버그(Marcel Zeelenberg)는 불확실한 상황에서 호기심과 후회와의 상관관계에 관한 연구를 확대하기 위해 흥미로운 질문을 던져 보았다.[21] 사람들은 어떠한 경우 호기심을 포기하는 것일까? 그 당시 디크와 질렌버그는 정보격차 이론의 결점에 대해 연구하고 있었다. 하지만 그들의 연구는 오히려 정보격차 이론을 강화하는 쪽으로 이어졌다. 그들은 피실험자들에게 과학적 연구에 관한 몇 가지 설문에 답하면 15유로나 선물 꾸러미 중 한 가지를 선택할 수 있다고 알려 주었다. 그들은 이 실험에서 15유로라는 일정 금액과 호기심 사이의 우열을 가려 보려 했다. 이 실험에서 피실험자들은 '선물 꾸러미 안에 뭐가 들어 있을까?'라는 호기심을 갖게 된다. 선물에 대해서는 둥근 형태의 물건이라는 정보만 주었다. 그리고 실험 결과, 선물을 선택한 사람의 수가 15유로를 선택한 사람들보다 두 배 많은 것으로 나타났다. 이 실험에서도 호기심은 후회할 일을 저질렀던 것이다. 확실함과 호기심의 경쟁은 인기 TV 프로그램 〈협상합시다(Let's Make a Deal)〉의 콘셉트이기도 하다. 하지만 이와는 반대로 호기심을 포기하는 상황은 어떠한 경우일까?

닛산 자동차 내 인피니티 사업부의 1989년 사례를 살펴보면, 소먼과 메논의 세 가지 전략 중 한 가지를 빠뜨렸을 때 나타나는 결과를 확인할 수 있다. 닛산은 당시 인피니티라는 새로운 브랜드를 출시하기 위해 잡지와 TV 광고를 진행했다. 하지만 소비자들이 직접 매장을 방문하도록 유도하기 위해 광고 속에서는 인피니티 모델을 직접적으로 보여 주지 않았다. 대신 돌멩이가 수면 위로 떨어지거나 안개 속에 나무가 외로이 서 있는 것 같은 고요한 이미지만 실었다. 인피니티의 이미지를 사람과 자연을 하나로 보는 선 사상과 연결시키는 것이 광고의 목적이었다. 인피니티는 은유적인 광고 전략을 통해 많은 사람들의 호기심을 자극했다. 하지만 끝내 소비자들의 호기심을 풀어 주지는 않았다. 매장을 방문하지 않는 한 인피니티 자동차의 모습을 확인할 수는 없었다. 시간이 지날수록 광고에 대한 딜러들과 소비자들의 태도는 냉소적으로 변했다. '어떻게 생겼을까?'라는 호기심은 점차 '누가 저런 걸 신경 써?'라는 무관심으로 바뀌어 갔다. 결국 인피니티의 광고 전략은 실패로 끝났다. 일명 '바위와 나무'라는 인피니티 광고는 우스갯거리가 되었다. 제이 레노(Jay Leno)는 이렇게 꼬집었다. "인피니티의 실적은 그리 좋지 못한 것 같군요. 하지만 바위와 나무의 판매량은 급증하고 있다더군요."

다음으로 논피니토에 관한 사례를 한 가지 더 소개하고자 한다. 이 이야기는 이미 여러 사람들이 알고 있다. 또한 나의 유쾌한 경험담이기도 하다.

「뉴요커」 만화 콘테스트

나는 「뉴요커」라는 잡지의 만화가 세상에서 제일 재미있다고 생각한다. 나를 포함한 많은 독자들은 아마도 새로 나온 뉴요커 잡지를 보자마자 만화 코너부터 펼칠 것이다. 이 한 칸짜리 만화는 가끔 이해하기 어려운 경우도 있다. 여기서 〈사인펠드〉라는 드라마의 '카툰'편이 기억난다. 거기서 엘라인이라는 인물은 「뉴요커」 사무실로 쳐들어가 그 만화가 대체 무슨 뜻인지 따진다. 직원은 그녀에게 이렇게 대답한다. "만화는 거미줄 같은 겁니다. 대체 누가 거미줄을 하나하나 뜯어본답니까?"

2005년 4월 25일, 「뉴요커」의 만화 편집자 로버트 맨코프(Robert Mankoff)는 1998년부터 시작해 매년 주최하고 있는 만화 자막 콘테스트를 주간 행사로 전환했다.[22]

이 콘테스트의 개념은 아주 간단하다. 만화가가 자막이 없는 그림만 그려 놓는다. 그러면 독자들은 그 그림을 보고 25자 미만의 자막을 써넣는 것이다. 이 콘테스트는 이미 미국의 문화로 자리 잡았으며, 다양한 학술적 연구 주제로서 다루어진다. 미시간 대학교 연구팀은 2006년에 콘테스트 수상자들이 어떻게 아이디어를 생각해 냈는지 조사한 적이 있다. 수상자들은 대부분 아이디어가 문득 떠올랐다고 대답했다. 이에 대해 연구팀은 두 번째 조사를 실시했다. 여기서 연구팀은 수상자들에게 그 자리에서 자막을 생각해 보라는 주문을 했다. 연구팀은 긴장된 분위기 속에서도 유머가 나올 수 있는지 알아보려 했던 것이다. 결과는 실패로 끝났다. 상식적인 차원에서 이 실험은 일종의 고문이었을 것이다.

콘테스트가 주간 단위로 바뀌고 나서, 나는 맨코프에게 콘테스트를 여는 이유를 물어보았다. 그는 이렇게 대답했다. "독자들에게 이상한 과제를 내주고, 이를 통해 재미있는 결과물을 얻는 것이죠. 다시 말해, 이상한 만화 장면 속에서 독자들이 어떤 반응을 하는지 알아보기 위한 것이죠."

「뉴요커」의 만화 자막 콘테스트는 논피니토의 요란한 현대판이라고 할 수 있다. 얼마나 많은 사람들이 여기에 관심을 보였을까? 맨코프는 매주 6,000~1만 2,000건의 응모를 받는다고 한다. 여기서 잠깐 콘테스트의 과정을 살펴보자. 「뉴요커」는 월요일마다 잡지의 뒤표지에 콘테스트에 해당하는 만화를 게재한다. 그리고 일요일 자정에 마감을 한다. 독자들은 그 일주일 동안 「뉴요커」 웹사이트를 통해 응모를 할 수 있다. 마감이 끝나면 만화 부서의 직원들은 독자들이 보낸 응모 안을 하나씩 검토하고 그중에서 세 개를 추려 낸다. 그러고 나서 다음 호 잡지에 이를 발표한다. 그러면 독자들이 다시 그 세 개를 대상으로 투표를 한다. 「뉴요커」의 콘테스트는 소면과 메논의 전략을 철저하게 지키고 있는 셈이다.

나는 2008년 2월 24일에 만화가 잭 지글러(Jack Ziegler)의

"다음번엔 남들처럼 그냥 독감 주사를 맞는 게 어때요?"

❖ 「뉴요커」, 2008년. 잭 지글러 그림/ 매튜 메이 글.

그림에 응모를 했다. 이 만화 속에는 특수 안전복을 뒤집어쓴 부부가 침대 위에 누워 있다.

사실 나는 몇 년 전에 두 번이나 응모를 했다. 하지만 그 두 번은 그냥 아무 생각 없이 재미로 해 본 것이고, 별로 기대도 하지 않았다. 별다른 창조적인 아이디어를 짜내지 않았기 때문이었다. 그러나 이번에는 모든 상상력을 동원해 논피니토를 발휘해 보았다. 나는 이 책의 마지막 두 장에서 다루고 있는 개념들을 활용하면서, 가장 재치 있는 문구를 생각해 내기 위해 최선을 다했다.

그리고 나흘 후, 「뉴요커」의 팔리 캐츠(Farley Katz)로부터 최종 작품에 선정되었다는 전화를 받았다. 그리고 2008년 3월 17일, 마침내 나는 우승했다. 완성된 만화는 3월 24일자 잡지에 실렸고, 지글러 씨의 친필 사인이 든 액자까지 받았다. 이 이야기에서 제일 중요한 점은 논피니토에 관한 나의 개인적인 이야기를 당신과 함께 나눌 수 있게 되었다는 사실이다.

4장

생략의 법칙

.

.

.

완벽한 남성의 모습이라고 일컬어지는 유명한 대리석 작품인 다비드 상을 어떻게 조각했느냐는 사람들의 질문에 미켈란젤로는 이렇게 대답했다. "나는 대리석에서 다비드의 모습을 보았습니다. 내가 한 것이라고는 다비드가 아닌 부분들을 깎아 낸 것밖에 없습니다." 『어린 왕자』를 쓴 생텍쥐페리는 이런 말을 남겼다. "완벽함이란 더 이상 더할 것이 없는 상태가 아니라 더 이상 뺄 것이 없는 상태를 말한다." 생텍쥐페리 역시 미켈란젤로의 말을 이해하고 있었을 것이다. 쿠바 태생의 이탈리아 소설가 이탈로 칼비노(Italo Calvino)는 이렇게 썼다. "나의 작업은 작품 속에서 무거움을 없애는 것이었다. 나는 글을 가볍게 하기 위해 최선을 다했다."

우아함의 구성 요소인 대칭과 유혹은 '생략'이라는 개념을 바탕으로 이루어진다. 그러나 이미 살펴본 것처럼 인간이라는 존재는 원래부터 무언가를 채워 넣고 계속 더하려는 본능을 가지고 있다. 그렇다면 본성에 어긋나는 생략의 법칙을 과연 어떻게 실천하고 활용할 수 있을까? 과잉이라는 우아함의 적을 물리치기 위해서는 어떻게 해야 할까?

인앤아웃 버거의 비밀 메뉴

인앤아웃(In-N-Out)이라는 햄버거 가게에서는 실제로 '들락날락'하는 모습을 찾아보기 힘들다. 햄버거를 먹기 위해 늘어선 사람들의 긴 행렬만 있다. 사람들은 인앤아웃의 햄버거를 먹기 위해 기꺼이 오랜 시간 줄을 서서 기다린다. 애플이나 스타벅스와 유사한 기업 문화를 갖고 있는 인앤아웃은 남부 캘리포니아에 있는 햄버거 체인 기업이다. 최근 그 명성은 미국 서부 지역으로까지 퍼졌다. 요즘 미국 사람들은 '더블-더블' 메뉴에 푹 빠져 있다. 더블-더블은 100퍼센트 소고기에다 아메리칸 치즈를 두 조각 얹고, 손바닥 크기만 한 양상추와 넓은 빵, 그리고 토마토와 양파를 선택으로 넣어 갓 구워 낸 신선한 메뉴다. 더블-더블은 캘리포니아로 놀러 온 사람들이 반드시 먹어 봐야 할 필수 메뉴가 되었다. 최근 몇 년 동안 인앤아웃은 캘리포니아와 인접한 네바다와 애리조나 주까지 진출했다. 애리조나의 스코츠데일 지역에 첫 매장이 들어섰을 때, 햄버거를 먹기 위해 무려 네 시간이나 줄을 서는 진풍경이 벌어지기도 했다. 패스트푸드를 꺼리는 사람들조차 인앤아웃 햄버거만큼은 좋아한다. 사실 인앤아웃은 『패스트푸드의 제국(Fast Food Nation)』이라는 책을 통해 미국의 패스트푸드 문화를 비판했던 에릭 슐로서(Eric Schlosser)가 좋아하는 몇 안 되는 패스트푸드 체인 중 하나이기도 하다.

인앤아웃은 해리 스나이더(Harry Snyder)와 에스더 스나이더(Esther Snyder) 부부가 1948년 로스앤젤레스의 볼드윈 공원 주변에 세운 햄버거 가게다. 해리는 손님들이 자동차에서 양방향 스피커를 통해 주문을 할 수 있는 혁신적인 방법을 처음으로 시도했다. 당시에는 드라이브인 레스토랑 옆에 커다란 차양을 친 햄버거 가게가 함께 있는 모습이 일반적인 풍경이었다. 인앤아웃은 원래 가족이 운영하는 작은 기업이었다. 지금은 회사의 경영을 차례로 맡았던 에스더 부부와 장남인 가이도 세상을 떠나고 없지만, 인앤아웃은 여전히 가족적인 소유 구조를 유지하고 있다. 임원들도 언론에 모습을 드러내는 일이 별로 없다. 스나이더 부부의 철학을 아직까지 지키고 있는 인앤아웃의 경영진은 "활기차고 깨끗한 환경 및 친절한 서비스와 더불어, 고객들에게 가장 신선하고 맛있는 음식을 제공한다."라는 원칙을 고수한다. 특히 인앤아웃은 일정하게 유지되는 품질과 신선한 음식으로 널리 알려져 있다. 매일 감자를 썰어 튀김을 만들고, 진짜 아이스크림으로 셰이크를 만들며, 냉장고나 전자레인지는 일체 사용하지 않는다. 메뉴는 너무나 간단하다. 하지만 인앤아웃의 가장 큰 경쟁력은 숨겨진 조각에 있다.

우선 인앤아웃의 메뉴는 네 가지밖에 없다. 햄버거, 치즈버거, 더블-더블, 프렌치프라이 중 하나를 골라야 한다. 다음으로 음료수가 있다. 여기에는 코카콜라나 초콜릿, 바닐라, 딸기 맛 밀크셰이크가 있다. '이게 전부다.' 더 필요한 게 있을까?

인앤아웃의 특이한 점은 '비밀 메뉴'에 있다. 손님들은 기존 메뉴에 자신이 원하는 뭔가를 추가할 수 있다. 여기서 흥미로운 점은 비밀 메뉴가 기존 메뉴보다 훨씬 다양하다는 점이다. 게다가 비밀 메뉴는 소비자들이 만들어 내는 독특한 제조법으로 이루어지며, 인앤아웃 전체 매장을 통해 어느 정도 일반화되어 있다. 그리고 조금씩만 변형이 가능한 스타벅스의 수정 방식을 뛰어넘는다. 스타벅스 매장에 가서 "모카 큰 사이즈, 뜨거운 걸로요. 탈지 우유 넣고, 더블 샷에 시럽은 네 번, 크림은 얹지 말아 주세요."라고 주문하면, 직원은 주방 쪽에 대고 이렇게 외칠 것이다. "모카 톨 하나!" 하지만 인앤아웃에서 '2×4', '쓰리바이미트(3-by-Meat)', 또는 '플라잉 더치맨(Flying Dutchman)'이라고 주문하면 그대로 만들어서 가져다준다. 그런데 메뉴판 어디에도 이러한 메뉴는 없다.[1]

인앤아웃에는 '기존' 메뉴 외에 '비밀' 메뉴가 열 개 정도 더 있다. 2×4란 소고기 두 장에 치즈 네 장을 얹은 햄버거를 말한다. 사실 3×3, 4×4처럼 얼마든지 원하는 대로 고기와 치즈를 조합할 수 있다. 위키피디아를 찾아보면 20×20 햄버거의 사진도 확인할 수 있다. 2004년 10월 할로윈 연휴에 자포스닷컴(Zappos.com)의 CEO인 토니 시에(Tony Hsieh)와 왓업 윌리(What Up Willy)라는 블로거는 팀원 여섯 명과 함께 2만 칼로리에 달하는 100×100 햄버거를 두 시간에 걸쳐 해치웠다고 한다.[2] 이 사례는 '채워 넣기'와 '채워 담기'에 관한 극단적인 경우라고 하겠다. 부디 여러분은 이런 무모한 모험을 하지 않길 바란다.

쓰리바이미트는 치즈를 빼고 고기만 넣은 햄버거를 말한다. 그리고 애니멀 스타일은 고기에 머스터드소스를 뿌리고, 거기에 피클과 소스, 구운 양파를 얹는 요리법을 말한다. 프로틴 스타일이란 칼로리에 신경을 쓰는 사람들을 위한 요리법으로, 빵 대신 널찍하고 차가운 상추 잎으로 햄버거를 싼다(사실 대단히 맛있다. 특히 우리 집 여자들이 좋아한다). 그릴드 치즈는 고기를 뺀 치즈버거로, 육류를 좋아하지 않는 사람들을 위한 메뉴이다. 베지 버거도 있는데, 통째로 구운 양파와 소스, 상추, 토마토 두 쪽을 넣은 햄버거다. 플라잉 더치맨이라는 메뉴는 고기 두 장에 치즈 두 장을 얹고, 빵이나 기타 아무것도 없이 종이 접시 위에 얹어 나오는 햄버거다. 엑스트라 토스트는 말 그대로 빵을 바삭할 때까지 오래 굽는 요리법을 말한다. 이것들이 바로 햄버거의 비밀 메뉴이다.

그런가 하면 프라이 메뉴에도 애니멀 스타일을 적용할 수 있는데, 감자 위에 소스와 양파, 치즈, 그리고 살짝 혹은 많이 익힌 고기를 얹으면 된다. 각각의 재료에 따라 익히는 정도도 선택할 수 있다. 셰이크는 보통, 또는 두세 가지 맛을 혼합한 스월이나 네오폴리탄이 있다.

하지만 인앤아웃은 비밀 메뉴를 위해 메뉴판을 수정하지 않았다. 다시 말해, 비밀 메뉴는 따로 표시하지 않은 채 신비로운 존재로 남겨 두었다. 소비자들은 비밀 메뉴를 채워 넣고, 인앤아웃은 이를 채워 담고 있다. 가전제품 기업들이 제품 라인을 무작정 확대하는 경우, 자사 제품들끼리 경쟁하면서 매출을 깎아 먹는 자기 잠식의 폐해가 나타나는 경우가 종종 있다. 그동안 많은 가전 회사들이 열을 올렸던 '기능 추가' 전략들도 으레 '기능 약화' 현상으로 끝나곤 했다. 이와는 반대로 인앤아웃은 기존 메뉴판을 그대로 유지함으로써 이러한 위험을 피해 갔다. 그들은 채워 넣으려는 소비자들의 욕구를 적극 활용했다. 그리고 거기에 맞춰 서비스를 제공했다. 기존 메뉴를 조금씩 바꾸는 방식으로 인앤아웃의 실질적인 후원자인 소비자들의 취향을 반영할 수 있는 여지를 남겨 두었던 것이다. 인앤아웃은 적극적인 홍보도 하지 않았고 비밀 메뉴에 큰 투자를 하지도 않았다. 사실 인앤아웃의 임원을 만나 얘기를 나눠 보면, 그들 역시 소비자들처럼 비밀 메뉴에 대해 궁금하게 생각한다는 사실을 알게 된다.[3] 하지만 그들은 소비자들의 입맛에 맞게 메뉴를 조정하는 아이디어의 핵심을 정확하게 이해하고 있다. 그들이 고수하는 단 하나의 법칙은 "소비자들이 무엇을 원하든 간에 만들어 낸다."라는 것이다. 여기서 우리가 주목해야 할 점은 인앤아웃의 경영진들이 메뉴 확장을 하면 성공에 치명적인 악영향을 줄 수 있다는 점을 명확하게 이해했다는 사실이다. 즉, 우아함의 세계에는 과잉이 없다는 진리를 잘 알고 있었던 것이다.

스포츠계를 뒤흔든 새로운 전략

엘리트 스포츠 선수들은 '점진 부하'라는 원칙에 따라 운동 강도를 꾸준히 높임으로써 근육을 강화하는 훈련을 받는다. 근육을 피로하고 지치게 한 뒤 이를 회복시키는 과정을 반복함으로써 근육 세포를 강화하는 것이다. 그래서 코치들은 선수들의 근육에 가능한 한 많은 부하를 주기 위해 노력한다. 그러나 운동 강도가 증가할수록 회복 시간도 길어진다. 그리고 이러한 과정을 반복하다 보면, 아무리 강도를 높여도 성적이 올라가지 않는 한계점에 도달한다. 이러한 경우, 선수의 회복 속도는 느려지고 성적은 그만큼 떨어진다. 선수는 일정한 컨디션을 유지할 수 없게 되고 기록은 등락을 반복한다.

사이클 챔피언 랜스 암스트롱(Lance Armstrong)에게도 이러한 일이 벌어졌다. 2004년 시즌이 시작될 무렵, 암스트롱은 투르 드 프랑스(매년 7월 프랑스에서 개최되는 프랑스 일주 사이클 대회)에서 여섯 번 연속 우승이라는 대기록을 눈앞에 두고 있었다. 이것은 1990년대 초에 다섯 번 연속 우승을 차지한 스페인의 사이클 선수 미구엘 인두라인(Miguel Indurain)의 기록을 깰 수 있는 기회였다. 암스트롱은 2003년 대회에서 우승을 차지하기 위해 엄청난 노력을 했다. 그리고 결국 1분 차이로 우승을 거두어 꿈에 그리던 마이요 존느(Maillot Jaune, 대회 승자에게 주어지는 노란색 상의)를 입었다. 하지만 2004년 초, 암스트롱은 과부화 문제에 직면했다. 하루 훈련 일정을 제대로 소화해 내지 못했고 기록도 정체되기 시작했다. 암스트롱은 지난겨울 동안 불어난 체중을 감량하기 위해 시즌 초반부터 많은 시간을 투자해야 했다. 그는 다른 선수들과 마찬가지로 겨울 동안 휴식을 취하면서 체중이 늘어났다. 산악자전거 선수는 몸무게가 몇 킬로그램만 증가해도 치명적인 영향을 받는다. 그래서 암스트롱은 몇 달 동안 체중 감량 프로그램을 마련해 음식 섭취량을 줄이고 식단을 조절했다. 다이어트 기간 내내 암스트롱의 기분은 다소 우울한 상태였고, 하루 여섯 시간 훈련에 필요한 영양분을 제대로 섭취하지 못하고 있었다.

암스트롱은 작년 시즌을 거치면서 기존의 훈련 프로그램이 더 이상 효과가 없을 것이라는 결론을 내렸다. 사이클은 너무나 젊고, 고달프고, 경쟁이 치열한 세계였다. 그리고 그의 경력은 너무 빨리 황혼기로 접어들고 있었다. 암스트롱은 사이클로 스타의 반열에 올랐고, 고환암을 이겨 낸 감동 스토리로 베스트셀러 작가가 되기도 했다. 그는 암을 극복한 세계적인 유명 인사가 되어 있었다.

　결국 암스트롱은 2004년을 위한 새로운 전략을 개발하기 위해 오랜 시간 함께해 온 동료이자 전직 올림픽 코치인 크리스 카마이클(Chris Carmichael)의 도움을 받았다. 암스트롱은 아무도 시도하지 않았던 훈련 방법을 개발해야 한다는 사실을 잘 알고 있었다. 기존 훈련 프로그램을 완전히 고쳐야 우승할 수 있다는 사실을 누구보다 절실하게 느끼고 있었다.

　카마이클에게 사이클, 투르 드 프랑스, 암스트롱은 모두 친숙한 존재다.[4] 그는 1984년 올림픽에서 미국 대표로 출전했으며, 이후 1986년 투르 드 프랑스에 전설적인 세븐일레븐(7-Eleven) 팀의 일원으로 참여했다. 하지만 이 대회에서 치명적인 대퇴부 골절상을 입고 말았다. 부상에서 회복은 했지만 1989년 시합을 마지막으로 은퇴했다. 카마이클은 회복 과정에서 얻은 깨달음을 통해 지도자 역할에 관심을 가졌으며, 이후 미국 사이클 팀의 코치로 발탁되었다. 그리고 1992년과 1996년에 미국 올림픽 대표팀을 맡았다. 장래가 촉망되는 사이클 선수 랜스 암스트롱과 만난 것은 1990년이었다. 암스트롱은 1992년과 1996년에 카마이클의 지도 아래 미국 대표팀으로 올림픽에 참가했다. 1993년에는 세계 선수권대회에서 우승했으며, 1995년에 투르 드 프랑스에 처음으로 참가했다. 1990년대 중반에 카마이클은 훈련 프로그램 및 기술과 관련해 여러 가지 새로운 방법을 시도했다. 그리고 1993년부터는 추진력을 극대화하는 방법을 연구하기 시작했다. 이를 위해 사이클에 파워미터라는 장치를 부착해 스트로크당 출력을 측정하는 시도를 했다. 그리고 타임 트라이얼에 참가하면서 움직임을 최적화하기 위한 방법으로 풍동(항공기의 모형이나 부품을 시험하는 통 모양의 장치)을 활용하기 시작했다. 타임 트라이얼이란 일정한 거리를 혼자 달리면서 그 시간으로 승부를 가르는 경기를 말한다. 「사이언티픽 아메리칸」 1996년 6월호 표지에는 풍동에서 연습하고 있는 사이클 선수의 모습이 나와 있다.[5] 이 잡지에는 올림픽 코치인 제이 커니(Jay Kearney)의 기사도 함께 실려 있다. 커니는 여기서 암스트롱의 올림픽 훈련 방식을 심층적으로 설명했다.

암스트롱은 오랫동안 풍동으로 연습을 했고, 카마이클은 그 외에 다양한 변수를 대상으로 집중적인 실험을 계속했다. 몸 위치에 따른 기록의 변화를 측정하고 라이딩 자세도 세밀하게 분석했다. 타임 트라이얼에서는 1초가 금메달과 은메달을 결정한다. 암스트롱은 1킬로미터당 0.01초를 줄여 나가는 노력을 지속하는 과정에서 타임 트라이얼에서도 우승을 차지했다. 카마이클은 혁신적인 장비, 운동복 재질, 페달을 밟는 자세에 대해서도 연구를 계속했다. 기록을 높이기 위해 지속적으로 새로운 접근 방식을 시도하던 카마이클은 이렇게 말했다. "최고의 선수들에게는 기록을 1퍼센트만 당기는 일도 너무나 어렵습니다. 훈련이나 음식 어느 한 가지에만 의존해서는 안 됩니다. 다양한 변수를 미세하게 조절해 보는 지속적인 시도가 반드시 필요합니다." 책을 여러 권 펴냈으며 카마이클과도 공동 출판을 한 적이 있는 미국 올림픽 사이클 팀 생리학자인 에드먼드 버크(Edmund Burke)는 이렇게 말한다. "카마이클의 천재성은 작은 개선이 얼마나 중요한지를 잘 이해한다는 사실에 있습니다. 사실 작은 개선은 끊임없이 추구해야 하는 과정입니다." 최상급 선수에게는 '0.5퍼센트'의 기록 단축도 놀라운 일이다. 카마이클은 대리석을 조금씩 파 들어가서 다비드 상을 끄집어 낸 미켈란젤로처럼 선수, 장비, 재료로부터 시간과 무게를 조금씩 꾸준히 높여 나갔다. 그리고 전체적으로 새로운 형태로 속도와 힘의 관계를 모색했다. 전문가들은 최근 카마이클의 훈련 방식을 앞 다투어 검증하고 있다.

내가 카마이클에게 말했던 것처럼, 1996년 10월 2일은 카마이클과 암스트롱의 인생을 뒤바꾼 중요한 날이었다. 이날 암스트롱은 고환암을 선고받았다. 카마이클은 그 즉시 올림픽 본부를 나와 암스트롱과 함께 투병 준비에 들어갔다. 이 사건으로 인해 카마이클은 자신의 경력은 물론 엘리트 스포츠에 대한 기존의 생각까지 완전히 바꾸게 되었다. 투르 드 프랑스에서 우승할 수 있다고 암스트롱을 설득한 사람은 바로 카마이클이었다. 암이 완치되었다는 소식을 들은 1997년 어느 날, 비로소 그들은 새로운 목표를 향해 달려 나갈 수 있었다.

카마이클은 암스트롱이 완치된 이후에 그의 몸 상태가 크게 달라졌다는 사실을 알아챘다. 몸무게도 9킬로그램이나 줄었으며 근육량도 크게 감소했다. 즉, 추진력을 만들어 낼 수 있는 신체적 메커니즘이 완전히 바뀌었다. 변하지 않은 것은 우승에 대한 열망뿐이었다. 투르 드 프랑스에서 세계적인 선수들과 경쟁하기 위해서는 이전과는 다른 훈련 방식이 필요했다. 카마이클은 어떠한 훈련법을 개발했던 것일까?

카마이클은 '추진력=힘×속도'라는 기존의 공식을 새롭게 해석해 보았다. 여기서 힘이란 페달에 가해지는 압력을 말하고 속도는 페달의 회전수를 의미한다. 카마이클은 가능한 변수를 모조리 동원해 계산을 했다. 암스트롱의 몸 상태와 힘을 감안할 때, 추진력을 높이는 최선의 방법은 무엇일까? 시속 30킬로미터의 속도를 유지하기 위해서 200와트의 추진력이 필요하다면, 그 추진력을 얻을 수 있는 방법은 무엇일까? 합기도의 원리처럼 적은 힘으로 많은 추진력을 얻기 위해서는 어떻게 해야 할 것인가? 높은 기어비를 사용해 스트로크에 더 많은 힘을 가하는 경우, 체력은 더 빨리 소모된다. 반면, 낮은 기어비를 사용해 더 빨리 페달을 회전시키는 경우, 암스트롱의 심장과 호흡 시스템에 무리를 줄 수 있다. 하지만 암스트롱의 가장 큰 장점은 그의 신체 능력이었다. 평상시 그의 심박수는 1분당 32회였다. 의사들은 처음에 아무도 이 말을 믿지 않는다. 하지만 나중에 확인을 해 보고는 화들짝 놀란다. 최대 산소 흡입량을 의미하는 심폐 능력에서도 세계적인 선수들을 월등히 앞섰다. 카마이클은 암스트롱의 신체적 경쟁 우위를 최대한 살리기 위해 높은 기어를 사용해 1분당 페달 회전수를 70~75 정도로 유지하는 기존의 주행 방식을 포기했다. 대신 분당 회전수를 95~100 정도로 높이는 새로운 주행 방법을 도입했다. 이 방식으로는 페달을 더 빨리, 그리고 더 많이 회전시켜야 한다. 카마이클은 암스트롱의 운동 시스템을 여기에 맞게 변화시키기 위해 수개월의 기간을 투자했다. 그리고 효율성을 극대화하기 위해 페달링 자세를 연구하기 시작했다. 새로운 자세를 완성하는 데 수년의 시간이 걸렸다. 2001년, 암스트롱은 투르 드 프랑스 대회에서 세 번째 우승을 차지했다. 당시 세게 최고의 선수 중 험난한 알프스와 피레네 산맥 구간에서 암스트롱을 따라잡은 사람은 아무도 없었다. 초반 선두를 달리고 있던 로랑 루즈라는 선수는 이렇게 회상했다. "암스트롱이 나를 추월해 갈 때, 그는 마치 오토바이를 타고 달리는 것 같았습니다. 정말 아름다웠어요."[6] 사이클 기술 전문가 레너드 진(Lennard Zinn)은 사이클 잡지 「벨로뉴스(VeloNews)」에서 이렇게 썼다. "암스트롱의 우아한 스트로크에서 예술가의 모습을 발견할 수 있다." 너무 당연한 말이기는 하지만, 암스트롱이 투르 드 프랑스에서 우승할 수 있었던 비결은 단지 다른 사람들보다 페달을 더 빨리 밟은 데 있었다.

2003년이 되자 카마이클이 시도했던 '새로운' 훈련법은 널리 알려졌다. 암스트롱의 경쟁력은 다시 제자리로 돌아왔다. 그래서 암스트롱과 카마이클은 2004년 대회를 위해 또 다른 훈련법을 개발하기 시작했다. 카마이클은 작년의 훈련 방식을 분석해 보았다. 그리고 구체성이 부족했다는 결론을 내렸다. 구체성을 좀 더 강화하면 훈련의 효율성을 더욱 높일 수 있을 것이라고 확신했다. 사이클 선수들은 보통 매일 여섯 시간 이상 훈련을 한다. 훈련 성과를 기준으로 볼 때, 작년의 훈련 방식은 과잉 또는 부족 상태를 반복하고 있었다. 카마이클은 목표를 더욱 구체적으로 설정하면 하루 네 시간으로도 충분한 성과를 얻을 수 있다고 생각했다. 그 외의 시간은 필요 없는 부분이며, 성적 향상에 아무런 도움이 되질 않았다. 오히려 피로를 증가시켜 회복을 더디게 할 뿐이었다. 즉, 낭비에 불과한 것이다.

카마이클의 새로운 접근 방식은 미국의 경영학자 짐 콜린스가 말한 '그만두기' 전략을 기반으로 삼고 있었다. 카마이클은 비효율적인 훈련 방식과 일관성 없는 식이요법을 집중적으로 분석했다. 그리고 훈련량과 성과의 최적 상태를 파악하기 위해 추진력 측정기를 도입했다. 또한 음식량을 훈련에 필요한 칼로리와 일치시켜 체중 증가 문제를 예방했다. 이러한 과정을 통해 암스트롱의 회복 시간은 더 길어졌고, 집중도를 높임으로써 훈련 시간은 더 줄어들었다. 또한 훈련 방식을 더욱 단순화해 자유 시간을 늘렸다. 즉, 전체 훈련 과정에서 비효율적인 부분을 제거함으로써, 훈련 성과를 유지하면서 언론과도 자유롭게 접촉할 수 있는 시간을 확보할 수 있었다.

암스트롱은 카마이클의 '그만두기' 전략으로 더 좋은 성적을 기록할 수 있었다. 암스트롱은 이 전략을 바탕으로 세상에서 가장 힘든 스포츠 대회 출전을 준비했다. 네덜란드 마스트리흐트 대학교의 영양학 교수인 빔 사리스(Wim H. M. Saris)는 투르 드 프랑스 대회의 참가자들을 대상으로 인간의 인내력을 연구했다. 그는 이렇게 얘기했다. "이 대회는 분명 지상에서 가장 힘든 시합이다." 사리스의 연구 결과에 따르면, 3주 동안 펼쳐지는 이 대회는 하프 마라톤 구간을 며칠 동안 계속해서 달리는 것과 맞먹는다. 이 대회 참가자들은 매일 7,000에서 1만 칼로리를 소비한다. 3주 동안 계속해서 이 정도의 열량을 소비하는 운동은 투르 드 프랑스 말고는 없다.

암스트롱은 여섯 번을 넘어 일곱 번 연속으로 투르 드 프랑스 대회의 우승을 차지했다. 투병 경력을 감안하면 믿기 힘든 업적을 달성한 셈이다. 그는 자신의 성공을 카마이클의 공으로 돌린다. 카마이클과 암스트롱은 경기의 규칙을 완전히 바꾸었다. 선수들이 훈련에 접근하는 방식, 훈련 형태, 기록을 단축하는 기술, 경쟁 방식 등 모든 것을 뒤집어 놓았다. 그리고 이 모든 성과는 생략의 법칙을 기반으로 하고 있다. 생략의 법칙은 사이클이라는 스포츠와 완벽한 조화를 이루어 낸 것이다.

우리는 카마이클의 접근 방식에서 몇 가지 교훈을 얻을 수 있다. 첫째, 생략의 법칙을 기반으로 마찰을 줄이고 단순화함으로써, 언제나 과잉으로 치닫는 인간의 성향을 제재할 수 있다. 더 많은 훈련 때문에 오히려 기록이 나빠지기도 한다. 과부하를 만들어 내고, 일관성을 떨어뜨리고, 낭비를 초래하면 목표와 더욱 멀어진다. 둘째, 그렇다고 해서 무조건 줄이는 것이 해결책은 아니다. 그 사람의 재능과 능력을 최적화해서 성과를 최대한 끌어올리는 것이 진정한 목표다. 하지만 이를 위해 한 가지 요인을 줄였다면, 다른 요인을 증가시켜야 한다. 여기서 부하를 전체적인 관점에서 측정하고 균형을 잡는 것이 가장 중요하다. 암스트롱의 경우, 낮은 기어비를 사용해 힘을 줄이는 대신 회전 속도를 높임으로써 추진력을 일정하게 유지했다. 셋째, 성과를 얻기 위해 반드시 극적인 변화를 이룩해야 하는 것은 아니다. 조심스럽게 조금씩 제거해 나감으로써 목표에 도달할 수 있다. 담장만 의식해서는 결코 홈런을 칠 수 없는 법이다. 대신 스트라이크존과 타점에 집중해야 한다. 결론적으로 볼 때 카마이클은 생략의 법칙을 바탕으로 우아함을 추구했다.

그러면 이제 카마이클이 시도했던 생략의 법칙을 비즈니스 환경에도 적용할 수 있을지 알아보도록 하자.

퍼스트 다이렉트의 카이젠

1989년 10월 1일 일요일 밤 12시 1분, 아직 잠자리에 들지 않고 TV를 시청하고 있던 영국 사람들은 화면에 나타난 이상한 메시지를 보고 벌떡 일어섰다.

놀라지 마십시오. 우리는 시간 여행을 통해 최초로 커뮤니케이션을 시도하는 중입니다. 이 실험은 퍼스트 다이렉트의 21번째 생일을 축하하기 위해 마련된 것입니다. 지금 여기는 2010년입니다. 21번째 기념일을 기리기 위해, 우리는 퍼스트 다이렉트가 탄생했던 날로 거슬러 올라가 이 메시지를 보내고 있습니다. 여러분 모두의 행복을 기원하면서 이만 물러갑니다.

이 도발적인 광고는 HHCL(Howell Henry Caldecott Lury)이라는 광고 회사가 새로운 차원의 은행인 '퍼스트 다이렉트'의 출범을 홍보하기 위해 만든 것이다. 이 광고에 대한 평가와 무관하게 시청자들은 퍼스트 다이렉트가 미래지향적인 기업이라는 느낌을 받았을 것이다. 이 광고가 나간 뒤 시청자들은 퍼스트 다이렉트가 기존 금융기관들과는 다른 새로운 은행이라는 사실을 차츰 이해하게 되었다. 퍼스트 다이렉트는 은행인데도 지점을 개설하지 않았다.[7] 모든 것이 가상 세계에서 이루어졌고, 전화만이 유일한 접근 수단이었다. 1989년 당시 이러한 아이디어는 매우 급진적인 시도였다.

이 광고가 나가기 1분 전, 퍼스트 다이렉트는 전화 라인을 개통했다. 광고가 나간 뒤 24시간 동안 무려 1,000통이 넘는 전화가 걸려왔는데, 그들은 이를 ARS나 해외 콜센터를 통해 처리하지 않았다. 본사 운영 팀 직원들이 직접 전화를 받았다. 1990년 말, 퍼스트 다이렉트의 고객 수는 무려 6만 명에 육박했다. 그리고 1995년 말에는 10배 가까이 증가했으며 처음으로 흑자를 기록했다. 그 이후로 퍼스트 다이렉트는 줄곧 흑자를 유지하고 있다. 퍼스트 다이렉트는 어떻게 인터넷과 휴대전화가 상용화되기 10년 전에 이런 비즈니스 모델을 생각해 냈던 것일까?

1988년 6월, 영국의 미들랜드 은행은 레인클라우드(Rain-cloud) 프로젝트를 추진하기 위한 태스크포스 팀을 구성했다. 당시 미들랜드 은행은 바클레이스, 로이즈, 냇웨스트와 더불어 영국의 대표적인 대형 은행 중 하나였다(영국 도시에는 번화가가 있으며, 은행들은 주로 번화가를 중심으로 모여 있다). 당시 미들랜드 은행은 인수합병으로 인한 어려움과 개도국에 대한 부실 대출 여파로 5억 유로에 달하는 심각한 손해를 입고 있었다. 게다가 고객 서비스 평가에서도 좋은 점수를 받지 못했다. 사실 이 시기에 영국 은행들은 서비스 면에서 모두 비슷한 수준이었다. 영국의 헨리 예측 센터는 전체 소매시장 중에서 금융 분야가 가장 낮은 서비스 점수를 기록했다고 발표했다. 미들랜드 은행은 고객 가치를 개선하기 위해 레인클라우드 프로젝트를 실시했다.[8] 그리고 이를 통해 지점 기반의 기존 시스템에 대한 혁신적인 대안을 찾으려 했다.

당시 영국에서는 일본 기업들에 대한 평판이 높아지고 있었다. 미들랜드 은행 역시 이 점을 잘 알고 있었다. 1987년 미국 증권시장의 급락으로 인해 투자 회수가 힘들어진 피델리티 같은 금융기관들은 서비스 품질을 개선하기 위해 다양한 방법을 모색했다. 피델리티의 회장이자 CEO, 그리고 재무 관리자로 유명한 에드워드 존슨(Edward C. Johnson III)은 마사키 이마이 (Masaaki Imai)가 1986년에 쓴 『카이젠(改善)』이라는 경영 서적을 읽고 큰 영감을 받았다. 그리고 지속적인 개선을 의미하는 카이젠이라는 개념을 연구하기 시작했다.[9] 마사키는 이 책에서 제 2차 세계 대전의 폐허를 딛고 성공을 거둔 일본의 저력을 카이젠이라는 용어로 설명했다. 미들랜드 은행 역시 카이젠을 기업의 핵심 가치로 삼았다. 그렇게 해서 카이젠의 이념을 바탕으로 레인클라우드 프로젝트가 탄생한 것이다.

카이젠이란 간단히 말해서 '변화를 통해 좀 더 나은 상태를 만드는 것'을 말한다. 카이젠은 원칙이면서 또한 실천 방안이다. 원칙으로서의 카이젠이란 고객의 요구를 기업 활동의 핵심으로 삼는다는 말이다. 그리고 실천 방안으로서의 카이젠이란 세 단계의 절차를 말한다. 즉, 기준을 세우고, 이를 실천하고, 그리고 더 나은 기준을 개발하는 것을 말한다. 카이젠이라는 용어는 '개선'을 의미하는 일본어이지만, 아이러니하게도 카이젠을 만든 사람은 미국인이었다.

1945년, 맥아더 장군은 전후 일본을 7년간 관리하는 임무를 맡았다. 그의 목표는 일본 사회를 안정화시키는 것이었으나 결코 쉽지 않은 상황이었다. 전후 도쿄는 초토화되었다. 경제는 휘청거리고 산업 자원은 증발해 버린 상황이었다. 사회적 불안, 기근, 공산주의, 토지, 시설, 자본, 노동력 등의 자원 부족은 일본의 자립을 가로막았다. 맥아더는 다시 워싱턴으로 돌아가서 루스벨트가 시행한 TWI(Training Within Industry, 산업 내 훈련)라는 전시 훈련 프로그램의 도움을 요청했다. 하지만 TWI 프로그램은 이미 종료된 상황이었다.

1940년, 나치가 프랑스를 공격하자 미국의 참전이 세계적인 관심사로 떠올랐다. 미국이 군수 물자 생산에 박차를 가하기 시작하면서, 전쟁에 참여한 직원들의 공백을 메우기 위해 새로운 근로자들을 신속하게 교육시키는 문제가 대두했다. 미국의 전시 노동력 위원회 훈련국은 빠른 시간 안에 생산력과 효율성을 높이기 위해 TWI라는 훈련 프로그램을 내놓았다. TWI는 세 가지 프로그램으로 구성되어 있다. 그중 '업무 개선'이라는 프로그램은 즉각적으로 영향을 줄 수 있는 사소하고 무수한 개선 아이디어를 제안하고 이를 실천하는 기술을 가르치는 것이었다. 다른 말로 '지속적인 발전'이라고도 한다. 업무 개선 프로그램은 해당 업무와 기존 시설의 수정에 초점을 맞추었다. 전반적인 변화를 실행하거나 전혀 다른 작업 시스템을 구축할 만한 시간적 여유가 없었기 때문이다.

TWI 프로그램은 신속하게 보급되었다. TWI 훈련국은 강사들을 양성하고 다양한 접근 방식을 시도했다. 다섯 명의 교육과정 개발자들이 각각 두 명의 강사를 가르쳤고, 이 강사들이 또다시 스무 명의 강사를 훈련시켰다. 이렇게 배출된 강사들은 강의를 맡거나 미국 내 1만 7,000개에 달하는 공장에서 '품질관리 조직'을 주도적으로 이끌었다. 전쟁이 끝날 무렵 TWI 프로그램으로 훈련을 받는 사람들의 수는 무려 200만 명에 이르렀다.

맥아더는 일본의 재건을 위한 발판으로 TWI 프로그램을 도입하기로 결정했다. 하지만 제2차 세계 대전 이후로 TWI 프로그램은 모두 종료되었다. 다행히도 TWI라는 이름 그대로 회사를 설립한 전직 강사를 발견할 수 있었으며, 맥아더는 그를 재건 프로그램에 초빙했다. 1953년경, TWI 프로그램은 일본 내에서 산업 표준으로 자리를 잡았으며, 또 일본 상황에 맞게 차츰 개선되었다. 이것은 주요 생산 공정의 일부로 자리를 잡았다. 이를 바탕으로 일본은 지속적인 개선 원동력을 확보했으며, 이후 이 프로그램을 카이젠이라고 부르게 되었다.

카이젠의 관점에서 일은 부가가치를 만들어 내는 일과 그렇지 못한 일로 나뉜다. 여기서 가치를 높이지 못하는 일은 제거 대상이 된다. 원래 카이젠의 목표는 가치와 관련된 요인들, 즉 품질, 비용, 속도를 지속적으로 향상시켜 나가는 것이다. 그리고 품질을 떨어뜨리고, 비용을 상승시키고, 속도를 느리게 하는 모든 방해 요인을 최대한 제거해 효율성을 높인다. 이는 인앤아웃과 카마이클이 추구했던 것이기도 하다. 다시 말해, 카이젠의 핵심에는 생략의 법칙이 숨어 있다.

카이젠을 추구하는 일본인들은 무리(無理), 무다(無駄), 무라(無斑)라는 개념을 중요하게 생각한다. 이는 도요타 생산 시스템을 구축한 타이치 오노(Taiichi Ohno)의 카이젠에서 중요한 부분을 차지한다.[10] '무리'는 과부하라는 뜻으로, 스트레스, 규제, 설비 과잉 등의 의미를 담고 있다. '무라'는 일관성이 없다는 의미로, 불규칙, 불균형, 방해를 말한다. '무다'는 낭비라는 뜻으로, 과잉생산, 지연, 결함, 작업 과잉, 불필요한 행동, 재고, 운송의 일곱 가지 형태로 나타난다. 무다는 쉽게 확인이 가능하기 때문에 해결이 비교적 수월하다. 하지만 무리와 무라는 일종의 고질적인 병폐이며, 이것이 곧 무다로 이어진다. 레인클라우드 프로젝트 팀은 미들랜드 은행의 지점들을 대상으로 다양한 조사를 벌여 무리, 무라, 무다에 해당하는 문제점을 밝혀냈다.

레인클라우드는 고객 자료를 검토하는 과정에서 충격적인 사실을 발견했다. 미들랜드의 고객 중 20퍼센트는 지난 한 달 동안 지점을 한 번도 방문하지 않았다. 일주일을 기준으로 할 때 그 수는 더욱 줄어들었다. 게다가 고객의 절반은 지점 관리자를 만나 본 적이 없었다. 그리고 40퍼센트는 은행 방문을 별로 좋아하지 않으며, 앞으로도 은행에 갈 일이 없었으면 좋겠다고 생각하는 것으로 드러났다.

솔직히 말하자면 예금, 납부, 현금 인출 같은 일상적인 금융 서비스는 직원을 만나지 않아도 얼마든지 처리가 가능하다. 고객

면담이 필요한 대출 서비스는 비교적 그 빈도가 낮다. 여기서 질문 하나가 떠오른다. 그렇다면 지점이 왜 있는 것일까? 고객들은 여전히 개인적으로 관심을 받길 바라고 있으며, 지점 서비스도 중요하게 생각하기 때문이라고 말하는 사람들도 있을 것이다. 하지만 한 달에 한 번도 은행을 찾지 않는 고객들이 있다면, 지점을 방문하지 않고서 서비스를 받을 수 있는 방법도 얼마든지 가능하지 않을까?

레인클라우드는 고객들이 세 가지 요소를 기준으로 가치를 평가한다는 사실을 발견했다. 바로 정보, 의사소통, 그리고 신뢰였다. 이는 고객 관리에 필수적인 요소들이다. 신뢰는 정보와 의사소통의 품질, 비용, 속도를 기반으로 이루어진다. 기술과 인력을 적절히 활용하면, 우수한 품질로 저렴하고 신속하게 정보와 의사소통을 해결할 수 있다. 하지만 당시 미들랜드의 지점들은 정보, 의사소통, 신뢰의 요소를 모두 만족시키지 못했다. 미들랜드 은행의 서비스에 대한 고객들의 평가도 좋지 않았다. 결국 지점을 모두 없애야 서비스의 수준과 수익성을 개선시킬 수 있다는 결론이 나왔다. 전화로 정보, 의사소통, 신뢰의 요소를 만족시킬 수 있다면, 지점을 유지하는 데 드는 비용 대부분을 줄일 수 있고, 이를 통해 얻은 수익은 주주와 고객들에게 되돌려 줄 수 있을 것이라고 확신했다.

미들랜드 은행은 자회사를 설립하기로 했다. 레인클라우드의 분석을 바탕으로 미들랜드는 완전히 새로운 형태의 은행인 퍼스트 다이렉트를 출범했다. 퍼스트 다이렉트는 말 그대로 '최초로 다이렉트 방식을 도입한' 은행이었다. 다른 은행들은 이 시도를 비웃었다. 그러나 1996년에 퍼스트 다이렉트의 고객은 이미 65만 명을 넘어섰다. 그중 3분의 2는 미들랜드 은행을 포함한 다른 대형 은행을 떠나온 고객들이었다. 퍼스트 다이렉트의 1992년 TV 광고에서는 한 고객이 나와 이렇게 말한다. "한 번도 퍼스트 다이렉트 직원들을 만난 적이 없습니다. 그러나 저는 그들이 실제로 존재한다고 믿습니다." 퍼스트 다이렉트 출범 당시, 대형 은행인 냇웨스트로부터 퍼스트 다이렉트로 주거래 은행을 옮긴 런던 증권거래소의 위험관리 이사는 하버드 비즈니스 스쿨 연구원들에게 이렇게 말했다. "일반 은행의 느려 터진 서비스에 아주 진력이 났습니다. 하지만 퍼스트 다이렉트는 다르더군요. 게다가 365일 24시간 동안 항상 이용할 수 있습니다. 직원들도 똑똑하고 친절했습니다. 아자율도 높고 금융 상품도 만족스럽더군요. 이미 열 명이 넘는 친구들에게 퍼스트 다이렉트를 권해 주었죠."

지금으로부터 21년 전 일요일 아침, 퍼스트 다이렉트의 TV 광고는 마치 자기암시 예언 같은 역할을 했다. 퍼스트 다이렉트는 인터넷과 휴대전화 시대의 흐름을 타고 오늘날까지 그 성공 신화를 이어 오고 있다. 현재 퍼스트 다이렉트의 고객 수는 120만 명에 육박한다. 그들 중 90만 명이 인터넷 뱅킹을 이용하고, 40만 명은 문자 메시지 서비스를 받고 있다. 실제로 퍼스트 다이렉트는 영국에서 문자 메시지를 가장 많이 보내는 은행으로, 매월 고객들에게 260만 건의 문자 메시지를 발송한다. 두 지역에 사무실을 두고 있는 2,800명의 고객 서비스 팀은 매주 23만 5,000통의 전화를 받고 있으며, 영업시간 이후에도 매일 1만 3,000건의 통화를 처리한다. 또한 매일 해외로부터 걸려오는 전화도 500통 이상이다. 그리고 3,400명의 직원들에게는 안마, 관리, 자동차, 세탁 서비스를 지원한다. 이러한 성과들을 감안하면 퍼스트 다이렉트가 2006년도 「선데이 타임스」 선정 100대 기업에 들었다는 사실은 전혀 놀랍지 않다. 퍼스트 다이렉트의 성공 스토리를 읽다 보면, 다른 대형 은행들이 어떻게 망하지 않았을까 하는 의구심마저 든다.

나는 퍼스트 다이렉트의 사례를 통해 기업이 실적을 개선하기 위해서는 어떤 업무나 시스템을 제거해야 하는지에 대한 명확한 해답을 얻을 수 있었다.

인사부를 없애 버린 파비

파비는 50년 역사를 가진 작은 규모의 프랑스 기업으로, 자동차 부품을 설계하고 생산한다. 회사의 건물로 들어가는 길 중앙에는 몇 백 년은 됐음직한 나무 한 그루가 우뚝 서 있다. 회사 진입로는 이 나무를 중심으로 뻗어 있다. 파비의 CEO인 장 프랑수아 조브리스트(Jean-François Zobrist)는 이 나무가 회사의 이념을 상징한다고 말한다. 즉, 오랜 세월에 거쳐 발전을 거듭하지만 그렇다고 무조건 규모가 큰 회사를 지향하지는 않는 파비만의 기업관을 의미한다. 파비는 파리 북쪽으로 약 160킬로미터 떨어진 피카르디 지방의 알랑쿠르라는 작은 마을에 있다. 피카르디의 시골 지역으로 차를 달리다 보면 마치 세계 대전을 소재로 만든 영화 속에 있는 착각에 빠진다. 녹음이 우거진 들판에는 고딕 양식의 성당과 성이 우뚝 솟아 있으며, 그 주위로 단정하고 아름다운 마을이 옹기종기 자리 잡고 있다. 이 작고 고요한 시골 동네에서 역사상 최악의 전쟁이 벌어졌다. 피카르디를 가로지르는 솜 강에서 벌어진 전투는 제1차 세계 대전 중 가장 규모가 크고 가장 많은 사상자를 낸 전투 중 하나이다. 당시 사상자만 100만 명이 넘었다고 한다. 피카르디 지역 주민들은 숱한 전쟁과 침략을 잘 버텨 냈다. 옛 농가를 둘러보면 여전히 굴뚝 근처에서 지하실로 이어지는 비밀 통로를 발견할 수 있다. 독일군이 마을을 지나갈 때, 주민들은 이 비밀 통로를 통해 대피했다. 파비의 진입로 중앙에 서 있는 나무도 이 같은 역할을 했다. 그래서 아직까지도 직원들은 그전에 미리 주차를 한 뒤, 나무를 지나 회사 건물로 걸어 들어가야 한다. 이 나무는 직원들에게는 기업의 발전과 존속을 의미하는 상징이면서, 피카르디 주민들에게는 전쟁의 상처를 간직한 기념비이다.

나는 「월 스트리트 저널」에 실린 짤막한 기사를 읽고 파비라는 회사를 처음으로 알게 되었다.[11] 직원이 600명이나 되는데도 20년 가까이 인사부 없이 경영을 해 왔다는 기사를 보고 깜짝 놀랐다. 그 이후 나는 장 프랑수아의 강의를 쫓아다니며 경청했다. 장 프랑수아는 1983년 회사 경영을 맡자마자 인사부부터 없앴다. 나중에 안 사실이지만, 그가 없앤 것은 인사부만이 아니었다.

장 프랑수아처럼 "나는 멍청하고 게으른 경영자입니다."라고 말하는 CEO는 좀처럼 발견하기 어렵다. 특히 사석이 아니라 회의 도중에 사람들 앞에서 이렇게 말하는 CEO는 거의 없을 것이다.[12] 장 프랑수아는 자신이 멍청하고 게으르기 때문에 모든 업무를 현장 직원들에게 맡겨야 한다고 말한다. "나는 직원들이 어떤 일을 하는지 전혀 모릅니다." 다시 말해, 업무에 관한 전문적인 지식이 없기 때문에 직원들에게 아무런 간섭도 해서는 안 된다는 것이다. 그가 생각하는 CEO란 자동차의 '헤드라이트와 앞 유리'에 해당한다. 즉, 오직 등대처럼 불을 밝히고 직원들에게 비전을 제시하는 역할만 자신의 일이라고 생각한다. 장 프랑수아만큼이나 파비도 독특한 기업이다. 내가 근무하고 연구했던 어떤 기업과도 다르다. 그는 실로 많은 것들을 없애 버렸다.

파비에는 인사부가 없다. 또한 그 '어디에서도' 수직적인 조직 체계를 찾아볼 수 없다. 중간 관리자도, 전략 기획팀도, 출퇴근 기록 카드도, '해야 할 일과 하지 말아야 할 일'로 가득 찬 두꺼운 업무 지침서도 없다. 파비 사람들은 '직원', '근로자', '사원'이라는 표현을 쓰지 않는다(물론 프랑스어에 이런 단어가 없기 때문은 아니다). 장 프랑수아는 오늘날 기업의 조직은 모순으로 가득 차 있으며, 중앙 집중적인 조직은 '직원들의 활동을 일방적으로 제한하고 조직 전체를 감시하는 역할'밖에 하지 못한다고 믿는다. 파비의 기업 문화에서는 이러한 중앙 집권적 명령 체계를 찾아보기 어렵다. 물론 파비도 처음부터 그랬던 것은 아니다.

장 프랑수아가 처음으로 경영권을 손에 쥐었을 때, 파비는 전혀 이런 분위기가 아니었다. 예를 들어, 장비 하나를 사용하려고 해도 장비를 시간제로 엄격히 관리하는 담당 직원을 찾아가 허락을 맡아야만 했다. 만약 장비를 제시간에 반납하지 못하면 담당 직원의 짜증을 감수해야 했다. 무더운 여름날에는 에어컨을 틀지 않은 채 창문을 꼭꼭 닫고 작업하기가 일쑤였다. 작업장의 온도를 일정 기준 이상으로 올려야만 '온도 상여금'을 탈 수 있기 때문이었다. 그래서 모두들 금속 주물 옆에서 땀을 흠뻑 흘리면서 작업을 했다. 전략 기획팀은 일주일에 두 시간 동안 회의를 진행했다. 하지만 생산 및 배송 과정에서 발생한 문제를 처리하기에 바빠서, 실질적인 기획 업무는 엄두도 내지 못했다.

이러한 상황에서 장 프랑수아가 파비의 경영을 맡았다. 그는 '쉔드코마(chaine de comment)'에 싫증을 느끼고 있었다. '쉔드코마'란 '일련의 방법들'이라는 의미로, 그는 그 뜻을 이렇게 설명한다. "CEO만 빼고 모두 다 바보입니다. 직원에게 물어보면 이렇게 대답합니다. '저는 잘 몰라요. 상사에게 물어보세요.' 상사는 이렇게 얘기합니다. '저도 잘 모릅니다. 점장님한테 가 보세요.' 하지만 점장도 이렇게 얘기합니다. 'CEO한테 가 보세요.'" 장 프랑수아는 쉔드코마를 거꾸로 뒤집기로 결심했다. "이제부터 바보 역할은 CEO가 맡습니다." 그는 "업무를 모두 직원들에게 맡겨야 합니다."라고 말하면서 미소를 지어 보였다. 이것은 카이젠의 기본 방침이기도 하다.

파비의 사례에서 흥미로운 점은 치열하고 성숙한 산업 환경과 중앙 집중적이고 지속적인 성장을 추구하는 국가적인 환경 속에서 수평적인 조직을 구축했다는 사실뿐만이 아니다. 그보다는 새로운 기업 문화로의 변화가 말 그대로 하룻밤 사이에 일어났다는 사실에 있다. 나는 장 프랑수아로부터 자율적인 시스템을 이룩하기 위해 어느 정도 투자를 했는지 직접 듣고 싶었다. 얼마나 오랜 시간이 걸렸는지, 비용은 얼마나 들어갔는지, 그리고 어떠한 어려움이 있었는지 궁금했다. 하지만 장 프랑수아의 대답은 뜻밖이었다. "CEO로 취임한 그 다음 날, 저는 직원들 앞에서 연설을 했습니다. 그들에게 지금부터는 사장이나 상사가 아니라 고객을 위해 일해야 한다는 점을 강조했습니다. 월급을 주는 사람은 내가 아니라 고객이라는 사실을 일깨웠습니다. 우리 기업의 주인은 고객이며, 앞으로는 고객이 원하는 것을 위해 최선을 다하라고 당부했습니다." 그러고 나서 그는 곧바로 인사부와 기획부를 없앴다. 제품 개발부와 구매부도 해체했다. 장 프랑수아 조브리스트는 경영에서 기존의 법칙을 모두 파괴했다. 그런데도 조직 운영에 차질이 없었을까?[13]

대신 장 프랑수아는 피아트, 볼보, 폭스바겐 등 기업 고객들을 기준으로 약 20개 팀을 신설했다. 각 팀은 해당 업체에 관한 문제뿐만 아니라, 내부 구성원, 구매 업무, 제품 개발 업무까지 모두 처리했다. 각 팀은 리더와 직원들로 구성되었고, 모든 업무는 직원들이 맡았다. 파비는 업체별로 담당자를 두었다. 업체 담당자는 기술 요청, 가격 협상, 구매, 제품 개발, 품질관리, 일정과 배송, 회의 진행, 정보 공유처럼 팀에서 다루어야 할 모든 문제를 담당했다. 업체 담당자는 전략적으로 매우 중요한 자리였기 때문에, 장 프랑수아는 이들을 직접 선발했다. 이러한 형태로 조직 구조를 개편해 나가면서 파비에 변화가 나타나기 시작했다. 거대한 공장이 사라진 대신, 지붕을 함께 쓰는 작은 공장 수십 개가 탄생했다. 그들은 '관리 없는' 관리를 실천해 나갔다.

수직 구조가 사라지면서 많은 문제들이 사라졌다. 업체를 기준으로 팀을 수평적으로 조직하자 직위와 승진의 개념도 사라졌다. 정체되어 있던 조직의 에너지는 품질 개선으로 이어졌다. 파비 직원들은 사장이 아니라 기업 고객과 팀의 업무에 대해 책임감을 가졌다. 그들은 새로운 실험을 하고, 혁신을 추진하고, 고객과의 문제점을 적극적으로 해결했다. 그리고 이러한 시스템을 바탕으로 기업 고객에 서비스와 솔루션을 제공했다. 또한 시설, 장비, 업무 환경, 업무 프로세스들도 하나씩 개선했다. 장 프랑수아는 직원들 스스로 결정을 내리고, 일상적인 문제점을 신속하게 개선하고, 고객의 요청에 즉시 답변할 수 있도록 자율권을 부여했다. 그리고 부가가치를 가장 많이 창출할 수 있는 고객과의 접점에 최대한 집중했다. 장 프랑수아는 '세부적인 업무'에 대한 관심을 목표를 향한 의사소통으로 돌렸다. 고객과의 관계에서는 '누가', 그리고 '왜'라는 질문에 주목했다. 그가 직원들에게 요구하는 것은 간단명료했다. 그것은 '더 빨리, 더 좋게, 더 싸게, 더 현명하게…… 오직 고객을 위해'라는 주문이었다. 이는 카이젠 전문가들이 추구하는 것이기도 하다.

장 프랑수아의 판단은 적중했다. 각 팀들은 강한 책임감을 바탕으로 업무를 이끌어 나갔다. 프랑스 운송 조합이 국경 근처의 간선도로를 폐쇄하고 독일로 가는 배송을 차단하면서 파업을 벌이는 동안에도, 파비 팀들은 예상치 못한 사고를 위해 미리 대안을 마련해 놓고 있었다. 그들은 작은 트럭을 이용해 도로를 우회하는 방법을 선택했고, 모든 배송 일정을 차질 없이 지킬 수 있었다.

요즘에도 파비에 출장을 온 사람들은 자유로운 업무 환경을 보고 깜짝 놀란다. 장 프랑수아는 종종 기업 고객으로부터 검수 요청을 받았던 에피소드를 들려주곤 한다. "어느 날 한 기업 고객으로부터 작업 과정에 대한 검사 요청을 받았습니다. 그들은 생산에 차질이 발생하는 경우에 대비한 별도의 관리 시스템이 없다는 사실을 발견했습니다. 그 업체는 이 점에 대해 매우 못마땅하게 여겼습니다. 하지만 저희는 그 업체와 10년 넘게 아무런 문제없이 거래를 유지해 왔습니다. 그래서 저는 이렇게 되물었습니다. '그동안 배송이 지연된 경우가 있었습니까?' 그들은 아니라고 답했습니다. 나는 또다시 물었습니다. '그러면 너무 일찍 배송한 적이 있었나요?' 그들은 다시 아니라고 대답했습니다. '그렇다면 왜 존재하지도 않는 문제에 대비를 해야 할까요?'" 실로 명쾌한 지적이었다.

파비는 지금도 여전히 두 자릿수 수익을 유지하고 있다. 다른 경쟁 회사들이 아시아 지역으로 아웃소싱을 넘겨 막대한 손해를 보고 생산에 차질을 빚는 동안에도 파비는 꾸준한 성과를 거두었다. 부품 단가도 계속해서 낮추었다. 중요한 변속기어 부품인 구리 기어 박스용 포크의 가격은 20년 전에 비해 거의 절반 가까이 떨어졌다. 이는 파비의 자율적인 시스템이 이룩한 성과다.

사라 수잔카가 설계한 꿈의 집

이번에는 미네소타폴리스 교외에 있는 집을 한 채 소개할까 한다. 이 집으로 다가서면 내부에 있는 무언가가 우리를 기다리고 있다는 느낌을 받는다. 어떤 신비로운 기운이 우리를 끌어당기는 것이다. 집의 정면에서는 박공지붕(양쪽 방향으로 경사진 지붕)이 보이고, 1층 건물 앞뒤로는 캔틸레버(한쪽 끝이 고정되고 다른 쪽 끝은 받쳐지지 않은 상태로 되어 있는 보)가 달려 있다. 처마 아랫부분은 1.5미터 간격으로 홈이 파여 있다. 현관을 지나 기다란 입구로 들어가다 보면 예전에도 한 번 와 본 것 같은 기분이 든다. 그런데 거실로 들어서면 대부분 자신이 상상하던 '꿈의 집'과는 너무나 다르다는 생각에 주위를 이리저리 둘러보게 된다. 높다란 지붕도 없고, 주인이 나선형 계단을 따라 2층에서 우아하게 내려올 때 손님이 기다릴 만한 커다란 거실도 없다. 사실 회전식 계단도 없다. 큰방도 보이질 않고 어디가 거실이고 부엌인지 분간도 가지 않는다. 두세 명의 사람들이 정답게 모여 얘기를 나눌 수 있는 공간밖엔 없다. 현관문을 열고 들어서면 1층 전체가 눈에 훤히 들어온다. 한쪽 끝에서 다른 쪽 끝으로 기다랗게 드리우는 햇빛을 따라 집 전체를 한눈에 볼 수 있다. 부엌, 식당, 거실은 어느 정도 구분은 되어 있지만 명확하게 나뉘어 있지 않다. 하지만 이 집에서는 왠지 편안함이 느껴진다. 마치 커다란 공간 속에서 자유롭게 숨 쉬는 느낌이 든다. 답답한 벽이 없기 때문에 공간은 모두 하나로 이어지며, 대신 다양한 구조물들이 집 전체를 구분한다. 두 갈래의 지붕은 집 내부를 가로와 세로로 나누며, 집 안 전체는 각각 독특한 느낌의 네 구역으로 나뉜다. 지붕이 엇갈리는 지점에 세워진 기둥은 집을 지탱함과 동시에 공간을 구분하는 역할도 한다. 식당과 거실도 기둥을 중심으로 나뉜다. 그러나 식당, 거실, 부엌은 모두 하나의 공간을 형성한다. 집으로 초대를 받았거나 가족들과 함께 놀러 온 사람들은 모두 입을 모아 공간들이 하나로 이어져 있다고 말한다.

이 집에 밀폐된 공간이라곤 단 하나밖에 없다. 매우 안락해 보이는 '멀리 떨어져 있는 방'인데, 그 방에 들어가면 일종의 해방감과 고독을 느낄 수 있다. 여기서는 공부를 하거나 잠을 잔다. 또는 아이들이 하루 종일 컴퓨터 오락을 하기도 한다. 이 집은 대부분의 가정에서 그냥 비워 두거나 버려두는 공간을 벽감이나 빌트인 선반으로 활용한다. 2층으로 올라서면 옥상으로 연결된 사다리 바로 아래에 책상이 놓여 있다. 아이들은 이곳에서 마치 피난처 같은 안락한 느낌을 받으면서 숙제를 하고 컴퓨터 게임을 즐긴다. 지붕 바로 밑에 있는 이 공간은 또 하나의 생활공간이다. 창문도 있다. 10대 청소년들이 집을 뛰쳐나가지 않고서도 혼자만의 자유를 누릴 수 있는 공간이기도 하다.

내부의 여러 공간은 저마다 다양한 기능을 한다. 예를 들어, 사용하지 않는 벽난로 주위에는 긴 의자들이 빙 둘러 있다. 침실로 이어지는 통로 좌우에는 옷을 걸어 드레싱 룸으로 활용한다. 옷, 거울, 선반, 의자, 옷걸이를 둘 수 있는 충분한 공간이 확보되면서도, 새벽 4시에 낚시를 나가기 위해 옷을 갈아입다가 다른 사람들을 깨울 염려도 없다.

이 집은 천장과 바닥의 높이가 다양하고 내부에 화려한 색상을 칠해서 보기만 해도 호기심이 일어난다. 채광도 아주 좋다. 창문이 많고 공간이 전체적으로 뚫려 있어서 빛이 잘 드는 장점도 있지만, 빛을 반사하는 재질로 인테리어를 한 것이 채광 효과를 높여 준다. 또한 거울 같은 역할을 해서 공간이 넓어 보이는 착시 효과도 일으킨다.

1층에 서 있으면 집의 넓이가 300제곱미터는 넘어 보인다. 하지만 실제로는 180제곱미터 정도이다. 이 집은 건축가 사라 수잔카(Sarah Susanka)가 설계한 「라이프」지의 1999년도 꿈의 집이다. 「라이프」지는 1938년에 처음으로 꿈의 집 코너를 시작했고, 첫 작품은 건축가 프랭크 라이트(Frank Lloyd Wright)가 맡았다. 1998년에는 사라가 쓴 『그리 크지 않은 집(The Not So Big House : A Blueprint for the Way We Really Live)』이라는 책이 큰 성공을 거두었는데, 그러자 「라이프」 지는 1999년에 꿈의 집 건축가로 사라를 선정한 것이다. 사라가 설계한 꿈의 집의 이름은 '그리 크지 않은 집'이었다.[14]

나는 사라를 2007년 주택 건축업 전문 박람회인 PCBC (Pacific Coast Builders Conference)에서 처음 만났다. 이 박람회는 일주일 동안 진행되는 대규모 행사로, 샌프란시스코 모스콘 센터의 네 개 전시장에서 시사회, 프레젠테이션, 세미나를 개최한다. 나는 사라의 연설을 들으면서 우리가 생각하는 소유에 대한 개념이 완전히 새롭게 정의된다는 느낌을 받았다.

사실 '그리 크지 않은 집'이라고 해서 반드시 작은 집을 의미하는 것은 아니다. 단지 사람들이 생각하는 만큼 그리 클 필요가 없다는 뜻이다. 대신 생활하기 편리해야 한다. 미국의 경우, 집의 평균 넓이는 1960년대 후반 130제곱미터에서 2005년 220제곱미터로 크게 증가했다. 하지만 일반적으로 집의 3분의 1은 거의 사용하지 않는다. 식당과 거실 역시 화려하게 꾸며 놓았지만, 얼마나 자주 사용하고 있을지 의문스럽다.

‘그리 크지 않은 집’은 이와는 다르다. 여기서는 ‘모든’ 공간을 ‘언제나’ 사용한다. 그렇기 때문에 일반적인 기준으로 설계한 집보다 조금 작아도 전혀 불편함이 없다. 사라의 말을 들어 보자. “우리는 과거 어느 때보다 넓은 공간에서 살고 있습니다. 그러나 아직까지도 빅토리아 시대의 습관에서 벗어나지 못하고 있습니다. 손님들은 무대 위에서 맞이하면서 정작 본인들은 무대 뒤에서 살고 있죠.”

사라가 설계했던 집에서 살고 있는 사람들은 좁은 집이 마술처럼 넓어 보인다는 말을 한다. 나는 몇 년 전에 산타이네즈 시골 마을에서 조금은 더 도시적인 사우전드 오크스로 이사를 온 서던 캘리포니아의 변호사 조지 노플러(George Knopfler)를 만날 수 있었다.[15] 그는 현재 울타리까지 친 사유지 안에 740제곱미터나 되는 큰 집을 지어 놓고 산다. 하지만 이사 오기 전 사라가 1996년에 설계했던 370제곱미터 넓이의 집에 살 때보다 ‘절반’ 정도 좁아 보인다고 속상해한다(사라는 이 집도 매우 크다고 생각했을 것이다. 아마 조지의 간곡한 부탁 때문에 그나마 그렇게 크게 설계했을 것이다). 조지의 아내인 데비는 이렇게 말했다. “예전 집 얘기는 꺼내지도 마세요. 생각만 해도 눈물이 나려고 해요.” 내가 떠나려고 할 때, 조지는 2층을 가리키면서 이렇게 말했다. “2층이 보이시죠? 우리 집 식구 아무도 올라가지 않는답니다." 다시 말해, '그리 크지 않은 집'이란 거의 사용하지 않고 '집의 영혼만 가두어 놓는' 낭비 공간을 터 줌으로써 삶의 질을 높이는 집을 의미한다.

사라의 그리 크지 않은 집은 공간의 의미와 기능을 완전히 새롭게 바라본다. 양보다 질에 초점을 맞추고, '더 크게'가 아니라 '더 좋게'를 추구하기 위해 실제 생활 방식을 고려해 집을 설계한다. 즉, 공간을 활용하는 방식, 시간을 보내는 방식, 그리고 편안함을 느끼는 형태까지 모두 생각한다. 그녀는 자신의 목표가 단지 무언가를 작게 만드는 것이 아니라, 물질적, 심리적으로 매일 사용하는 공간을 창조함으로써 고객들의 꿈과 투자 비용을 극대화하는 것이라고 말한다. 그리고 일반적인 집에서 발생하고 있는 낭비와 과잉 같은 문제를 최소화하기 위해 노력한다.

사라는 또한 이렇게 말한다. "집을 선택할 때 사람들은 삼차원의 세계를 까마득히 잊어버리는 것 같아요. 대부분 이차원 평면도만 보고 집을 고르죠. 하지만 평면도는 실제 삶에 대해서는 말해 주지 않는답니다. 그렇게 집을 선택하는 방식은 구글맵만 보고 우리가 살 도시, 마을, 동네를 결정하는 것과 다를 바 없죠." 그녀는 계속해서 말을 이어 나갔다. "하지만 차를 살 때는 그렇지 않잖아요. 그런데 차보다 더 중요한 집에 대해서는 왜 그렇게 생각하죠? 차가 크다고 해서 무조건 사지는 않아요. 다양한 기능을 모두 고려한 뒤에 선택하죠. 단지 크기만 보고 차를 고르는 사람은 없잖아요?"

사라는 대학에서 건축을 공부하던 시절에 유명한 건축설계 이론가이자 캘리포니아 대학교 명예교수인 크리스토퍼 알렉산더(Christopher Alexander)의 작품에서 많은 영향을 받았다.[16] 사라는 아직도 알렉산더의 1977년 저서 『패턴 언어(A Pattern Language)』를 간직하고 있다. 알렉산더는 건축가보다 그 집에 실제로 사는 사람이 건축물의 참모습에 대해 더 많이 알고 있다고 설명했다. 그는 다양한 규모의 역사적인 건축물과 공간에 이어져 내려온 불변의 법칙을 연구했다. 알렉산더는 학생 및 교수들과 함께 국제적으로 정보를 교류하면서, 도시계획에서부터 개인 저택에 이르기까지 전 세계의 건축물을 대상으로 광범위한 연구를 해 나갔다. 그리고 이 연구를 통해 200여 개의 패턴을 확인했다. 그의 저서는 심지어 도널드 크누스의 컴퓨터 분야까지 다루고 있다(『패턴 언어』는 실제로 컴퓨터 프로그래밍 영역까지 포함한다). 알렉산더는 건축물에서 자연의 프랙털과 매우 유사한 패턴을 발견했다. 예를 들면, 중세 시대 수많은 마을에서는 시각적으로 즐겁고 균형과 조화를 이룬 디자인의 패턴이 큰 집과 작은 집에서 동시에 나타났다. 그리고 이 패턴은 도시 전체까지 확장되었다. 이러한 건물들은 중앙 집중적인 계획에 따라 지어진 것이 아니었다. 지역별 건축 규정을 지키면서도 개별적인 환경에 따라 규정을 자유롭게 적용함으로써 나타난 결과였다. 또한 건물이 4층보다 높아지면 건물과 길거리가 서로 단절되기 때문에, 층수를 4층 이하로 규제해 건물의 활기를 유지하는 방법을 실시했다는 사실도 확인할 수 있었다. 그는 자신의 저서『건축 불변의 법칙(The Timeless Way of Building)』에서 다양한 건축물을 대상으로 그 안에 담긴 건축가의 아이디어를 밝혀내는 시도를 했다.

건축에는 한 가지 불변의 법칙이 있다. 이 법칙은 천 년 이상 오래된 것이다. 그리고 오늘날에도 유효하다. 고대의 위대한 건축물, 사람들이 편안하게 살아왔던 마을이나 집, 또는 사원들은 모두 이 법칙을 기반으로 한다. 이 법칙을 따르지 않고서는 결코 크고 멋진 마을과 건물, 아름다운 궁전, 편안하면서도 활력이 넘치는 공간이 탄생하지 않는다. 시간이 흐른 뒤에 밝혀지겠지만, 이 법칙에 따라 지어진 건축물 속에서는 나무나 언덕, 아니면 사람의 얼굴처럼 익숙한 패턴을 발견할 수 있다.[17]

그렇다면 불변의 법칙은 과연 무엇인가? 알렉산더는 이를 '창조적 현현'이라고 표현하며, 또 '이름 붙이기 어려운 것'이라고도 말한다.

사라는 일을 처음 일을 시작할 때부터 이 이름 없는 법칙을 따랐다. 그녀의 첫 고객은 '일본 미학의 감수성'을 선호하는 나이 많은 부인이었다. 사라가 '시부이(しぶい)'라는 단어를 알게 된 것도 그 부인을 통해서였다. 시부이는 앞서 설명한 '시부미'의 형용 사형으로, 사라는 그 개념을 다음과 같이 설명한다.

일본에는 '그리 크지 않은 집'들이 참으로 많다. 그리고 이러한 집의 구조적인 특성을 설명하는 말로 시부이라는 단어가 있다. 하지만 영어에는 시부이라는 개념을 정확하게 표현할 수 있는 단어가 없다. 비슷한 말로 단순함, 우아함, 아름다움, 기능성, 자제, 예비, 정제, 평온함 등을 들 수 있다. 우리는 옷, 가구, 건축물에 대해서 시부이라는 말을 사용할 수 있다. 그러나 이 중 어떠한 단어도 시부이의 참뜻을 설명하지는 못한다. 시부이란 요란하지 않고 소박하게 드러난 형태를 말한다. 하지만 시부이의 경지에 이르기 위해서는 엄청난 노력과 반복 과정이 필요하다. 물론 최종 결과물에는 나타나지 않지만, 시부이의 아름다움은 복잡함을 거처 탄생한다. 건축가가 자신의 머릿속에 있는 설계를 완성하기 위해 온갖 노력을 다하는 동안, 시부이는 점차 그 모습을 드러낸다. 아주 멋진 집을 둘러보다가 잠깐 멈춰 서서 생각을 해 보라. 그러면 건축가가 너무나도 어려운 문제들을 사람들이 "당연하지! 이 방법밖엔 없잖아?"라고 인정할 만큼 세련되게 처리했다는 사실을 깨달을 수 있다. 이러한 집을 보고 우리는 소박하게 아름답다고 얘기한다. 그리고 이러한 집은 실제로 아름답다. 이것이야말로 '시부이'의 참뜻이다.[18]

나는 사라에게 언제 처음으로 '그리 크지 않은 집'이라는 아이디어를 떠올리게 되었는지 물어보았다. 사라는 1980년대와 1990년대를 거쳐 작업 범위를 넓혀 가면서, 뭔가 이상한 점을 발견했다. 아주 부유한 고객들은 정형화된 거실이나 식당을 요구하지 않았다. 그런 요구는 단 한 번도 없었다. 그러나 중산층 고객들은 완벽하게 구분된 거실과 식당을 만들어 달라고 주문했다. 그것도 항상 말이다. 아무리 생각해도 이해가 되지 않았다. 이 차이점의 원인은 무엇일까?

"그때 내 머릿속에 뭔가 스치고 지나갔습니다. 그것은 집에 대한 목적이 서로 달랐기 때문이었죠. 고객의 취향이나 라이프스타일과는 상관이 없어요. 부자 고객들은 얼마든지 자신이 원하는 대로 집을 지을 수 있습니다. 일반적으로 부자들은 자랑을 하기 위해 더욱 엄격하게 격식을 갖추어 집을 지을 거라고 생각하죠. 하지만 사실은 달라요. 오히려 격식에 크게 신경 쓰지 않았어요. 우리의 고정관념이 잘못된 거죠. 격식이 수입에 비례한다는 생각은 완전히 틀렸어요. 반면, 중산층의 생각은 부자와는 완전히 다릅니다. 그들의 목적은 집을 다시 판매하는 것이죠. 그들은 부동산 전문가나 중개인들로부터 나중에 집을 팔 때를 대비해서 거실과 식당을 크게 지어야 한다는 조언을 듣죠. 하지만 부자들의 목적은 판매가 아니기 때문에 자신이 원하는 대로 짓습니다. 이것이 바로 차이점입니다. 사실 99퍼센트의 사람들이 자신이 원하는 대로 집을 짓지 않는 것은 충분한 재산이 없기 때문입니다. 그렇기 때문에 집을 판매하겠다는 목적을 포기하지 않는 한, 결코 자신이 바라는 대로 집을 지을 수 없어요. '그리 크지 않은 집'이란 바로 우리들이 진정으로 원하는 집이죠……. 내가 사람들의 꿈을 이룰 수 있게 도와주려면, 나는 그 속에서 많은 것을 없애 버려야 합니다. 하지만 아이러니하게도 이러한 사실을 알려 준 사람들은 부자 고객들이었어요.”

사라는 부자 고객들을 제외한 대부분의 고객들을 설득하는 과정에서 많은 어려움을 겪었다. 하지만 1998년 『그리 크지 않은 집』이 출판되고 나서, 그리고 「라이프」 지의 1999년도 꿈의 집을 의뢰받고 나서 고객들도 달라지기 시작했다. 그렇다면 그녀는 과연 어떤 원칙을 갖고 집을 설계했던 것일까? 그리고 대칭, 유혹, 생략의 법칙을 어느 부분에서 실현했던 것일까?

사라가 하는 일은 공간을 통해 사람들의 경험을 창조해 내는 것이다. 하지만 사람들은 일반적으로 공간을 넓이라는 관점에서 접근한다. 그래서 집을 볼 때도 우선 넓다거나 아니면 좁다는 식으로 평가를 내린다. 하지만 우리가 주목해야 할 것은 객관적인 넓이가 아니다. 그 공간이 우리를 위해 어떠한 기능을 할 수 있을 것인지에 초점을 맞추어야 한다. 그리고 자신이 어떻게 느끼는지에 먼저 관심을 기울여야 한다. 즉, 공간은 우리 삶의 방식을 따라야 한다. 집의 넓이에만 무게를 두는 일차원적인 접근 방식은 시간과 공간은 절대 분리할 수 없다는 물리학자들의 주장을 완전히 무시하는 것이다. 이러한 접근 방식을 '도예가의 시선'이라고 부른다. 도예가는 흙을 빚어 그릇을 만들지만, 그릇의 내부보다는 외형적인 아름다움에 더 신경을 쓴다. 하지만 우리가 실제로 살아가야 할 집을 이러한 관점에서 바라본다면 문제가 발생한다. 그 공간 '속'에서 오랜 시간을 살아야 한다는 사실을 망각하는 것이기 때문이다. 공간의 개념을 우리가 실제로 느끼는 시간의 개념과 함께 생각할 수 있다면, 우아함 속의 대칭과 유혹을 더 많이 발견할 수 있다. 그리고 생략의 법칙과 함께 진정으로 원하는 것을 얻을 수 있다. 이를 통해 우리의 삶은 더 아름다워질 것이다.

「라이프」 지에 실린 꿈의 집을 자세히 들여다보면, 아주 흥미로운 아이디어를 만나게 된다. 사람들의 이목을 끄는 것은 바로 보일 듯 말 듯한 거실, 식당, 부엌이다. 집에 들어서는 사람들은 이러한 공간을 보고 싶은 호기심에 이끌려 내부로 더 깊숙이 들어간다. 불완전한 벽이 살짝 감추어 놓은 공간을 확인하고 싶은 욕망이 일어나는 것이다.

그리고 공간 속으로 점점 들어갈수록 이 집은 구분된 공간의 집합이 아니라 하나의 공간 덩어리라는 사실을 깨닫게 된다. 사라는 이렇게 설명한다. "여기서 중요한 점은 넓이를 기준으로 공간을 판단하는 대신, 한 공간과 다른 공간 사이의 상호 관계를 기준으로 공간을 느낀다는 사실입니다." 꿈의 집이 커다란 집과 다른 점은 벽을 쌓아 공간을 분리하는 대신, 천장 높이에 차등을 줌으로써 공간을 구분하는 기술을 활용했다는 점이다. 천장을 지나치게 높게 만들지 않더라도, 높이를 다양하게 함으로써 용도가 다른 다양한 공간을 만들 수 있다. 그리고 이런 식으로 구분된 공간들은 서로 연결되어 하나의 공간을 이룬다.

천장 높이를 다르게 하는 기술은 다양한 공간을 창조하고, 분리, 연결, 효율성이라는 공간의 기능 세 가지를 동시에 실현하기 위한 가장 중요한 방법이다. 예를 들어, 차고에서 집으로 연결되는 뒤쪽 통로의 경우, 천장을 낮춤으로써 코트를 걸거나 우편물을 분류하는 특별한 장소로 만들 수 있다. 마치 피난처 같은 안도감을 줄 수도 있다. 천장 높이를 그대로 둔다면 아무런 개성이 없는 또 하나의 통로밖에 될 수 없을 것이다. 이처럼 집을 더욱 매력적으로 보이게 만드는 비밀은 다양한 형태로 공간을 나누는 기술에 달려 있다.

천장의 높이를 다르게 하는 기술은 생략의 법칙을 통해 매력적인 경험을 선사하는 한 가지 방법이다. 내가 수잔카로부터 배운 가장 중요한 교훈은 1에서 2를 빼서 3을 만들 수 있다는 사실이다. 수학에서는 불가능하지만 건축에서는 얼마든지 가능하다. 아래 그림을 보자. 이 직사각형은 천장, 바닥, 벽으로 이루어진 일반적인 공간을 측면에서 본 것이다.

어떻게 하면 여기서 두 개를 빼서 세 개를 만들 수 있을까? 해답은 간단하다. 두 부분의 천장을 낮추면 된다. 그러면 아래처럼 세 개의 공간이 탄생한다.

마찬가지로 바닥의 높이를 다르게 하는 방법도 있다. 부분적인 벽을 함께 설치하면 채워 넣고 싶은 인간의 성향을 건축 분야에 완벽하게 활용할 수 있다. 공간을 구분하지만 완전히 밀폐하지는 않음으로써, 보이지 않는 것에 호기심을 갖게 될 뿐만 아니라 더 넓은 공간을 느낄 수 있다. 이 트릭은 바로 할로윈데이에 어른들이 써먹는 속임수이기도 하다. 나는 껌을 한 통 주는 것보다 낱개로 다섯 개 주는 것이 더 많아 보이는 효과를 준다는 사실을 성인이 되어서야 깨달았다. 요즘 나는 이 기술을 여섯 살짜리 딸아이에게 요긴하게 써먹고 있다. 아침마다 나는 딸아이에게 시나몬 토스트를 몇 조각 먹을 건지 물어본다. 딸애는 언제나 "네 개!"라고 대답한다. 그러면 나는 토스트 한 장을 4등분해서 준다.

마지막으로 꿈의 집에는 반복적인 리듬이 있다. 집 안 구석구석에서 사각형으로 이루어진 기호적 패턴을 발견할 수 있다. 큰 사각형은 작은 사각형으로 이루어져 있으며, 그 속에 여러 가지 주제가 담겨 있다. 더 작은 사각형 안에는 또 다른 유사 형태가 들어 있다. 밖으로 튀어나온 창문은 수많은 격자무늬 사각형으로 이루어져 있다. 다른 말로 하자면, 이 집은 프랙털을 이룬다. 일반적인 집들은 이러한 구조로 이루어져 있지 않다. 꿈의 집에서는 하나의 공간이 자연스럽게 다른 공간으로 흘러가며, 여기 사는 사람들은 자신이 어디에 있든지 하나의 공간에 있다는 사실을 느낄 수 있다. 즉, 집의 전체 공간은 하나로 이어져 있으며 하나의 덩어리를 이룬다. 집 내부의 중앙에 서 있으면 라바이플라인의 공유 공간을 떠올리게 된다. 우아함이란 내가 생각하던 것보다 주거 공간과 더욱 밀접한 개념인 듯하다.

우리는 꿈의 집을 통해 창조적 제거와 연결된 구분이 얼마나 중요한 개념인지 이해할 수 있다. 사실 생략의 법칙은 아무 생각 없이 적용할 수도 있다. 비용을 줄이고 예산을 깎기만 하면 된다. 하지만 창조적인 과정이 없는 제거는 우아함과 아무런 관련이 없다. 여기서 한 가지 질문이 떠오른다. 숨겨진 조각의 힘을 항상 활용할 수 있는 방법이 있을까? 지금까지 살펴보았던 사례 속에는 차별화된 아이디어들이 들어 있다. 이 사례 속의 주인공들은 모두 이렇게 묻고 있다. 사람들은 내가 무엇을 제거해 주길 바라는 것일까? 또한 어떠한 것을 추가하지 않기를 바라고 있을까? 없애거나 그만두기 위해 노력하는 과정에서 어떠한 문제점들이 발생할 것인가? 이러한 시도를 가장 환영하는 사람들은 누구일까?

다르게 표현하자면, 이들은 체스에서 이기기 위한 전술이 아니라 체스판과 체스 놀이 자체를 연구하고 있다. 이들의 노력을 더욱 정확하게 이해하기 위해, 우리는 그들의 아이디어를 하나하나 따라가 보았다. 단순하면서도 우아한 해결책에 이르기 위해 대칭, 유혹, 생략의 개념을 추구했던 다양한 사례는 우리에게 훌륭한 교훈을 던져 준다. 그렇다면 사례 속의 주인공들이 추구한 해결책은 과연 어떠한 것이었을까? 그리고 그 해결책은 과연 존재하는 것일까?

5장

지속 가능한 해결책에 관하여

•

•

•

우아함의 구성 요소를 정의하는 부분에서 등장했던 스탠퍼드 대학교의 명예교수 도널드 크누스는 'E=mc²이라는 불멸의 고리'를 자신의 최종 기준에 포함시켰다. 그는 아인슈타인이 고안한 상대성이론의 영원성을 믿는다. 사실 이 위대한 공식은 백 년 동안이나 위력을 발휘하며, 아인슈타인보다 더 오래 살고 있다. 상대성이론은 아직까지도 수많은 과학자들에게 영감을 주고 다양한 연구 결과를 이끌어 낸다. 게다가 엄격한 검증과 다른 경쟁 이론의 공격을 받으면서 더욱 강해지고 있다. 다시 말해, 상대성이론은 단순성뿐만 아니라 지속성도 갖추었다.

대칭의 개념과 마찬가지로, 지속 가능성 또한 정의보다는 설명을 하는 편이 낫다. 지속 가능성이라고 하면 사람들은 대부분 최근 주목을 받고 있는 환경문제나 이에 대한 인류의 책임을 먼저 떠올릴 것이다. 즉, 얼마 남지 않았고, 그나마 점점 줄어들고 있으며, 이미 사라질 위험에 처한 천연 자원을 더욱 효과적으로 활용하는 방법을 생각하게 된다. 그러나 자원 문제는 지속 가능성에 관련한 많은 문제 중 한 가지에 불과하다.

간단하게 말해서 지속 가능성이란 어떤 것을 특정한 수준으로 유지시키는 능력이다. 이렇게 얘기하면 아주 간단하다. 하지만 여기에는 중요하면서도 애매모호한 두 가지 의미가 들어 있다. 첫째, 그것이 자산이든, 아니면 그 무엇이든 간에, 이를 지키고 유지하기 위해 그 일부가 훼손되어서는 안 되며 온전한 형태로 보존할 수 있어야 한다. 둘째, 한정된 자원은 혁신의 원천이기도 하며, 이는 첫 번째 의미로부터 비롯된다. 지속 가능성에 담긴 이 두 가지 의미는 우아함의 핵심을 이루는 창조적 긴장, 즉 최소의 노력으로 최대의 효과를 거둔다는 개념과도 일맥상통한다.

〈소프라노스〉를 둘러싸고 끊임없이 이어진 사회적 논의로부터 앞서 살펴본 E 이야기에 이르기까지, 잭슨 폴록의 프랙털 작품에 반복적으로 나타나는 대칭으로부터 특별한 통제 없이 질서를 유지하는 라바이플라인의 공유 공간에 이르기까지, 모나리자의 애매모호한 미소로부터 아이폰의 마케팅 사례에 이르기까지, 인앤아웃 버거의 다양한 비밀 메뉴로부터 크리스 카마이클의 독특한 훈련 방법에 이르기까지, 지점을 없앤 퍼스트 다이렉트 은행과 직급을 파괴한 파비의 성공으로부터 '그리 크지 않은 집'의 꼭 맞는 설계에 이르기까지, 대칭, 유혹, 생략의 요소를 간직한 이 모든 사례들은 지속 가능성의 요소 또한 포함한다. 우리는 이러한 독창적인 사례들로부터 대칭, 유혹, 생략은 물론 지속 가능성이라는 우아함의 네 가지 요소를 동시에 확인할 수 있다.

우리는 개인적인 일상이나 직장 생활을 통해 언제나 지속 가능성과 관련된 문제를 만난다. 왜냐하면 항상 과잉이나 부족과 관련한 상황이 발생하기 때문이다. 지속 가능성의 문제를 해결하기 위해서는 이러한 상황들을 지혜롭게 넘겨야 한다. 우아함에 이르기 위해서는 복잡한 문제를 계속해서 만들어 내는 일을 중단해야 한다. 하지만 이것은 말처럼 쉬운 일이 아니다. 아무리 처음부터 치밀한 계획을 수립했다 하더라도 부작용은 발생하기 마련이고, 이 때문에 생각지도 않았던 결과가 나타나고 만다. 즉, 지속 가능성은 우아함을 구성하는 핵심적인 요소이면서 동시에 가장 얻어 내기 힘든 요소이다.

이쯤에서 그 이유를 다루기 전에, 먼저 지속 가능한 아이디어가 무엇인지 살펴보도록 하자. 그리고 그 이후에 지속 가능한 문제를 해결한 다양한 사례를 확인해 보자.

압바의 항아리 냉장고

 나이지리아 북부의 잡목이 무성한 시골 지역에 사는 농부들은 작물을 재배하면서 간신히 생계를 꾸려 나간다. 마을이 듬성 듬성 군락을 이루는 이 지역의 주민들은 채소와 과일을 재배하며 살아간다. 이들은 차드 호로 흘러드는 강과 개천에서 농사에 필요한 물과 영양분을 얻는다. 하지만 사막 기후 같은 고온 건조한 기후 조건 때문에 농사에 많은 어려움을 겪고 있다. 가장 큰 문제는 음식이 빨리 상한다는 것이다. 말 그대로 며칠 만에 음식이 썩어 버린다. 물론 해결 방법은 아주 간단하다. 냉장고만 있으면 된다. 하지만 속사정은 그리 만만치 않다. 주민들에게는 냉장고를 살 돈이 없으며, 게다가 전기 사정도 여의치 않다.

 나이지리아의 북쪽 경계에 인접한 두체 주의 지가와 주립 기술학교에서 경영학을 가르치고 있는 모하메드 바 압바(Mohammed Bah Abba)는 오랫동안 이 지역의 문제에 대해 고민을 해 왔다. 그는 1990년대에 유엔 개발 프로그램의 지가와 지역 사무소에서 파트타임 자문 위원으로 활동하면서부터 이 문제에 관심을 가졌고, 마을 사람들과 자주 접촉하면서 그들이 겪는 문제의 어려움과 심각성을 잘 이해할 수 있었다. 이 지역에 사는 여자들은 아직까지 남아 있는 일부다처제 관습에 얽매어 차별 대우를 받고, 또 푸르다(purdah)라고 부르는 종교적 규율 때문에 하루 종일 집 안에 갇혀 지냈다. 그 때문에 수확한 농작물을 큰 시장에 내다 파는 것은 나이 어린 소녀들의 몫이었다. 소녀들은 먼 거리를 걸어 다녀야 했고, 그래서 학교에 갈 시간이 거의 없었다. 작물을 제시간에 팔지 못하면 헐값에 넘기거나 쓰레기로 버리는 수밖에 없기 때문이었다. 그렇게 되면 그나마 얼마 안 되는 수입마저 줄어들고, 간혹 상한 음식을 먹어 치우다가 질병이 발생하기도 했다. 압바는 주민들이 겪는 건강, 복지, 교육에 관한 모든 문제들은 채소와 과일의 신선도를 유지할 수 없기 때문이라고 결론 내렸다. 그리고 주민들의 삶의 질을 높일 수 있는 작은 실천 방안을 찾기 시작했다. 물론 이는 압바가 언급하는 것처럼, '푸르다 관습이 허용하는 범위 내에서' 이루어져야 했다. 압바는 발명가도 아니고 사업가도 아니기 때문에, 뭔가를 새롭게 개발하거나 많은 돈을 투자하는 일은 애초에 불가능했다. 대신 전기 없이도 가능하고, 기존의 재료나 기술을 이용할 수 있으며, 보수적인 이슬람 주민들이 수긍할 수 있는 한계 내에서 해결책을 찾아내야 했다. 즉, 압바가 선택할 수 있는 범위는 극히 제한되어 있었다.

토기를 만드는 집에서 자라난 압바는 예전에 토기가 나이지리아 사람들에게 삶의 일부였다는 사실을 잘 알고 있었다. 토기는 음식을 담는 그릇에서부터 장례식에 사용하는 관에 이르기까지, 나이지리아 사람들의 모든 일상을 구석구석 차지했다. 그러나 알루미늄과 플라스틱 용기가 들어오면서부터 토기는 점차 밀려나기 시작했다. 완전히 사라진 것은 아니지만, 전통적인 방식으로 토기를 빚는 모습은 이젠 찾아보기 어렵게 되었다. 압바는 여전히 할머니에게서 배운 기술들을 잊지 않고 있었다. 그러던 어느 날 압바의 머릿속에 문득 중학교 때 배운 과학 원리가 떠올랐다. 액체가 증발할 때 주위의 열을 빼앗아 가는 간단한 원리였다.

우리는 과학자가 아니라도 개가 혀를 늘어뜨리고 헐떡이는 까닭이 체온을 조절하기 위해서라는 사실을 잘 알고 있다. 또한 땀이 증발할 때 시원해진다는 사실도 알고 있다. 후덥지근한 우림 지역보다 건조한 사막이 더 시원하게 느껴지는 것도 똑같은 원리다. 즉, 기온을 떨어뜨릴 수 있는 가장 자연적인 방법은 증발에 있었다. 여기서 압바는 무엇을 떠올렸던 것일까? 그것은 바로 항아리였다. 정확히 말해서 항아리 두 개로 만드는 냉각 시스템이었다.[1]

이 시스템을 만드는 방법은 너무나 간단하다. 우선 큰 항아리

안에 작은 항아리를 넣는다. 그리고 그 사이에 젖은 모래를 넣어 두 항아리 표면을 젖게 만든다. 그다음에는 젖은 천으로 안쪽 항아리에 뚜껑을 씌운다. 그러면 두 항아리 사이에 있던 증기가 바깥 항아리의 표면을 통해 공기 중으로 증발하면서, 안쪽 항아리의 내부 온도가 떨어진다. 또한 젖은 모래는 단열 효과도 있다. 안쪽 항아리의 온도가 떨어지면 높은 온도에서 왕성하게 번식하는 해로운 미생물의 활동도 막을 수 있다. 결국 과일과 채소를 싱싱하게 보관할 수 있는 것이다. 압바가 생각해 낸 이 시스템이야말로 간단하면서도 지속 가능한 아이디어였다.

항아리 냉장고는 상온보다 훨씬 차가운 온도에서 음식물을 보관할 수 있었다. 압바는 몇 차례 실험을 실시했다. 상온에서 3일 만에 시들었던 채소들이 압바의 항아리 속에서는 한 달 가까이 신선도를 유지했다. 후추와 토마토는 3주 동안 숙성된 상태를 유지할 수 있었다. 24시간이면 시들었던 시금치도 12일간 신선도를 유지했다.

압바는 자신의 월급을 털어 가마를 만들고 지역에 사는 도공을 고용해 항아리를 굽기 시작했다. 처음으로 만든 항아리 5,000개는 주민들에게 공짜로 나누어 주었다. 항아리 하나의 원가는 1달러 미만으로, 매우 저렴했다. 그 이후 압바는 원가에 10센트의 이윤만 붙여 항아리를 판매하기 시작했다. 압바의 도공들은 하루에 평균 다섯 개 정도의 항아리 냉장고를 만들 수 있었다.

이제 이 지역 농부와 상인들은 항아리 냉장고 덕분에 농작물을 집에 보관할 수 있게 되었다. 그리고 두체 지역에 살고 있는 10만 명의 주민들에게 높은 가격을 받고 신선한 농작물을 팔고 있다. 압바는 인터뷰에서 이렇게 말했다. "이제 음식이 상할까 봐 시장으로 달려갈 필요가 없게 되었어요. 항아리에 보관해 두었다가 살 사람이 나타날 때 팔 수 있게 된 거죠. 농가의 수입도 눈에 띄게 늘었습니다. 그리고 결혼한 여성들이 집에서 작물을 팔 수 있게 되면서 경제활동이 가능해졌죠. 그동안 남편에게만 의존했던 그들의 경제생활도 달라졌습니다." 여인들은 '조보'라는 음료수를 항아리에 보관해 놓고 팔기도 했다. 여기서 얻은 부수입은 비누 같은 생필품을 사는 데 썼다. 그리고 매일 먼 시장까지 걸어가서 채소와 과일을 팔아야 했던 소녀들도 다시 학교에 나가게 되었다.

2년에 걸쳐 다양한 시도를 하는 동안(모래 대신 낡은 이불을 넣어 보기도 했다) 압바의 노력은 널리 알려졌다. 주변의 찬사와 더불어 상까지 받았다. 2006년에는 10만 개 이상의 항아리 냉장고가 팔려 나갔으며 나이지리아 전역으로까지 판매가 확대되었다. 아프리카 동부 에티오피아 바로 위에 위치한 에리트레아에서는 이 항아리를 좀 더 개량해 시골 외곽에 있는 당뇨병 환자들을 위한 인슐린 보관 창고로 활용하고 있다.

나이지리아의 여성 및 노동부 장관을 맡고 있는 라비 우마르(Rabi Umar) 여사는 이렇게 말한다. "팟인팟(pot-in-pot) 사업은 지역의 문화를 기반으로 간단하게 문제를 처리한 최초의 사례였습니다. 이를 통해 생필품마저도 구하기 힘들었던 나이지리아 북부 주민들의 어려움을 신속하게 해결했습니다."

압바는 2001년 지속적인 발명에 수여하는 쉘 어워드 상을 받았다. 주최 측은 선정 이유를 이렇게 밝혔다. "간단한 증발 원리를 이용해 흙으로 만든 '팟인팟' 냉장 시스템은 음식이 빨리 상하는 문제를 해결해 시골 외곽 주민들이 겪고 있던 고통을 크게 덜어 주었습니다······. 또한 질병, 가난, 이주, 실업 문제에도 도움을 주었습니다. 숙련된 기술자를 양성하고, 주민 소득을 높이고, 소녀들에게 교육 기회를 제공하고, 여성들이 공동체에 기여할 수 있도록 도와줌으로써 지역 경제에 엄청난 이익을 가져다주었습니다. 이 훌륭한 장치는 간단하고, 사용이 편리하고, 경제적인 데다, 예부터 전해 내려오던 기술을 바탕으로 만든 발명품입니다."

압바의 냉장고는 진흙, 모래, 옷, 그리고 물만 있으면 만들 수 있다. 나이지리아 사람들의 삶을 바꾼 항아리 냉장고는 자원 부족이라는 지역 문제를 독창적이면서도 지속 가능한 방식으로, 그것도 한 번에 해결했다. 그런데도 압바의 아이디어는 너무나 간단하다. 오히려 아직까지 그러한 생각을 하지 못했다는 것이 이상할 정도다. 그러나 우아한 해결책들은 오직 뒤돌아볼 때만 쉽다. 압바의 경우처럼 우아한 아이디어를 떠올리는 일은 결코 쉬운 것이 아님을 잊지 말자.

스타 비디오의 사고 전환

이제 몇 년 전으로 거슬러 올라가서, 자신이 동네 비디오 가게 주인이라고 상상해 보자. 이 비디오 가게는 전국적으로 유명한 대형 비디오 체인이다. 그런데 당시 비디오 기계에는 자동 되감기 기능이 없었다. DVD도 나오기 전이다. 영화를 한 번 더 보려면 테이프를 되감아야만 한다. 비디오테이프는 반납하기 전에 되감아 놓는 것이 원칙이다. 하지만 직원들 말을 들어 보면 3분의 1 정도가 되감겨 있지 않다고 한다. 설문 조사에 따르면 이로 인한 고객들의 원성은 상당히 높다. '항상 되감아서 반납하는 성실한 고객'들은 되감겨 있지 않은 테이프를 받으면 무척 기분이 나쁠 것이다. 물론 이 문제를 해결하기 위해 당신은 이미 많은 시도를 했다. 고객들에게 보너스를 주고, 벌금을 매기고, "제발 감아주세요."라고 사정해 보기도 했다. 테이프를 되감으면 비디오 기계의 헤드가 망가진다고 주장하는 일부 고객들을 위해서 매장에 되감는 기계도 다섯 대나 설치해 두었다. 하지만 상황은 조금도 나아지지 않았다. 그래서 직원들을 대상으로 아이디어를 공모하기로 했다. 단, 그 아이디어는 몇 가지 조건을 만족시켜야 한다. 첫째, 되감기는 100퍼센트 고객들이 한다. 즉, 매장 직원이 되감기 작업을 해서는 안 된다. 둘째, 소비자에게 추가적인 부담을 주어서는 안 된다. 셋째, 비용이 들지 않거나, 아니면 최소한의 비용으로 해결할 수 있어야 한다. 가령, 테이프 하나당 1센트 미만이어야 한다. 마지막으로 간단하게 실천할 수 있어야 하고, 매장 업무에 방해를 줘서는 안 된다. 이제 당신은 직원들에게 그들의 창의력을 믿는다고 격려를 해 준다. 위의 네 가지 조건만 충족한다면 얼마든지 자유롭게 아이디어를 내도 좋다는 말도 덧붙인다.

이제 당신이 직접 고민을 해 볼 시간이다. 책을 잠시 덮어 두고 10분 정도 아이디어를 떠올려 보자. 앞에서 말한 네 가지 조건을 만족시키면서, 단순하고도 지속 가능한 해결책을 스스로 생각해 보자. 그러면 이 책을 읽어 나가면서 더 많은 공감을 얻을 수 있을 것이다. 주위에 있는 다른 사람과 함께 얘기해 보는 것도 좋다. 브레인스토밍도 도움이 된다. 지금까지 살펴보았던 우아함의 개념도 고려하도록 하자(잠깐! 자동 되감기 기능이나 DVD는 잠시 접어 두자. 이 방법은 조건에도 위배되며 질문의 취지와도 거리가 멀다).

사실 이 문제는 비디오 체인 기업인 '스타 비디오'의 실제 사례였다.[2] 스타 비디오는 이 문제를 아주 우아한 방식으로 풀었다. 나는 이 이야기를 사례 연구로 다듬어서 2005년 이후부터 강의나 워크숍 자리를 통해 2만 5,000명이 넘는 청중에게 소개했다. 이 질문을 사람들에게 던지면 청중의 규모나 구성에 상관없이 답은 항상 비슷하게 나왔다. 사람들의 대답은 놀랄 만큼 유사했다. 그리고 대부분의 답은 내가 주었던 시간의 10퍼센트가 지나지 않아서 튀어나왔다. 그러나 거의 모두 위에서 언급한 네 가지 조건을 어기고 있었다.

그중에서 대표적인 답변 열 가지를 소개한다. ① 테이프를 모두 되감아 오는 고객들에게 무료 대여권을 주는 프로그램을 일정 기간 실시한다. ② 작은 액수의 벌금을 부과한다. ③ 매장에서 잘 보이는 위치에 되감기 기계를 더 많이 설치해 둔다. ④ 테이프에 되감기를 알리는 스티커를 부착한다. ⑤ 되감아야만 테이프가 들어가도록 케이스를 설계한다. 또는 그렇게 테이프를 만든다. ⑥ 양방향으로 볼 수 있는 비디오와 테이프를 개발한다. ⑦ 영화의 결론을 테이프 맨 앞부분에 녹화해 둔다. ⑧ 테이프 회수함을 없애고, 고객들이 반납할 때마다 점검하고, 지속적으로 되감기를 요청한다. ⑨ 되감기를 잘하는 우수 고객 목록을 작성해 혜택을 제공한다. ⑩ 그리고 언제나 가장 많이 나오는 답변인데, 되감아야만 테이프를 넣을 수 있도록 회수함을 개조한다.

하지만 위의 해결책들은 앞서 제시한 조건을 모두 한두 가지씩 어기고 있다. 아마도 사람들은 '조건들을 무시하면서' 생각하는 것이 더 편한 듯하다.

이 문제를 골똘히 생각하고 있는 사람들을 관찰해 보면 모두들 결론을 얻기에 급급하다는 사실을 알 수 있다. 대부분 반사적으로 브레인스토밍에 뛰어든다. 하지만 아쉽게도 본능적이고 직관적인 접근 방식으로는 복잡한 문제를 우아한 방식으로 해결하지 못한다. 더욱 깊이 숨어 있는 근본 원인을 발견할 수 없기 때문이다. 3장에서 소개했던 제프리 슈왈츠 박사는 사람들이 본능적으로 선입견을 만들고 이를 바탕으로 행동하는 성향을 가지고 있다고 말한다. 물론 이러한 본능적인 성향에는 그럴 만한 이유가 있다. 우리가 일상적으로 접하는 문제들은 대부분 해답을 쉽고 빠르게 얻을 수 있는 것들이다. 사람들은 하루를 시작하면서 매일매일 만나게 될 문제에 대한 답을 미리 정해 놓는다. 몇 시에 일어나고, 어떤 옷을 입고, 어떤 길로 출근하고, 스타벅스에서 어떤 사이즈의 커피를 주문할 것인지 미리 정해 둔다. 사소한 일까지 심각하게 고민해야 한다면 일상생활에서 많은 어려움을 겪을 것이다. 그렇기 때문에 우리는 오랜 시간이 필요한 우아한 해결책보다 간편한 지름길을 더 좋아한다.

하지만 이처럼 복잡한 문제에서는 본능적, 직관적인 지름길이 오히려 방해가 된다. 전직 CIA 분석 전문가였던 모건 존스(Morgan Jones)는 다음의 문제를 통해 편견이 문제 해결에 얼마나 치명적인지 설명한다. 당신도 이 문제의 주인공을 맞혀 보자.

황량하고, 춥고, 구름이 가득 낀 1월의 어느 날, 역사상 가장 젊은 지도자가 취임식에서 선서를 하고 있다. 그는 가톨릭 신자였다. 그의 탁월한 카리스마는 그가 대통령에 오르기까지 무척 중요한 역할을 했다. 국민은 그를 존경하며, 당시 국가가 직면한 군사적인 긴장 상황을 잘 극복해 나갈 것이라고 기대한다. 그의 이름은 역사에 길이 남을 것이다.[3]

나 역시 이 문제를 강의 자리에서 수천 명의 사람들에게 내 보았다. 그러고 나서 답을 아는 사람은 손을 들어 보라고 얘기했다. 많은 사람들이 내 말이 끝나기도 전에 손을 들었다. 그리고 대부분 케네디 대통령이라고 대답했다. 정답이다. 하지만 히틀러 또한 정답이 될 수 있다. 만약 내가 유럽에 가서 강의를 했더라면 케네디보다는 히틀러가 더 많이 나왔을 것이다. 자, 그렇다면 무슨 차이가 있는 것일까? 의학 용어 대신 일반적인 개념으로 설명하자면, 우리의 뇌는 새로운 정보가 이미 머릿속에 존재하는 패턴의 일부라고 생각하는 순간, 본능적으로 그 정보를 압축해 가장 가능성이 높은 결론으로 자동적으로 넘어간다. 이런 두뇌의 기능은 마치 필터와도 같다. 자신이 미리 생각하는 결론에 부합하는 정보들은 그대로 두고, 결론과 충돌하거나 또 다른 결론으로 이어질 수 있는 정보들은 모두 걸러 낸다. 즉, 사람들은 오래 '고민'하기보다는 즉시 '반응'하기를 선호한다.

이러한 반응은 바로 두뇌의 '채워 넣기' 기능 때문이다. 채워 넣기 기능은 실제로 깊은 사고 과정 없이 즉각적으로 일어난다. 예를 들어, TV를 보려고 소파에 앉으면 자동적으로 리모컨부터 찾는다. 여기에는 생각이 끼어들 자리가 없다. 반복 행동을 거치면서 우리의 뇌가 이미 자동 프로세스를 만들어 놓았기 때문이다. 그런데 리모컨을 눌러도 TV가 켜지지 않는다면 무슨 일이 일어날까? 대부분 리모컨을 계속해서 눌러 볼 것이다. 그래도 안 된다면 리모컨에 문제가 있을 것이라고 생각하게 된다. 즉, 또 다른 패턴이 시작된다. 이제 우리의 생각은 배터리로 향한다. 배터리 뚜껑을 열어 본다. 교체하기 전에 배터리 자리를 바꾸어 끼워 본다. 그래도 안 되면 마지못해 소파에서 일어나 새 배터리를 찾는다. 이렇게까지 했는데도 TV가 안 켜지면 난감한 상황에 처한다. 하지만 이 순간 우리는 비로소 생각을 하기 시작한다.

이 이야기는 비디오 대여점의 문제와 무슨 관계가 있는 것일까? 첫째, 우리는 스스로의 편견으로 즉각적인 결론을 만들어 낸다. 즉, '머릿속에서 가장 먼저 떠오르는' 아이디어에만 주목한다. 하지만 왜 이러한 문제가 발생했는지에 대해서는 생각하지 않는다. 그리고 문제의 기반을 이루는 제한 조건의 중요성을 간과한다. 조건의 반경 속에서 생각하는 것보다 조건을 무시하는 편이 더 편리하고 정신적으로도 덜 힘들기 때문이다. 당신은 '왜' 사람들이 테이프를 되감지 않는지에 대해서는 얼마나 오래 생각해 보았는가? 나는 몇 년 동안 사람들이 문제에 접근하는 방식을 관찰하고 나서야, 극히 일부만이 그 이유를 생각해 본다는 사실을 깨달았다. 반면, 대부분의 사람들은 해답을 먼저 정해 두고 나서 거꾸로 조건을 대입하는 순서를 밟았다.

둘째, 사람들은 너무나 자연스럽게 어떤 일을 '해야만' 한다고 생각한다. 이러한 성향 때문에 우리는 주어진 과제에 또다시 무언가를 '추가'하는 함정에 빠진다. 무료 대여권을 주거나, 벌금을 부과하거나, 알림 문구를 부착하고, 되감기 기계를 설치하는 것 등 위에서 살펴보았던 열 가지 해결 방안 중 많은 항목들이 효과가 없는 것으로 밝혀졌다. 무언가를 '해야만' 한다는 강박관념 때문에 우리는 항상 먼저 실행하려고 한다. 그 결과 "이미 쓸모가 없었던 것으로 밝혀졌다."라는 사실을 망각하고 만다. 그리고 결국 기존의 방법과 비슷한 아이디어들밖에 내놓지 못한다. 앞으로 사무실이나 호텔방에 올라가기 위해 로비에서 엘리베이터를 기다릴 때, 당신이 이미 눌러놓은 버튼을 다른 사람들이 얼마나 많이 다시 눌러 대는지 관찰해 보라. 우리는 비디오 되감기에 대한 문제에 대해, '그만두기' 접근 방식의 관점에서 기존의 방법이 왜 쓸모가 없었는지 먼저 생각해 보아야 한다. 당신은 이에 대해 얼마나 생각해 보았는가? 이 문제를 간과하면 결코 최고의 해결책에 도달할 수 없다. 이러한 고민 없이는 전체적인 차원에서 문제에 접근할 수 없을뿐더러, 무언가를 해야만 한다는 생각에서 벗어나지 못한다. 그래서 결국 많은 비용을 투자하면서도 더욱 복잡한 결론에 이르게 된다.

또한 일반적인 열 가지 해결책 중 많은 항목은 당시 개발되지 않았던 기술을 포함하고 있다. 이러한 항목은 조건을 무시하고 있을 뿐만 아니라, 당시로서는 매우 비현실적인 접근 방식이다. 우리는 무언가를 해야 한다는 조급함 때문에, 무심결에 가장 중요한 사실들을 '놓치고' 있다. 그래서 우아한 해결책과는 더욱더 멀어진다. 아이러니하게도 노력할수록 더 힘들어지는 것이다. 열 가지 대답을 더욱 자세하게 살펴보면, 테이프를 되감는 작업은 100퍼센트 고객들의 몫이라는 가장 중요한 조건을 무시하고 있다는 사실을 알 수 있다. 마치 처음부터 이 목표는 불가능한 것이었다고 인정하는 것 같다. 즉, 모든 고객이 아니라 가능한 한 많은 고객들이 되감기를 하도록 만들겠다고 양보함으로써 애초의 목표에서 한 걸음 물러선다. 그런데도 문제를 해결했다면서 만족한 표정을 짓는다. 하지만 미식축구의 목표는 97야드를 달리는 것이 아니다. 결승점에 도달하지 않고서도 만족하는 이유는 나중에 또 추가하면 된다는 생각 때문이다.

세 번째이자 마지막으로, 테이프는 반납 전에 완전히 되감아야 한다는 가정도 우리 두뇌의 채워 넣기 기능으로부터 나온 것이다. 하지만 반납하기 '전'에만 되감아야 한다는 법칙은 어디에도 없다. 이는 비디오를 수차례 빌려 보는 동안 우리의 두뇌가 채워 넣기 기능을 통해 패턴을 고착화시켰기 때문이다. 여기서 우리는 두뇌가 곧장 결론으로 뛰어들거나 채워 넣기 기능을 실행함으로써, 즉 두뇌가 적극적으로 '행위'함으로써 어떻게 우아함으로부터 멀어지는지 이해할 수 있다. 우아함에 이르기 위해서는 먼저 문제의 근본 원인을 고민함으로써 기존의 가정과 편견을 없애야 한다(편견과 가정 또한 두뇌의 즉각적인 행동에 해당한다). 이 문제에서 3분의 1의 고객들이 테이프를 되감지 않는 이유는 단지 게으르거나 자신의 책임을 다른 사람들에게 미루기 때문이다. 이 사실을 직시한다면, 왜 기존의 방법들이 실패했는지 이해할 수 있다. 즉, 고작 몇 달러에 불과한 보너스나 벌금만으로 게으른 사람들의 습관까지 바꿀 수는 없다. 하지만 사실 그들의 습관을 바꿀 필요는 없다. 이 문제의 핵심은 고객들이 '테이프를 반드시 되감게 만드는 것'이다. 게다가 아주 낮은 비용으로, 고객들에게 부담을 주지 않는 선에서 해결해야 한다.

그렇다면 스타 비디오는 이 문제를 어떻게 해결했을까? 그들은 고객들에게 테이프를 되감지 말고 그냥 반납하도록 했다. 그리고 영화를 보기 전에 테이프를 되감아야 한다는 메시지가 적힌 조그마한 스티커를 비디오 케이스에 부착했다. 이로 인해 고객들의 부담이 증가한 것은 아니다. 원래 목표는 고객이 한 차례 직접 테이프를 되감는 것이었고, 이 점은 변하지 않았다. 되감겨 있지 않은 테이프를 받은 고객은 이를 다시 감아서 보면 된다. 그게 전부다. 스티커를 만들어 붙이는 일은 비용도 많이 들지 않고 매장의 업무에 크게 영향을 주지도 않는다. 비로소 문제가 해결된 것이다. 이 방법은 아주 간단하면서도 지속 가능한 해결책이다. 실행하기 쉬우며, 경제적이기까지 하다.

스타 비디오는 더 이상 매장에서 테이프를 감을 필요가 없었다. 고객들 또한 새로운 정책을 환영했다. 테이프가 되감겨 있을 것이라고 기대하지 않기 때문에, 되감기지 않은 테이프를 받더라도 기분이 나쁠 이유가 없었다. 고객들은 테이프를 비디오에 넣고 곧바로 되감기 버튼을 누르고 난 후, 팝콘을 전자레인지에 돌리고 음료수를 준비해 자리로 돌아와 영화를 즐기는 기술을 터득했다.

결국에는 자동 되감기 기능이 탑재된 비디오가 나오고 DVD 기술이 등장하면서 이 문제는 의미가 없어지기는 했다. 하지만 이 사례를 통해 특정 조건을 가진 어려운 문제의 경우, 그 근본 원인을 깨달아야만 지속 가능한 해결책에 이를 수 있다는 사실을 확인할 수 있다. 우리는 이 교훈을 명심해야 한다. 일상생활에서 우리가 만나는 대부분의 문제는 테이프를 되감는 문제보다 더 복잡하기 때문이다.

지식이라는 장애물

스타 비디오의 사례는 라바이플라인의 핵심 개념인 '그만두기' 접근 방식과 닮았다. 두 사례에서 제한 조건들은 모두 그대로 남아 있다. 그 대신 운영과 관리에 관한 기존 방식들이 지속 가능한 '그만두기' 접근 방식으로 모두 바뀌었다. 우리가 이 사례들에서 확인할 수 있는 것은 우아한 해결책에 이르는 길에 커다란 방해물 두 가지가 존재한다는 사실이다. 첫 번째 방해물은 '행위'다. 그리고 두 번째는 '추가'다. 앞에서 살펴보았던 것처럼, 기존의 해결책들은 한 가지 혹은 두 가지 방해물을 넘지 못한다. 제한 조건 내에서 지속 가능하고 더 좋은 해결 방안을 찾아낼 수 있는데도, 행위하고 추가하려는 인간의 본능 때문에 중간 지점에서 만족하고 있다.

노벨 경제학상을 수상한 허버트 사이먼(Herbert Simon)은 1957년에 『인간의 모델(Models of Man)』이라는 책을 썼다. 그는 이 책에서 일반적으로 사람들이 의사 결정을 하면서, 받아들일 수 있고 보상도 주어지는 최초의 결론에 만족하는 경향이 있다고 설명한다. 즉, 사람들은 본능적으로 '작은 성과에 안주(satisfice)'하는 성향이 있다('satisfice'란 사이먼의 용어로서 'satisfy'와 'suffice'의 합성어이다). 인간은 대부분 '이 정도면 충분한' 상태에 머무르려 한다. 다시 말해, 어느 정도 목표에 가까우면서 요구 사항을 즉각적으로 만족시키는 방안을 별 고민 없이 선택한다. 그리고 '더 나은' 방안이나 다양한 시도를 중도에서 포기한다. 그 과정에서 최고의 방법은 너무 찾기 힘들다거나, 노력을 들일 만큼 대단한 가치가 없다거나, 아니면 꼭 필요한 것은 아니라고 스스로를 합리화한다. 이처럼 어느 정도에 머무르려는 인간의 성향은 행동과 추가로 이어지고, 이 때문에 우아함으로부터 멀어진다.

이러한 성향이 우리에게 어떠한 영향을 주는지, 그리고 이에 대한 대안은 없는지 예를 들어 살펴보자. 여기에 로마 숫자로 된 잘못된 방정식이 있다. 숫자들은 막대기로 이루어져 있다. 우리의 목표는 '+'와 '=' 기호는 그대로 두고 막대기만 옮겨서 방정식을 고치는 것이다. 최소한 몇 번이면 가능할까?

XI + I = X

대부분 '한 번'이라고 대답할 것이다. 아마 문제를 보는 즉시 해답을 찾아내기 위해 막대기를 이리저리 옮겨 볼 것이다. 그리고 X+I=XI나, 또는 IX+I=X라는 해답을 발견하고는 만족스러운 표정을 지을 것이다. 하지만 이것은 '적당히 괜찮은' 해답에 불과하다. '최소한으로 막대기를 옮겨서'라는 조건에 잠시 주목해 본다면, '0'이라는 해답을 발견할 수 있다. 어째서 그럴까? 답은 간단하다. 책을 거꾸로 뒤집으면 된다. 그러면 막대기를 하나도 움직이지 않고 방정식을 고칠 수 있다. 우아한 해결책이란 이처럼 잠시 멈추어서 고민을 할 때, 문제를 더 깊이 들여다볼 때, 좀 더 다른 관점에서 바라볼 때, 그리고 최고의 해답을 향해 포기하지 않을 때 비로소 이루어진다. 작은 성과에 만족하지 않을 때, 우리는 비로소 우아함에 도달할 수 있다.

위의 방정식은 지속 가능한 해결책과 어떤 관련이 있는 것일까? 어느 정도에서 만족하는 것은 또 다른 관점에서 바라봄으로써 얻을 수 있는 역설의 힘을 외면하는 것이다. 사람은 "어떤 것이 가능할까?"라는 질문 대신 "무엇을 해야 할까?"라는 질문을 먼저 던지는 실수를 범한다. 누구나 최고의 해결책을 원하지만 인내심이 부족하다. 그리고 과정보다는 결과에 집착한다. 또 문제를 구성하는 조건을 간과하고 바로 행동에 돌입하거나, 기존 방법을 상황에 맞게 적당히 수정하는 데 그치고 만다. 그 결과 구조적인 차원에서 문제를 바라보지 못하고, 최고의 해답과 우아한 해결책에 이르지 못한다. MIT의 교수 피터 셍게(Peter Senge)는 이렇게 표현한다. "사람들은 전체를 원한다……. 하지만 오로지 부분에만 집착한다. 그러고는 최상의 해결책이 아니라는 사실에 실망한다."

1990년대 초 셍게 교수와 하버드 대학교의 크리스 아지리스(Chris Argyris)는 나중에 '사고 모형'이라고 부르는 개념으로 이 주제에 접근했다.[4] 그들이 말하는 사고 모형이란 개인의 고유한 관점이나 세계관을 이루는 심리적 경향을 의미한다. 아지리스는 우리가 움직이는 동기는 성공을 극대화하는 것, 패배를 최소화하는 것, 부정적인 생각을 억누르는 것, 합리성을 최대한 유지하는 것이라는 네 가지 목적 중 하나에 해당한다고 말한다. 그렇기 때문에 인간의 사고 모형은 많은 부분에서 결함을 드러낼 수밖에 없다. 사람들은 항상 위협과 곤경을 피하기 위해, 방어적인 차원에서 행동한다. 아지리스에 따르면, 우리의 사고 모형은 '추론의 사다리'라는 반복적인 패턴에 따라 움직인다. 그 진행 과정은 다음과 같다. 과거의 경험이 사다리의 맨 아래 받침을 형성한다. 그리고 가정이 그 위의 받침을 이룬다. 다음으로 결론이 나타나고, 마지막으로 신념이 형성된다. 우리의 행위는 이 사다리를 밟고 이루어진다. 사다리를 밟고 올라갈수록 생각은 추상화되고 구체적인 사실은 희미해진다. 그리고 어느 정도에 만족하려는 성향은 강렬해진다. 이러한 과정은 피드백을 통해 순환하기 때문에, 시간이 지날수록 더욱 강화된다. 그러나 새로운 상황에 맞닥뜨리는 경우, 이렇게 형성된 패턴은 방해물로 작용한다. 앞서 언급했던 것처럼, 이러한 패턴 때문에 우리는 곧장 결론으로 뛰어드는 실수를 범하고 만다.

이러한 성향이 우리의 인식 과정에 나쁜 영향을 주는 이유는 무엇일까? 철학자 칸트는 인간의 관념은 사물을 있는 그대로 설명하지 않으며, 그렇기 때문에 모두 자신만의 특정한 관점과 편견을 갖고 의미를 부여하면서 사물에 접근한다고 말한다. 이 말은 인간의 인식 성향에는 이미 고유한 세계관이 포함되어 있기 때문에, 본능적으로 작동하는 고유한 정신적 기제를 통해 세상을 바라볼 수밖에 없다는 뜻이다. 그러나 이러한 인식 성향은 드러나 있지 않기 때문에 정확하게 파악하기 어렵다. 우리는 자신

도 모르는 가운데 이러한 인식 성향을 따라간다. 즉, 사람들은 자신이 '믿는' 대로 '본다.'

서던 캘리포니아 대학교의 이안 미트로프(Ian Mitroff) 박사는 인간이 초래한 위기를 분석하기 위해 위기 경영 센터를 설립했다. 그는 개인과 집단의 차원에서 비합리적인 편견이 치명적인 위험 요소로 작용할 수 있다고 경고한다. 그의 지적에 따르면, 1980년대에 제너럴 모터스가 외국 기업들에게 시장 점유율을 크게 빼앗겼던 위기 역시 낡고, 복합적이고, 허점투성이의 '공유된 인식 모형' 때문이었다.[5] 당시 제너럴 모터스는 자동차의 성능보다 스타일과 이미지가 더 중요하다고 믿었다. 그리고 외국 브랜드들은 자신의 경쟁 상대가 아니며, 근로자들은 모두 동일한 존재라는 생각에서 벗어나지 못했다. 이후 그들은 잘못을 깨달았지만 그때는 이미 너무 늦어 버렸다.

오늘날 특정 분야의 전문 지식을 지닌 사람들의 수가 늘어나고 있다. 이러한 사람들을 '주제 전문가'라고도 부른다. 하지만 전문 지식이 때로는 우아한 해결책을 가로막기도 한다. 주제 전문가들은 종종 객관적이지 못한 인식 모형을 만들어 낸다. 이와 관련해 미국의 심리학자인 에이브러햄 매슬로(Abraham Maslow)는 이런 표현을 썼다. "망치밖에 없는 사람에겐 세상이 온통 못으로만 보일 것이다."

내가 제일 좋아하는 만화 '딜버트'도 이 문제를 다루고 있다. 참석자들이 테이블에 둘러 앉아 토론을 벌인다. 그들은 모두 자신들이 가지고 있는 '망치'로 박아야 한다고 주장한다. 만화의 맨 마지막 칸을 보면, 구석에 앉아 있던 고슴도치가 이렇게 외친다. "망치가 아니라 바늘로 박아야 돼! 그게 최고야!!"

그렇다면 왜 전문 지식이 나쁜 영향을 줄 수 있다는 말일까? 전문가야말로 특정 분야에서 가장 적합한 해결책을 제시할 수 있는 사람이 아닌가? 이에 관해 차분히 논의해 보자. 지금부터 당신은 어떤 회사의 사장이고, 당신에겐 자넷이라는 직원이 있다. 자넷은 5년 동안 최고의 세일즈 실적을 올렸다. 또 기업이 개발하고 판매하는 프로그램에 대해 전문적인 지식을 갖고 있는데, 이것이 그녀의 가장 큰 무기이다. 그런데 어느 날 자넷이 담당하던 주요 거래처로부터 항의가 들어왔다. 자넷은 그 업체에게 자사의 프로그램을 전반적으로 도입할 것을 고집했고, 그 업체는 이 때문에 거래를 중단하겠다고 맞선다. 업체의 주장에 따르면, 자넷의 말대로 일부 프로그램을 시범적으로 운영해 보았지만 결과가 좋지 않았다. 하지만 자넷은 자신의 주장이 절대적으로 옳다고 생각하며, 업체는 그녀를 믿지 못하고 있다. 다른 회사의 프로그램이 더욱 적당해 보이는 경우에도 자넷은 자사의 프로그램을 강력하게 요구했다고 한다. 지금까지 자넷은 자신의 전문 지식과 자사 제품에 대한 고집으로 승승장구해 왔다. 하지만 지금은 그녀의 장점이 오히려 회사의 매출과 명성을 위협하고 있다.

시카고의 일리노이 대학교 심리학 교수인 스텔란 올슨(Stellan Ohlsson)은 전문적이지만 협소한 지식 때문에 많은 기회를 놓치고 마는 상황에 대한 연구를 하고 있다.[6] 올슨 교수는 기존의 정보와 관점만으로는 결코 전체적인 상황을 이해할 수 없다고 주장한다. 그의 이론에 따르면, 인간은 문제 상황이나 도전 과제에 직면했을 때 자신만의 창을 통해 외부를 바라보고 이를 바탕으로 생각하는 성향을 갖고 있다. 그 과정에서 좀 더 다양한 방법을 찾아보지 않으며, 다른 것을 선택할 가능성을 외면한다. 그리고 문제의 주위만 맴돌면서 자신의 관념에서 벗어나지 못한다. 그러다가 결국 막다른 골목을 만난다.

브레인스토밍에 대한 연구 결과를 보면, 회의를 시작하고 나서 평균 20분 만에 모두 막다른 골목에 들어선다고 한다. 20분이 지나면 즉각적으로 떠오르던 아이디어들이 고갈되고, 창조적인 생각을 해야 한다는 압박감이 증가하며, 침묵이 이어지다가 다시 원점으로 되돌아간다. 결국 대부분 지금까지 나온 것 중에서 가장 좋다고 생각하는 아이디어를 최종 해결책으로 선택한다. 이 연구 결과는 브레인스토밍에 대한 기존의 생각이 틀렸다는 것을 말해 준다. 즉, 자유롭게 열려 있는 브레인스토밍일지라도 토론 방법과 시간을 제대로 관리하지 못할 경우, 창조적인 아이디어에 이를 수 없다.[7] 만약 브레인스토밍의 구성원들이 특정 분야의 지식과 경험을 가진 전문가로 이루어진 경우에는 집단적 동질성이 장애물로 작용할 수 있다. 즉, 이미 나왔던 아이디어에서 벗어나기가 더욱 힘들어진다.

피츠버그 대학교의 제니퍼 윌리(Jennifer Wiley) 교수는 1998년에 재미있는 실험을 했다. 실험의 목적은 기존의 지식이 어떻게 창조적인 생각을 방해하는지 알아보기 위한 것이었다. 윌리 교수는 실험을 위해 우선 두 그룹을 만들었다. 하나는 야구 전문가들로 구성되었고, 다른 하나는 야구에 대해 특별한 지식이 없는 사람들이었다. 그는 두 그룹에게 'plate', 'rest', 'broken'이라는 세 단어를 제시하고 나서, 세 단어 모두와 결합할 수 있는 공통 단어를 찾아보라고 했다. 윌리 교수는 'home'이라는 단어를 예상하고 있었다. 답을 먼저 맞힌 팀은 야구 전문가 그룹이었다. 'home'을 대입해 보면, home plate(야구장의 홈), rest home(요양소), broken home(결손가정)이 완성된다. 두 번째 테스트에서는 그중 한 단어만 바꾸어 plate, shot, broken을 주었다. 이번에는 glass라는 단어를 예상하고 있었다. 그러면 plate glass(판유리), shot glass(양주잔), broken glass(깨진 유리)가 만들어진다. 하지만 이번엔 일반인 그룹이 더 빨리 답을 제시했다. 반면 야구 전문가 그룹은 해답의 근처에도 가지 못했다. 윌리는 야구 전문가 그룹이 'home plate'라는 전문 용어에서 벗어나지 못한 나머지 새로운 단어를 떠올리는 과정에서 더욱 애를 먹었을 것이라고 결론지었다.

이 실험은 앞부분에서 소개했던 E 이야기와 같은 의미를 담고 있다. 당신이 만약 E라는 글자를 처음부터 알아보지 못했더라면, 분명 다양한 형태로 이 선을 살펴보았을 것이다. 여러 각도로 돌려 보기도 하고, 그 속에서 의미 있는 패턴을 발견하기 위해 노력했을 것이다. 그러다가 E라는 글자가 떠오르는 순간, 이제 E가 아닌 다른 무엇으로는 '볼 수' 없게 되어 버린 것이다. 비디오테이프 되감기 사례도 마찬가지다. 오랜 습관 때문에, 테이프는 반드시 반납하기 전에 되감아야 한다는 선입견에서 자유로울 수 없었다.

그렇다면 가장 창조적으로 문제를 해결할 수 있는 사람은 가장 무식한 사람이라는 말인가? 물론 아니다. 상대성이론을 발견한 사람은 아인슈타인이지, 육체파 배우 매 웨스트(Mae West)가 아니다. 압바는 온도 역학을 전공하지 않았지만, 음식물의 보존에 관한 기초적인 지식이 있었기 때문에 항아리 냉장고를 개발할 수 있었다. 이처럼 지식은 반드시 필요하다. 한편으로, 지식은 우리가 생산적이고, 지혜롭고, 논리적으로 문제를 풀어 나가는 과정에 많은 도움을 준다. 하지만 다른 한편으로는, 다양한 아이디어로 뻗어 나갈 수 있는 가능성을 가로막는다.

그렇다면 어떻게 해야 선입관이라는 장벽을 뚫고 창조적인 세상으로 나아갈 수 있는 것일까? 언제나 뭔가를 하려 들거나, 또는 무엇이든 추가하려는 인간의 두 성향을 조절하고 우아한 해결책에 이를 수 있는 방법은 존재하는 것일까? 결론부터 얘기하자면, 비법은 있다. 대칭의 세계를 여행하면서 만났던 공유 공간 설계자인 벤은 이렇게 말한다. "사물들의 움직임과 관련하여 우리들의 시도 중 가장 잘못된 점은, 우리가 합리적이라고 여기는 것 대부분이 실제 관찰이 아니라 가정에 기반을 두고 있다는 사실입니다. 먼저 관찰을 한 뒤에 설계를 했더라면, 지금까지 이렇게 많은 것들을 만들어 낼 필요조차 없었을 겁니다."

하지만 "움직이기 전에 먼저 생각하라."라는 상투적인 격언처럼 실행에 옮기기 어려운 것도 없다. 여기서 벤이 말하고자 했던 것은 스스로 탐정이 되어야 한다는 사실이다.

로스앤젤레스 경찰국과 도요타의 공통점

2002년 10월 29일 월요일, 윌리엄 브래튼(William J. Bratton)은 캘리포니아 주 로스앤젤레스 시의 54대 경찰국장으로서 취임 연설을 하고 있었다. 그는 부임하자마자 시내 건물의 깨진 유리창을 모두 수리하라는 지시를 내렸다. 로스앤젤레스로 오기 전인 1990년대 중반, 브래튼은 뉴욕 시에서 범죄율을 빠른 시간 안에 큰 폭으로 낮추었던 탁월한 성과를 인정받아 '최고의 경찰'로 명성을 떨쳤다. 그의 성과는 오늘날 '깨진 유리창'이라고 알려진 이론을 기반으로 이루어진 것이었다.[8]

'깨진 유리창' 이론이란 공공정책을 연구한 제임스 윌슨(James Q. Wilson)과 조지 켈링(George L. Kelling)이 쓴 논문의 제목으로, 이 논문은 1982년 3월 「애틀랜틱 먼슬리(Atlantic Monthly)」라는 잡지에 게재되었다.[9] 켈링은 1996년에 인류학자이자 변호사로 활동하고 있는 캐서린 콜(Catherine Coles)과 함께 『유리창 고치기(Fixing Broken Windows)』라는 책을 출판하기도 했다. 「뉴요커」 기자인 말콤 글래드웰(Malcolm Gladwell)은 『티핑 포인트(The Tipping Point)』에서 깨진 유리창 이론을 집중적으로 다룬다. 깨진 유리창 이론은 공공 시설물 파괴, 쓰레기 버리기, 낙서, 구걸, 유리창 깨뜨리기 같은 일상적인 범죄에 초점을 맞추고 있다. 윌슨과 켈링은 논문에서 이렇게 얘기한다. "불량배들이 어떤 건물의 유리창을 깨뜨렸다고 생각해 보자. 그런데 한참이 지나도 유리창을 수리하지 않으면, 유리창을 계속 깨뜨릴 것이다. 결국 건물 유리창 전체가 박살 날 것이다. 그래도 주인이 보이지 않는다면 건물을 무단 점거하고, 심지어 그 안에 불을 지를지도 모를 일이다." 여기서 윌슨과 켈링이 말하고자 하는 바는 사소한 범죄에 대처하지 않는 것은 아무도 신경을 쓰지 않고 있으며, 어떠한 범죄를 저질러도 처벌하지 않겠다는 메시지를 전달하는 것과 같다는 사실이다. 그렇기 때문에 사소한 범죄를 처벌하는 것은 실제로 아주 중요한 일이다. 작은 범죄를 그냥 방치하면 머지않아 무법천지가 도래한다. 그렇게 되면 집 앞에 바리케이드를 설치하거나, 아니면 다른 동네로 이사를 가야 할 것이다. 그들이 논문에서 주장하고 있는 해결책은 '피해 규모가 작은' 경범죄에 더욱 주의를 기울이고 이러한 사안들부터 먼저 잡아 나가자는 것이다.

브래튼은 1990년에 뉴욕의 교통경찰국장으로 부임했다. 그리고 켈링의 도움을 받아 그전에는 거의 단속을 하지 않던 무임승차, 구걸, 소매치기, 마약 거래 같은 지하철 범죄를 근절하기 시작했다. 나중에 밝혀진 바에 따르면, 무임승차자와 걸인 상당수가 중범죄와 연루된 사람들의 관리와 보호를 받고 있었다고 한다.

루디 줄리아니(Rudy Giuliani)는 1994년에 뉴욕 시장으로 취임하기 직전 맨해튼 인스티튜트라는 싱크탱크에서 '깨진 유리창' 이론을 주제로 하루 종일 진행되었던 세미나에 참석했다. 켈링도 그 자리에 있었다. 시장으로 취임한 후 줄리아니는 브래튼을 경찰국장으로 임명했으며 그와 함께 경범죄 단속에 앞장섰다. 당시 맨해튼의 오점이었던 '스퀴지맨(squeegee man, 신호 대기 중인 차의 앞 유리를 닦아 주고 돈을 요구하는 사람)'들을 잡아들이고, 마약 거래자들을 검문해 총기를 소지한 경우 체포했다. 건물 벽의 그라피티를 지우고, 부서진 창문을 수리하고, 쓰레기를 치우는 일에 노력을 기울이기 시작하자 경범죄 건수는 줄어들었다. 그리고 블록 및 마을 단위로 경범죄자를 많이 잡아들이면서 중범죄 건수도 급격하게 줄어들었다. 도시에는 생기가 돌기 시작했다. 예전에 할렘 125번가는 슈퍼마켓이나 극장을 찾아보기 힘든 구역이었다. 하지만 최근에는 매직 존슨 극장과 패스마크 슈퍼마켓, 갭 매장, 반즈 앤드 노블 서점과 디즈니 스토어가 들어섰다. 전 미국 대통령 클린턴의 사무실도 이곳에 있다.

브래튼의 전략에는 우아함의 구성 요소가 모두 들어 있다. 브래튼은 컴퓨터 기반의 범죄 분석 프로그램인 컴스탯(CompStat)을 통해, 블록이나 마을의 크기와 무관하게 범죄율이 비슷하게 나타난다는 사실을 확인했다. 즉, 앞서 살펴보았던 프랙털 패턴에 따라 뉴욕 시의 범죄율도 감소하고 있었다. 또한 여기에는 생략의 법칙이 작용했다. 길거리의 그라피티를 모두 지우고, 부서진 창문을 새로 교체하고, 빈 집을 무단 점유해 이웃에게 공포감을 주는 부랑자들을 불러들이는 음침한 장소를 정비했다. 그리고 대규모 비용이 들어가는 거창한 전략 대신, 기존 자원으로 경제적인 전쟁을 벌여 나갔다. 뉴욕 경찰국의 전반적인 업무에 방해를 주지 않는 선에서, 그리고 강력하면서도 수적으로 풍부한 경찰 병력을 유한한 자원으로 활용하면서, 브래튼은 뉴욕의 경찰들을 재배치했다. 브래튼은 이를 기반으로 지속 가능한 해결책을 이루어 냈다.

브래튼은 로스앤젤레스 경찰국장으로 부임하면서 뉴욕 시에서 이루어 낸 모든 성과들을 그대로 옮겨 오고자 했다. 그리고 모든 것이 현재 진행 중에 있다. 그는 우선 로스앤젤레스의 소규모 경찰 부대를 사무실에서 시내 거리로 이동 배치했다. 그리고 깨진 유리창 이론에 따라 소위 '지역 치안'이라는 프로그램을 실시해 공공장소를 관리하기 시작했다. 이는 당시 로스앤젤레스가 직면한 가장 골치 아픈 문제, 즉 갱단을 뿌리 뽑기 위한 것이었다. 브래튼은 세 지역에 초점을 맞추어 치안 문제에 접근했다. 첫 번째 지역은 로스앤젤레스 중심가에 인접해 있는 위험한 빈민굴 지역이었다. 이곳은 예전에 부랑자들이 많이 묵었던 싸구려 여인숙이 많아서 '니켈(Nickel)'이라고 불렸다. 두 번째는 맥아더 공원인데, 이곳은 마약 거래자와 불법 이민자들이 주로 모이는 장소였다. 마지막 장소인 할리우드는 최근 실시한 개선 사업에도 불구하고, 수십 년 동안 자리를 지키고 있는 매춘부들 때문에 나쁜 이미지에서 벗어나지 못하고 있었다.

지역 치안 프로그램의 기본 개념은 매우 간단하다. 경찰이 지역에서 주요 역할을 맡고, 지역 상황과 변화를 잘 이해하기 위해 거리를 계속해서 돌아다니는 것이다. 즉, 시민들과 계속해서 접촉함으로써 원래 경찰이 돕고 봉사하겠다고 맹세한 대상인 시민들이 겪는 문제에 함께 부딪쳐 보는 것이다. 이 기본 원칙은 SARA라고도 부른다. 이는 scan(감시), analyze(분석), respond(대응), assess(평가)라는 일련의 절차를 의미한다. SARA는 로스앤젤레스 경찰들에게 집중적인 '관찰'을 의미한다. 여기서 감시, 분석, 평가는 모두 관찰에 해당한다. 경찰들은 SARA의 핵심 개념인 관찰을 통해 더욱 철저하고 정확하게 '대응'할 수 있다. 즉, 적은 투자로 많은 성과를 얻는 것이다. 로스앤젤레스 경찰국은 SARA의 개념을 바탕으로 범죄와의 전쟁을 지속적으로 벌여 나간다. 그들에게 '관찰'이란 '행동'과 '추가'를 제어하는 원칙이기도 하다.

2007년 3월, 나는 브래튼의 측근이자 로스앤젤레스 경찰국의 직업 표준국을 이끌고 있는 마크 페레즈(Mark Perez)의 도움으로 브래튼과 직접 대면할 수 있었다. 나는 도요타에 근무할 당시, 도요타와 로스앤젤레스 경찰국 간 지식 공유 프로젝트의 일원으로서 직업 표준국과 수개월간 함께 일한 적이 있다. 직업 표준국에는 약 300명 정도의 직원들이 근무한다. 나는 지식 공유 프로젝트를 통해 경찰의 치안 사업, 교도 시설 운영, 입건 절차, 범인 추적, 마약 수사, 내부 거래 및 비밀 정보 관리, 엘리트 폭탄 처리반의 업무에 이르기까지 다양한 일을 가까이에서 지켜볼 수 있었다. 업무 차량에 동승하거나 헬리콥터를 타 보기도 했고, 총기 사용법도 익혔다.

브래튼을 만난 곳은 로스앤젤레스 시내에 위치한 파커 센터였다. 나는 브래튼의 업무 철학이 도요타의 이념과 너무나 흡사하다는 사실에 깜짝 놀랐다. 도요타의 모든 임직원들은 책상머리에서는 어떠한 아이디어도 나오지 않는다는 사실을 잘 알고 있다. 브래튼 역시 그랬다. 그는 사무실에서 보고서만 읽어서는 결코 훌륭한 해결책을 발견할 수 없으며 현명한 판단도 내릴 수 없다고 말했다.

또한 브래튼과 도요타 모두 시각적인 접근 방식을 추구하고 있었다. 브래튼이 뉴욕 시에 관한 통계 자료에만 의지해 전략을 구상했더라면, 당시 주요 범죄에서 3퍼센트 비중밖에 차지하지 않은 지하철 범죄에 주목하지 못했을 것이다. 브래튼은 아마도 뉴욕 시민들이 지하철을 이용하면서 불안에 떠는 모습을 직접 눈으로 확인했을 것이다. 그리고 사건 현장도 힘닿는 데까지 직접 찾아다녔을 것이다. 브래튼은 로스앤젤레스 경찰국으로 부임한 초기에 자신이 어디에 있든, 혹은 무엇을 하든, 범죄 현장에서 나온 모든 세부 사항을 계속해서 보고받았다. 그는 결코 보고서를 기다리는 스타일이 아니었다. 그것보다 현장에서 바로 나온 정보를 휴대전화를 통해 실시간으로 보고받는 것을 좋아했다.

도요타 직원들은 사실에 기반을 둔 접근 방식과 눈으로 직접 확인하는 관리 방식이 의사 결정 과정에서 가장 중요한 역할을 한다는 사실을 잘 알고 있다. 고객, 작업, 생산 등에 대한 확실하고, 정확하고, 직접적인 관찰을 통해, 유용한 정보를 얻을 수 있다고 확신한다. 아마도 도요타와 브래튼 모두 명탐정 셜록 홈즈의 말에 동의할 것이다. 동료인 왓슨 박사가 홈즈에게 범죄 현장에 도착하는 즉시 추리가 떠오르는지 물어보았을 때, 홈즈는 이렇게 말한다. "사실도 확인하기 전에 추리를 하는 것은 치명적인 실수로 이어질 수 있네. 사람들은 사실에 들어맞는 이론을 세우는 게 아니라, 이론에 맞게 사실을 고치는 나쁜 버릇이 있지." 도요타의 경우, 마케팅 보고서와 포커스 그룹(테스트할 상품에 대해서 토의하는 소비자 그룹)은 모두 낙관적인 전망을 보여 준다. 그러나 이는 모두 데이터에 불과하다. 물론 데이터 역시 사실에 기반을 두고 있지만, 고객과 직원들의 문제를 직접 관찰하는 것만큼 정확한 정보를 주지는 못한다. 마찬가지로 브래튼 밑에서 근무하는 경찰관들은 그 누구보다도 사건에 관한 정확한 정보를 갖고 있다. 이를 위한 가장 좋은 방법은 현장을 그냥 둘러보는 것이 아니라 세밀하게 '관찰'하는 것이다.

로스앤젤레스 경찰국의 컴스텟 회의가 열리는 널찍한 상황실에는 주간 회의의 주제에 해당하는 간단한 질문 세 가지가 걸려 있다. 그것은 '그들은 누구인가?', '어디에 있는가?', 그리고 '그들을 잡았는가?'이다. 브래튼의 부관들이 회의에 참석한 경찰서장들에게 이 질문을 던지면 서장들은 바짝 긴장한다. 회의의 목적은 역할 분담과 동시에 교육을 시키는 것이다. 로스앤젤레스의 경찰서장들은 이 회의를 통해 당면 사건뿐 아니라, 다른 수사 및 미해결 사건에 대해 주의 깊게 듣고 의문점을 제기하는 것이 중요하다는 사실을 배운다. 또한 용의자를 심문하고, 사건 현장을 조사하고, 범인을 추적하는 일은 과학이면서 기술이라는 사실도 배운다. 이 기술은 다름 아닌 관찰을 말한다.

철강 사업가인 헨리 프릭(Henry Clay Frick)은 자신의 저택 안에 프릭 컬렉션 미술관을 지었다. 미술관의 정기 휴일인 월요일에 실수로 이곳을 방문한다면, 10~15명의 뉴욕 경찰관들이 1919년에 프릭이 죽기 전 마지막으로 들고 왔던 베르메르(Jan Vermeer)의 1667년 작품 〈부인과 하녀(Mistress and Maid)〉를 뚫어지게 응시하는 모습을 볼 수 있을 것이다.[10] 이 그림은 전반적으로 어둡고 침침한 분위기 속에서 하녀가 작은 테이블에 앉아 있는 부인에게 편지를 건네주는 모습을 묘사한다. 부인은 하녀가 내민 편지를 바라보면서 한 손으로 턱을 만지고 있다. 논피니토의 개념을 다루면서 살펴보았던 것처럼, 프릭 컬렉션은 이 그림을 이렇게 설명한다. "베르메르의 작품에는 편지를 쓰거나 전달하는 주제가 자주 등장한다. 이 주제는 그림 속에서 극적인 긴장감을 조성한다. 두 여인은 신비로우면서도 긴장된 순간을 연출한다. 부인의 머리와 전체 모습에는 세부적인 묘사가 빠져 있다. 배경은 다소 평범해 보인다. 이로 짐작컨대 베르메르의 이 마지막 작품은 미완성인 것처럼 보인다."

하지만 뉴욕 시 경찰들은 이 미술관에서 작품을 감상하는 것이 아니다. 그렇다고 미술품 도난 방지를 위한 특별 훈련을 받는 것도 아니다. 그들은 여기서 시각 기술 훈련을 통해 관찰 기술을 배운다. 이 프로그램은 프릭의 전직 교육 담당자가 개발한 것으로 현재 승진을 한 뉴욕 경찰국의 간부들을 대상으로 이루어진다. 뉴욕 경찰국 부청장인 다이애나 피츠티(Diana Pizzuti)는 이 프로그램에 대해 이렇게 말한다. "뉴욕에서는 특이한 사건들이 일상다반사로 일어납니다. 우리는 관찰을 통해 정보를 좀 더 효율적으로 얻어 내는 기술을 개발하기 위해 이 프로그램을 실시하고 있습니다." 프로그램 참가자들은 제한된 시간 안에 작품을 보고 '누가, 언제, 어디서, 무엇을, 어떻게, 왜'에 관한 정보를 얻어야 한다. 한 참가자는 베르메르의 그림을 보고 부인이 오른손잡이에 부유한 집안의 사람이고, 지금 펜을 떨어뜨린 것처럼 보인다는 지적을 했다. 그는 하녀에 대해서는 잘 모르겠다고 말했다. 그러면서 옆 동료에게 하녀가 웃고 있는 건 아닌지, 그리고 두 사람 모두 방어적인 자세를 취하는 것처럼 보이지 않는지 물었다. 베르메르의 그림을 지나 엘 그레코(El Greco)의 〈성전의 정화(The Purification of the Temple)〉와 윌리엄 호가스(William

Hogarth)의 〈미스 메리 에드워즈(Miss Mary Edwards)〉로 이동하면, 개략적이고 신속하게 그림 전체를 관찰하고 분석하는 훈련이 시작된다. 이 단계는 그림의 앞부분에서 배경으로 옮겨 가면서 관찰을 하고 설명을 한 뒤, 분석과 결론을 내리는 순서로 이루어진다. 이러한 훈련 방법은 관찰 범위를 점차 확대해 나가는 형태로 범죄 현장을 분석하는 과정에 도움을 준다. 그림을 보던 한 참가자는 지붕을 넘어 달아나다가 도로에 쓰러진 용의자의 이야기를 들려주었다. 이 프로그램을 통해 경찰 간부들은 멈추어 서서 전체 상황을 파악하고, 현장의 범위를 넘어 조사 범위를 확대하는 기술을 익힌다. 예를 들어, 지문 감식을 통해 범인이 몰던 자동차를 확인하고, 이를 통해 범인이 의도했던 도주 경로를 재구성하는 작업에 적용해 볼 수 있다.

도요타의 임원들도 브래튼과 마찬가지로 관찰이 가진 놀라운 힘을 적극적으로 활용한다. 도요타는 관찰을 기업의 업무 원칙으로 삼을 뿐만 아니라, 모든 단계에 적용한다. 관찰의 목표는 다양한 각도에서 문제점을 파악하는 것이다. 마치 화가, 조각가, 사진가들이 '진실'을 파헤치기 위해 다양한 각도에서 피사체를 바라보는 것과 같다. 이를 일컫는 일본말로 '겐치 겐부츠(現地 現物)'라는 용어가 있다 이 말은 "직접 현장에 가서 눈으로 확인한다."

라는 의미를 담고 있다. 여기서 흥미로운 점은 도요타의 디자이너와 기술자들이 새로운 자동차를 연구하고 개발할 때 마치 스파이처럼 행동한다는 사실이다. 스파이는 적과 함께 지내면서 중요한 정보를 캐낸다. 마찬가지로 도요타의 디자이너들은 잠재 고객들을 이해하기 위해 구매자들의 삶 속으로 들어가는 시도를 했다. 1980년대 중반, 도요타의 디자인 팀은 렉서스 모델을 처음 개발하면서 고급 승용차를 타고 다니는 부자들의 삶을 똑같이 살아 보기로 했다.[11] 몇 달에 걸쳐 캘리포니아 라구나 해변에 머무르면서, 베버리 힐스에서 쇼핑을 하고, 벨 에어(로스앤젤레스 서부의 부자 마을)에서 골프를 치고, 호화 레스토랑에서 식사를 하고, 인기 좋은 클럽을 돌아다녔다. 그리고 벤츠, BMW, 캐딜락, 포르쉐, 재규어를 몰았다. 집사, 캐디, 운전사, 요리사 등 부유층들이 누리고 있는 모든 서비스를 체험하고, 부자들이 자주 가는 미국의 대형 도시로 여행을 다녔다. 디자인 팀 직원들에게 이러한 경험은 무척이나 낯설었다. 일본에서는 주로 야쿠자들만 이러한 생활을 누리고 있기 때문이다. 어쨌든 잠재 고객의 삶을 눈앞에서 관찰하면서 얻은 결론은 부자들이 물건을 구매하고 소유하는 과정에서 '완벽'을 추구한다는 사실이었다.

21세기에 들어서자 도요타는 Y세대라는 젊은이들을 새로운 구매층으로 끌어들이기 위한 전략을 세웠다. 이를 위해 마케터들은 도시에서 열리는 시끌벅적한 아트쇼와 익스트림 스포츠 대회를 찾아다녔다. 그들은 여기서 소위 '뉴 밀레니엄'이라는 새로운 시대의 취향과 기호를 관찰했다. 이러한 시도를 통해, 도요타는 미래의 주도적인 소비자층, 즉 문신과 피어싱으로 온몸을 치장한 일본 젊은이들이 자신이 소유한 물건으로 개성을 드러내고 싶어 한다는 사실을 깨달았다. 그들은 광고를 통해 널리 알려진 제품보다 자신들 스스로 찾아내고, 취향에 따라 직접 꾸미고 변형할 수 있는 제품을 더욱 좋아했다. 이러한 인식을 바탕으로 도요타는 젊은 감각의 자동차 브랜드인 사이온을 출시했다. 작지만 얼마든지 튜닝이 가능하도록 만든 사이온 모델 세 가지는 2003년 출시 이후 곧바로 도요타에서 가장 인기 있는 브랜드로 자리 잡았다. 자동차의 평균 가격은 1만 5,000달러 정도에 불과하지만 소비자들은 대개 카본 마감재로 장식을 하고 TV와 오디오 시스템을 장착하기 위해 더 많은 돈을 투자했다. 도요타는 기존의 전략과는 달리 브랜드 광고를 중단하고, 대신 젊은이들이 자주 가는 장소에 사이온을 전시해 두었다.

도요타 공장 직원들은 가끔 바닥에 그려진 원 안에서 특정 라인을 뚫어지게 바라본다. 이 원은 도요타 기술의 개척자인 타이치 오노가 만든 것으로, 일명 '오노 서클'이라고도 한다. 오노는 작업이 집중되는 라인 앞에 원을 그려 놓고, 공장 직원들이 그 안에서 하루 종일 작업 과정을 지켜보게 했다. 작업 과정을 지켜보면 누구나 자연스레 문제의 원인을 생각하게 된다. 오노는 새로운 아이디어란 우연히 나오는 것이 아니라, 작업의 흐름을 깊이 이해할 때 나오는 것이라고 믿었다. 원 안에 들어간 직원들은 금세 업무의 흐름을 파악하고, 거기서 문제점과 원인을 스스로 발견한다. 다른 일을 할 수 없기 때문에, 비로소 "문제의 원인이 무엇일까?"라는 질문에 대해 생각하기 시작하는 것이다. 그리고 근본적인 원인에 도달하는 순간 해결책이 떠오른다. 그러면 오노에게 달려가 자신의 아이디어를 얘기하고, 오노는 직원의 말을 듣고 문제점의 원인과 해결 방안을 이해하게 된다. 그때 오노는 이렇게 얘기한다. "그게 그런 거였군."

오노는 직원들이 행동하기 전에 관찰하게 함으로써, 또한 피상적인 측면을 넘어서서 근본적인 원인을 이해하게 함으로써, 직원들이 멈추어 서서 생각할 수 있도록 유도했던 것이다.

아프리카를 돕는 회전목마 펌프

광고 기획을 하고 있는 트레버 필드(Trevor Field)는 와일드 코스트라고 알려진 남아프리카의 동쪽 해안에 위치한 트란스키로 주말 낚시 여행을 떠났다. 거기서 그는 풍차 옆에 여자들이 모여 있는 모습을 보았다. 그들은 모두 바람이 불어 풍차가 지하수를 퍼 올리기만을 기다리고 있었다. 트레버는 궁금한 마음에 거기로 가서 주변을 살펴보았다. 풍차 밑부분은 콘크리트로 된 물탱크가 있었지만 금이 가서 물을 보관할 수 없는 상태였다. 이틀 후에 그곳을 다시 지나갈 때도 여자들은 그대로 모여 있었다. 트레버는 그 장면을 잊을 수 없었다.

트레버는 거기서 세계적인 물 부족 사태를 직접 눈으로 확인했다. 오늘날에도 10억이 넘는 인구가 깨끗한 물을 마시지 못하며, 물과 관련된 질병이 세계적으로 가장 주요한 질병의 원인으로 남아 있다. 또한 하루 동안에만 세계적으로 6,000명에 가까운 사람들이 물과 관련된 질병으로 사망한다. 30미터만 파 내려가면 깨끗한 지하수를 구할 수 있는데도, 땅을 파고 물을 긷고 이를 보관할 설비가 없어서 문제를 해결하지 못하는 것이다.

비슷한 시기에 로니 스투이버(Ronnie Stuiver)는 남아프리카

시골 지역에서 우물을 만들기 위한 시추 작업을 진행하고 있었다. 그가 작업을 하면 항상 구경꾼들이 몰려든다. 드릴로 땅을 파기 시작하면 꼬마 아이들이 몰려와서 환호성을 지른다. 시골 마을에는 놀이터가 없어서 아이들이 이렇게 공사장으로 몰려든다. 그러다가 로니는 아이들이 좋아할 자그마한 발명품 하나를 개발하게 되었다. 펌프 위에 회전목마를 달아서, 아이들이 이것을 돌리면 물이 지하에서 나오게끔 만든 장치였다. 로니는 요하네스버그에서 열린 농업 박람회에 이 발명품을 전시했다.

트레버는 장인어른과 함께 바로 이 박람회장을 방문했다. 그리고 로니가 개발한 펌프를 발견했다. 그는 이것을 보는 순간 회전목마식 펌프라는 사실을 알아챘다. 그리고 풍차 옆에서 하루 종일 기다리던 여인들의 모습이 떠올랐다. 아무런 비용도 들지 않고 자체적으로 돌아가면서, 내부적으로 유지와 보수가 가능한 펌프 시스템이 머릿속에 떠올랐다. 펌프 옆에 커다란 물탱크를 설치하고 그 네 면을 광고와 공공 게시판으로 활용하면, 거기서 얻는 수익금으로 펌프를 지속적으로 관리할 수 있을 거라는 생각이 들었다. 물론 펌프를 돌리는 모든 동력은 회전목마로부터 나온다. 그는 스투이버로부터 회전목마 펌프의 특허권을 샀다. 그리고 플레이펌프 인터내셔널을 설립해 아프리카 시골 지역의 마을과 학교에 회전목마 펌프를 기부하는 사업을 벌여 나갔다. 현재까지 사하라 남부 지역에만 플레이펌프 1,000개가 설치되어 있으며, 2010년까지 4,000개 설치를 예상하고 있다.[12]

우아한 해결책을 발견하기 위해 반드시 최고의 두뇌가 필요한 것은 아니다. 아인슈타인이나 다빈치 같은 천재들만 그것을 발견할 수 있는 것도 아니다. 과학자의 치밀한 분석력이나, 화가의 캔버스, 조각가의 대리석, 작곡가의 악보, 작가의 언어처럼, 한정된 재료 안에서 다양한 가능성을 실현하는 예술가의 창의력이 꼭 필요한 것도 아니다. 오늘날은 일반인들도 얼마든지 우아한 해결책의 필요조건을 실현할 수 있다. 이와 관련해『창조적 변화를 주도하는 사람들(The Rise of the Creative Class)』을 쓴 리처드 플로리다(Richard Florida)는 이렇게 말한다. "오늘날 수백만 명의 사람들이 예술가나 과학자들처럼 살고, 일하고 있습니다." 귀하고 한정된 자원을 새로운 각도에서 생각할 수 있는 기회로 바라보고 창조성과 혁신의 원천인 관찰의 힘을 활용함으로써, 우리 역시 지속 가능한 우아한 해결책에 도달할 수 있다.

치밀한 관찰은 우리가 지금까지 살펴보았던 우아함에 관한 사례들, 즉 리처드 테일러가 폴록의 작품에서 발견한 프랙털 패턴, 라바이플라인의 안전한 공유 공간, 다빈치의 매력적인 스푸마토 기법, 장 프랑수아 조브리스트의 경영 철학, 그리고 압바의 항아리 냉장고와 브래튼의 경범죄와의 전쟁에서 핵심을 이룬다.

멈춰 서서 바라보고 적절한 질문을 던질 수 있을 만큼, 그리고 곧바로 결론으로 뛰어드는 인간의 본성을 제어할 수 있을 만큼 충분히 오랫동안 생각할 수 있다면, 우리는 우아한 해결책에 가까이 다가설 수 있다. 우리들은 대부분 어린 시절부터 즉각적인 해답에만 매달려 왔다. 여기서 루디야드 키플링(Rudyard Kipling)의 시 '아기 코끼리(The Elephant's Child)'를 살펴보는 것도 의미 있을 것이다.[13]

> 내겐 성실한 하인 여섯 명이 있다네.
> (내가 아는 모든 것들은 이들에게서 배운 것이다.)
> 하인들의 이름은 무엇, 어디, 언제,
> 그리고 어떻게, 왜, 누구이다.
> 나는 그들을 육지와 바다로 보냈고,
> 동쪽과 서쪽으로도 보냈다.
> 하지만 모든 일을 마친 후,
> 나는 모두에게 휴식을 주었다.

「뉴요커」의 만화 자막 콘테스트에서 우승하기 위해, 나 역시 똑같이 여섯 명의 신사들에게 부탁을 한 적이 있다.

그러나 아직 우아한 아이디어에 이르는 과정에서 가장 중요한 한 가지가 남았다. 그것은 우리의 생각에 '그만두기' 접근 방식을 적용하는 것이다. 이러한 관점에서 키플링의 마지막 문장 "나는 그들에게 휴식을 주었다."는 강한 여운을 남긴다.

마음속의 우아함

·

·

·

지금 나는 어두컴컴한 방 안에 놓인 편안한 의자에 앉아 있다. 약간 이상하면서도 나른한 뉴에이지 풍의 음악이 다양한 리듬으로 흘러나온다. 머리와 귓불에는 전극 장치가 달려 있다. 앞에 놓인 모니터에서는 복잡 미묘한 그림이 끊임없이 모습을 변형한다. 사실 이 영상과 음악은 나의 두뇌가 만들어 내는 신호를 이미지와 소리로써 표현해 내는 것이다. 생생한 컬러와 역동적인 모습이 모니터 위에서 몽환적인 분위기를 만들어 내면서 너울너울 춤을 춘다. 나의 뇌가 생성하는 뇌파는 프로그램의 수학적 알고리즘을 거쳐 이처럼 그림과 음악으로 나타난다. 하나로 이어진 창조적 흐름, 이완된 긴장, 또는 힘을 뺀 각성이라는 미묘한 정신적 상태를 만들어 낼 수 있는 방법은 존재하는 것일까? 나는 바로 이 문제를 풀기 위해 로스앤젤레스 서부에 위치한 뉴로피드백 센터 브레인페인트를 찾았다. 나는 최소의 노력으로 최대의 효과를 실현할 수 있는 '그만두기'의 상태, 즉 우아함으로 가득 찬 느껌에 대해 알아보고 싶었다.

유레카의 순간은 어디에서

3장에서 소개했던 슈왈츠 박사와 함께 나는 브레인페인트를 처음으로 방문했다.[1] 나는 두뇌가 어떠한 패턴을 만들어 내는지, 그리고 외부 자극으로 그 패턴을 방해할 때 어떠한 반응이 일어나는지 알고 싶었다. 당시 나에겐 다음과 같은 의문점이 있었다. 외부 세계의 어떠한 존재가 사람의 시선을 끌어당기는가? 그리고 외부 자극에 대해 우리의 뇌는 어떠한 패턴을 만들어 내는가?

또한 나는 우리의 뇌가 만들어 내는 패턴을 의식적 혹은 무의식적으로 방해할 때 어떠한 일이 일어나는지도 알고 싶었다. 즉, 새로운 통찰력을 자극하는 요인을 확인해 보고 싶었다.

우리는 독창적이고 우아한 해결책을 담은 여러 사례 속에서, 주인공들이 번뜩이는 통찰력으로 문제를 해결했다는 사실을 확인했다. 그들의 통찰력은 전혀 예상하지 못했던 시간과 공간으로부터 나왔다. 다시 말해, 문제를 풀기 위해 안간힘을 쓰는 시간이 아니라, 잠시 고민을 내려놓고 휴식을 취하는 순간 아이디어가 떠올랐다. 시간과 공간의 변화가 그들이 돌파구를 찾는 데 결정적인 역할을 한 것이다. 그렇다면 그 이유는 무엇일까? 해답은 바로 '그만두기'(이 장에서는 '그만 생각하기') 접근 방식이 지닌 놀라운 힘 때문이다. 그렇다면 이러한 접근 방식 속에는 대체 무엇이 숨어 있는 것일까?

우리는 역사적인 '유레카!'의 순간을 많이 알고 있다. 아르키메데스는 목욕을 하다가 부력의 개념을 발견했다. 아인슈타인은 공상을 하다가 문득 특수 상대성이론을 떠올렸다. 케쿨레(Kekule von Stradonitz)는 꼬리를 물고 있는 뱀의 꿈을 꾸고 나서 벤젠의 둥근 고리를 생각해 냈다고 한다. 이처럼 갑자기 통찰력을 발휘한 다양한 사례를 살펴보면 그 속에서 공통점을 발견할 수 있다. 1921년, 당시 10대에 불과했던 필로 판스워드(Philo Farnsworth)는 무언가를 집요하게 연구하고 있었다. 그는 감자줄기가 뻗어 나가는 모습을 보고 움직이는 영상을 한 줄씩 투사하는 아이디어를 생각해 냈다. 그리고 이 아이디어에 전기와 진공관 기술을 결합해 최초의 TV를 발명했다. 1946년, 리처드 파인만(Richard Feynman)은 코넬 대학교의 구내식당에서 접시가 돌아가는 모습을 보고 양자 전기역학에 관한 이론을 떠올렸고, 이 덕분에 노벨상을 받았다. 또 다른 노벨상 수상자인 캐리 멀리스(Kary Mullis)는 1983년 캘리포니아 고속도로에서 차를 몰다가 중합 효소 연쇄 반응(PCR : Polymerase Chain Reaction)의 개념을 발견했다. 그 순간 그는 도로에 멈추어 서고 말았다. 1995년, 도요타의 디자이너 어윈 류(Irwin Liu)는 초등학교에 다니는 아이가 삶은 달걀로 숙제를 하는 것을 도와주다가 프리우스의 디자인을 떠올렸다. 조앤 롤링(J. K. Rowling)은 1990년에 맨체스터와 런던을 기차로 여행하다가 해리포터라는 캐릭터를 생각해 냈다. 그다음부터 모든 이야기가 술술 풀려 나갔다. 셸 오일의 기술자 야프 판 바이구이엔(Jaap Van Ballegooijen)은 2005년에 아들 맥스가 빨대를 거꾸로 뒤집어 음료를 빨아 먹는 모습을 보고 만능 드릴을 발명했다.

이러한 유레카의 순간에서 찾아볼 수 있는 공통점은 그들 모두 숙제로부터 한 걸음 떨어져서 평화로운 마음 상태를 유지하고 있었다는 사실이다. 화가, 음악가, 작가 같은 예술가들은 여유로운 시간에 위대한 아이디어가 떠오른다는 사실을 본능적으로 잘 알고 있다.[2] 이처럼 낭비하는 듯한 시간 역시 생산적이고 창조적인 시간을 구성하는 중요한 요소이다. 지금까지 예술의 여신으로부터 어떻게, 언제, 그리고 왜 키스를 받을 수 있을까 하는 질문은 신비의 영역에 속한 것이었다. 그러나 최근 과학자들은 인간의 두뇌가 문제를 푸는 방식을 연구함으로써, 유레카의 순간이 공통점이 없어 보이는 정보를 서로 연결하고 조합하는 인간의 능력에 달려 있다는 사실을 밝혀내고 있다. 유레카의 순간에 담긴 비밀은 당면한 문제로부터 육체적, 정신적으로 잠시 떠나 있는 시간에 있다. 최근의 다양한 연구들은 문제와 상관이 없는 일을 하고 있을 때 창조적인 아이디어가 더욱 잘 떠오른다는 사실을 증명한다.[3] 반면에 다급한 상황에서는 다양한 정보를 여러 가지 형태로 구성하고 연결 짓지 못하기 때문에 창조적인 생각을 떠올리기가 더욱 어려워진다.

독일 뤼벡 대학교의 신경 내분비학자인 울리히 바그너(Ullrich Wagner)는 최상의 휴식인 수면을 통해서 통찰력을 얻을 수 있다는 사실을 증명했다.[4] 한 실험에서 그는 피실험자들에게 멘사 유형의 수열 문제와 그 패턴을 발견할 수 있는 법칙 두 가지를 함께 제시했다. 피실험자들은 법칙 두 개를 활용해 수열 속에 들어 있는 간단한 형태의 나머지 한 가지 법칙을 찾아야 한다. 바그너는 피실험자들이 여러 번에 걸쳐 시도를 하고 난 뒤 휴식을 취하도록 했다. 그동안 한 그룹은 낮잠을 자고, 다른 그룹은 낮잠을 자지 못하게 한다. 휴식 후에는 다시 실험으로 돌아가 수열 문제를 계속 풀게 했다. 결과적으로, 낮잠을 잔 그룹은 다른 그룹에 비해 법칙을 더 많이 발견한 것으로 드러났다. 바그녀는 잠을 자는 동안 여러 가지 정보들이 해마 부위에서 일어나는 프로세스를 통해 서로 연결된다고 주장한다. 해마는 다양한 영역에 퍼져 있는 정보와 기억을 묶고 재구성해 이를 더 높은 단계로 조합하는 전두엽으로 전송하는 역할을 한다. 잠을 자고 일어나면 우리의 두뇌도 다시 가동을 시작하면서 다양한 정보들이 새로운 형태로 조직된다. 창조성은 바로 이 과정에서 나타난다. 바로 그때 유레카의 순간을 경험하게 된다.

하지만 유레카의 순간이 정확하게 어떻게 일어나는지에 대해서는 아직 밝혀진 바가 없다. 여기서 중요한 점은 더 열심히, 더 힘들게, 더 빨리 일하도록 두뇌에 인위적으로 자극을 주는 것은 통찰력에 방해만 될 뿐이라는 사실이다. 아이러니하게도 자신을 그냥 내버려 둔 채 문제에서 멀리 떨어져 있을 때, 육체적 그리고 정신적으로 새로운 전환점을 맞이할 수 있다.

물론 휴식을 취하기란 말처럼 쉽지가 않다. 직장에서 낮잠을 자다가는 조만간 쫓겨날 것이다. 한 가지 문제를 오랫동안 생각하다가는 상사에게 빈둥빈둥 놀고 있다는 인상을 줄 수도 있다. 그리고 일반적으로 사람들은 휴식을 취함으로써 문제를 해결할 수 있다는 생각을 인정하지 않는다. 과연 그 이유는 무엇일까?

그것은 아무것도 하지 않는 것에 대한 두려움 때문이다. 복잡한 문제를 해결하기도 전에 한 걸음 뒤로 물러서는 것은 무척이나 어려운 일이다. 인간은 원래 어떤 행동이라도 해야 마음이 편안하다. 중간에 그만두는 것은 이러한 본성에 반하는 일이다. 문제에서 잠깐 물러서는 순간, 무언가 잘못되었다는 느낌과 너무 쉽게 포기를 했다는 불안감이 찾아온다. 지금까지 유지해 온 추진력을 상실하고 목표를 저버렸다는 생각에 괴로운 마음이 든다. 생각이 앞으로 나아가지 못하고 멈추어 서면 걱정이 든다. 자신의 창의력, 기술, 지성에 대해 자신감을 잃어버리고, 지금까지 투자했던 것들을 잃어버릴 것 같은 불안에 사로잡힌다. 물론 쉬는 것은 어렵지 않다. 하지만 우리가 살고 있는 세상은 이를 쉽게 허락하지 않는다.

그렇다면 이렇게 생각해 보자. 문제로부터 물리적으로 떠나 있기가 힘들다면, 정신적으로 떠나 있는 것은 얼마든지 가능하지 않을까? 나는 이 의문점을 풀기 위해 슈왈츠 박사를 찾았다.

명상 수련과 춤추는 뇌파

제프리 슈왈츠 박사는 현재 신경정신과 전문의로서 약물을 사용하지 않고 환자들을 치료하는 방법을 연구하고 있다.[5] 그는 UCLA 의과대학에서 인지-행동 치료법을 통해 집착성 강박장애(obsessive-compulsory disroder) 환자들을 성공적으로 치료한 권위자로 널리 알려져 있다. 그들은 소위 '브레인록 (brainlock)'으로 고통받는 사람들이다. 브레인록은 두뇌의 여러 기능이 너무 강력하게 연결되어 있기 때문에 한 가지 생각에서 다른 생각으로 넘어가기 어려운 질병이다. 여기서 강박관념이란 "손이 더러워."처럼, 자신의 의지와는 상관없이 머릿속에 계속 떠오르는 관념이나 이미지를 말한다. 그리고 강박충동이란 손을 반복해서 씻는 것처럼 강박관념에 뒤따라오는 고통이나 불안을 떨쳐 버리기 위한 무의미한 반복 행동을 말한다. 내가 슈왈츠 박사의 치료법에 관심을 가졌던 이유는 강박증 환자들에 대한 치료 때문이 아니라, 정신적 경직성 및 기능 장애를 겪고 있는 사람들을 치료하는 방법을 활용하면 생각을 더 자유롭게 만들 수 있지 않을까 하는 호기심 때문이었다.

3장에서 나는 애덤 스미스의 '공평한 관객'에 대해 얘기했다.

스미스는 '공평하면서 잘 이해하고 있는 관객'이란 자신의 외부로부터 '자신의 모습'을 객관적으로 바라볼 수 있는 능력이라고 정의한다. 우리는 모두 공평한 관객의 자질을 개발할 수 있다. 슈왈츠 박사 역시 환자들에게 공평한 관객에 대한 개념을 강조한다. 어떤 신경학 연구 결과에 따르면, 공평한 관객이라는 개념은 불교 수도승들이 명상을 통해 얻는 깨달음과도 비슷하다고 한다.

미국 매디슨에 위치한 위스콘신 대학교의 리처드 데이비슨(Richard Davidson) 같은 학자들은 1990년대부터 달라이라마의 협조를 얻어 신경 과학 분야에서 가장 많이 다루어진 그룹인 불교 수도승들을 대상으로 연구를 해 왔다.[6] 그들은 명상이 뇌의 활동에 어떠한 영향을 주는지 살펴보기 위해, 다람살라에 살면서 평균 1만 시간 이상의 명상을 수행한 수도승들의 뇌파를 검사해 보았다. 그 결과 수도승들은 알파파와 감마파가 일반인에 비해 매우 높게 나타나는 것으로 판명되었다. 알파파와 감마파는 집중과 각성 상태와 관련 있는 뇌파로서, 앞서 살펴보았던 유레카의 순간과 밀접한 관계가 있다.

이 연구 결과는 아주 중요한 의미를 담고 있다. 즉, 마음을 다스리는 방법을 배움으로써, 현실적으로 휴식을 취하기 힘든 상황에서도 심리적인 휴식을 취할 수 있다는 사실을 말해 준다. 운동

선수들은 자신들의 성적이 심리 상태에 좌우된다는 사실을 잘 알고 있다. 이완과 집중이 조화를 이루도록 마음을 다스릴 수 있을 때 좋은 성적이 나온다. 그렇기 때문에 우리가 '생각을 멈추는 방법'을 배움으로써 마음을 다스릴 수 있다면 반드시 놀라운 성과를 거둘 수 있을 것이다.

슈왈츠 박사는 매일 명상을 통해 깨달음을 추구한다. 나는 그에게 명상 수련법을 가르쳐 달라고 부탁했다. 글을 쓰는 사람들 대부분이 그런 것처럼, 나 역시 쉴 새 없이 떠돌아다니는 잡념 때문에 고통을 겪는다. 특히 새벽에 잠에서 깼을 때, 수많은 생각들이 머릿속을 휘젓고 돌아다니는 것을 막을 도리가 없다. 아주 가끔 반짝이는 아이디어가 떠오를 때도 있다. 하지만 대부분 똑같은 생각들이 계속해서 맴돈다. 그래서 나는 창의적인 원동력을 가로막는 잡념을 없애는 방법을 알고 싶은 것이다. 나는 아무것도 생각하지 않는 것이 얼마나 힘든 일인지 누구보다도 잘 알고 있다.

고대 수도승들이 깨달음의 경지에 오르기 위해 수행했던 명상법은 사실 매우 간단하다.[7] 가만히 앉아서 자신의 호흡을 바라본다. 그들은 단지 이것만으로 공평한 관객의 자리에 앉을 수 있다. 오직 자신의 '내면'을 바라보는 일에만 집중한다. 너무나 간단하다. 그렇지 않은가? 여기서 슈왈츠 박사가 소개한 명상법을 잠시 살펴보자.

이 명상법은 조용한 방에 놓인 의자에 앉아 20분 동안 자신의 호흡을 바라보는 훈련 방법입니다. 우선 아무런 방해도 받지 않는 장소와 시간을 선택합니다. 문을 닫고 외부의 방해를 가능한 한 차단합니다. 그런 다음 의자에 편하게 앉거나 가부좌 자세로 바닥에 앉습니다. 손은 허벅지 위에 올려놓습니다. 눈을 감거나, 아니면 눈을 뜨더라도 초점을 흐릿하게 유지하도록 합니다. 코끝에 집중을 해서 공기가 들어오고 나가는 미묘한 흐름을 느껴 봅니다. 이제 숨이 들어오고 나가는 것을 바라봅니다. 숨을 들이쉬고 내쉬는 동안 '들이마신다', '내뱉는다'라고 마음속으로 말을 합니다. 그냥 '들어온다', '나간다'라고 생각해도 좋습니다. 들숨이 시작되고 끝날 때까지 전체 과정을 주시합니다. 그동안 '들이마신다'라고 생각을 합니다. 용어에는 신경 쓰지 않아도 됩니다. 중요한 것은 자신을 관찰하는 일입니다. 다음으로 날숨이 시작되는 순간부터 끝나는 순간까지 지켜봅니다. 그동안 '내뱉는다'라고 생각합니다. 잡념이 떠오르면, '흘러간다, 흘러간다', '생각한다, 생각한다', 또는 '상상한다, 상상한다'라고 속으로 말해 봅니다. 그리고 다시 천천히 자신의 호흡으로 돌아옵니다. 계속해서 호흡을 주시하는 상태를 유지합니다.

슈왈츠 박사는 하루도 거르지 않고 매일 한 시간씩 명상 수행을 한다. 나도 마음이 어지러우면 30초 정도 명상을 해 본다. 슈왈츠 박사는 이렇게 말한다. "조용한 마음에 이르는 비결은 이완된 가운데 긴장과 각성 상태를 유지하는 것입니다. 이것이야말로 진정한 깨달음입니다. 그리고 당신이 알고 싶어 하는 비결이기도 합니다." 또한 슈왈츠 박사는 노스웨스턴 대학교의 인지 신경 과학자인 마크 정 비먼(Mark Jung-Beeman)의 연구에 대해서도 소개해 주었다. 정 비먼은 두뇌가 휴식 상태에 있을 때 인간의 직관력이 더욱 활성화된다는 사실을 과학적으로 입증했다.[8] 정 비먼의 연구 팀은 두 그룹이 서로 다른 방식으로 문제에 접근하도록 만든 뒤, 각 구성원들의 뇌에서 어떠한 차이점이 발생하는지 조사하는 실험을 했다. 한 그룹은 조직적, 의식적, 분석적인 문제를 해결했다. 그리고 다른 그룹은 직관적인 방식으로 해결책을 떠올리는 문제를 풀었다. 정 비먼은 고밀도 뇌파 기기를 사용해 각 그룹의 뇌파를 측정해 보았다. 그 결과 직관적인 방식으로 문제를 풀었던 그룹의 뇌파가 다른 그룹에 비해 더욱 돌발적이고 빠르게 움직인 것으로 드러났다. 그들의 뇌파는 주로 감마파 영역에 속해 있었으며, 이는 수도승들에게 뚜렷이 나타나는 파동이었다. 하지만 감마파가 시작되기 전에 느린 알파파가 먼저 지속적으로 나타난다는 사실이 이후에 밝혀졌다. 느린 알파파는 이완과 각성이 조화를 이룬 상태를 의미한다. 역시 수도승들에게서도 뚜렷하게 나타나는 파동이다.

슈왈츠 박사는 나에게도 검사를 제안했다. 나 또한 궁금한 생각이 들어서 검사를 받아 보기로 했다. 사실 나는 이완과 각성이 조화를 이룬 상태를 유지할 수 있는 비결을 알고 싶었다. 마음을 다스림으로써 이러한 상태에 이를 수 있다면, 유레카의 순간을 경험해 볼 수 있다는 생각에 강한 흥미를 느꼈다. 그래서 지금 나는 어두운 방 안에서 머리에 전극을 붙이고 의자에 앉아 브레인페인트 검사를 받고 있는 것이다.[9]

브레인페인트 훈련법

브레인페인트를 개발한 사람은 UCLA의 또 다른 신경 과학자인 빌 스콧(Bill Scott)이다. 그는 전 세계 뉴로피드백 연구소들이 사용하고 있는 치료 표준을 확립했다. 기업 중역, 월 스트리트의 펀드매니저, 프로 운동선수 등 많은 사람들이 '특정한 마음 상태'를 유지하는 기술을 배우기 위해 빌이 개발한 치료법을 비밀리에 받았다고 한다. 예를 들어, 2006년 월드컵에서 우승한 이탈리아 축구팀은 유럽의 뉴로피드백 센터에서 마인드룸이라는 훈련을 비공개로 진행했다. 스콧은 내게도 집중적인 뉴로피드백 프로그램을 권했다.

연습 때는 잘하면서 정작 사람들 앞에서는 입을 떼지도 못하는 사람들, 중요한 순간에 평범한 퍼팅을 놓치는 골퍼들, 매치포인트 순간에 더블 폴트를 범하거나 평소엔 잘하던 네트 플레이에서 실수를 연발하는 테니스 선수들은 긴장을 하면 무슨 일이 벌어지는지, 그리고 중심을 잃고 자신감을 상실할 때 어떠한 상황이 벌어지는지 잘 이해하고 있다. 그 순간 그들은 과잉이나 부족의 상태에 빠진다. 이러한 상태에서는 결코 좋은 결과를 기대할 수 없다. 반면 우리는 정반대의 경험도 한다. 하는 일마다 술술 풀리고, 힘을 들이지 않고도 가볍게 일을 처리할 때, 우리는 흐름을 타면서 신속하게 움직인다. 그리고 아무런 실수 없이 잘 해낼 것이라는 확신, 또는 내가 하는 농담에 모두가 웃을 것이라는 자신감이 든다. 스포츠에서는 이를 '더 존(the zone)'이라고 부른다. 이것이 바로 뉴로피드백 프로그램의 목표이기도 하다. 어떠한 일을 하든지 언제나 한 단계 더 높은 우아함이 존재하며, 뉴로피드백 프로그램은 사람들이 실수를 딛고 자연스럽게 자신감을 가질 수 있도록 도와준다. 즉, 적은 투자로 많은 성과를 올리도록 만들어 주는 것이다.

스콧은 내게 이렇게 말했다. "그 상태를 직접 만들어 낼 수는 없어요. 스위치만 켠다고 해서 켜지는 TV가 아니죠. 사실 그 반대입니다." 나는 예전에 승부욕으로 가득 찬 사이클 선수 생활을 했다는 얘기를 스콧에게 했다. 그는 다시 이렇게 물었다. "사이클을 탈 때, 심장에게 더 빨리 뛰라고 소리를 칩니까?" 나는 대답했다. "물론 아니죠. 다리를 빨리 돌릴 뿐이죠." "산소를 더 많이 들이마시기 위해 폐더러 더 많이 들이마시라고 명령을 하나요?" "그것도 아니죠." "그것 보세요. 우리의 신체 활동 중 많은 부분은 의식적인 명령과 상관이 없습니다. 반대로 무의식적인 차원에서 이루어지죠. 이러한 무의식의 능력을 높이고 싶다면, 어떠한 형태로든 수련을 해야 합니다. 수련을 쌓아야만 그 기술을 터득할 수 있고, 최고의 성적도 올릴 수 있습니다." 그 순간, 이 책의 주제가 내 머릿속에 어슴푸레 모습을 드러내기 시작했다.

내 머리에 전극을 하나씩 연결하면서 스콧은 피드백 과정에 대해 설명해 주었다. 뇌파 측정기는 우리의 뇌가 보내는 전기적

신호를 감지한다. 인간의 뇌파는 모두 고유한 파장과 주파수를 갖고 있다. 뉴로피드백 장비는 일반 피드백 시스템과 비슷하다. 거울, 녹화용 테이프, 또는 공연장의 관중처럼 벌어지는 상황을 그대로 반영해 보여 준다. 나는 그 피드백을 보고 특정한 행동을 하게 된다. 뉴로피드백 시스템도 마찬가지다. 뇌에서 나온 전기적 신호가 뇌파 측정기를 통해 신호로 전환되면 자신의 심리적, 정서적 상태를 시각적, 청각적인 형태로 파악할 수 있다. 즉, 머리와 마음속에서 일어나는 모든 현상을 컴퓨터 화면과 스피커를 통해 실시간으로 보고 들을 수 있다. 영상과 소리 형태로 주어지는 피드백은 내가 만들어 내는 다양한 뇌파를 의미한다. 그리고 특정한 훈련을 통해 그 영상과 소리를 조절할 수 있게 된다. 한 번 그 기술을 익히면, 그다음부터는 자연스럽게 조절이 가능하다. 자전거를 타거나 신발 끈을 묶는 것처럼, 아무런 생각 없이 자연스럽게 할 수 있게 된다.

사실 이 훈련은 암스트롱의 코치였던 카마이클이 활용했던 방식과 매우 흡사하다. 나도 사이클 선수 시절에 몸에 전극을 부착하고 여러 가지 데이터를 기준으로 심박수를 일정하게 유지하는 훈련을 받은 적이 있다. 여기서 자기 마음대로 심박수를 조절할 수는 없다. 대신 피드백으로 나오는 여러 수치들을 확인하면서, 운동 강도를 조절하는 간접적인 방식으로 심박수를 조절한다. 나는 이러한 훈련을 통해 젖산이 축적되지 않도록 조절하면서 추진력을 최대로 높일 수 있는 심박수의 한계를 확인할 수 있었다. 이 한계를 넘어서면 젖산이 급속도로 쌓이면서 몸속에서 화학적인 변화가 나타나고, 이로 인해 근육이 타는 듯한 느낌을 받게 된다. 나의 심박수 한계는 1분당 172회였다. 이는 젖산 축적 없이 운동을 지속할 수 있는 임계치를 의미한다. 임계치를 넘어서는 순간, 나는 금방 피로를 느끼게 된다. 근육의 산소 포화도도 급격하게 떨어져서 훈련을 중지해야 하는 상황에 이른다. 가령, 13킬로미터 산악 코스를 사이클로 달린다면, 페달의 회전수와 기어를 조절해 심박수를 172 이하로 유지하면서 가능한 한 빨리 달리는 것이 최상의 방법이다.

이는 뉴로피드백 훈련법의 기본 원칙이기도 하다. 또한 이 훈련법의 기본은 명상과 동일하다. 즉, 기술적인 훈련을 통해 마음을 다스림으로써, 두뇌의 물리적 연결고리에 영향을 주는 것이다. 우리는 알파파 상태를 유지할 수 있도록 훈련함으로써, 최적의 심리 상태에 도달할 수 있을 뿐만 아니라, 유레카의 순간을 맞이하는 창조적인 직관의 세상으로 진입할 수 있다.

물론 뉴로피드백 훈련법에 대한 비판의 목소리도 있다. 나 역시 처음에는 다소 회의적이었다. 뉴로피드백 센터에서 모니터를 보고 음악을 듣는다고 해서 최적의 정신 상태에 도달할 수 있다고는 믿기 어려웠다. 런던에 있는 임페리얼 대학의 인지 신경 과학 및 행동학부에서 의학 연구를 하고 있는 토비어스 에그너(Tobias Egner)와 존 그루젤리어(John Gruzelier)는 왕립 음악 대학 학생들을 대상으로 뉴로피드백 훈련을 시험해 보았다.[10] 그들은 학생들을 두 그룹으로 나누어 한 그룹에게만 뉴로피드백 훈련을 실시했다. 이 실험의 목표는 훈련을 받고 나서 학생들의 연주 실력이 향상되었는지 확인하는 것이었다. 두 그룹의 학생들에게는 모두 15분 길이의 악보 두 종류를 나누어 주었다. 그리고 일정한 기간 동안 연습을 한 후, 로열 아카데미 교수들이 참석한 가운데 연주를 하도록 했다. 연주는 무작위 순으로 진행되었고 비디오로 녹화했다. 심사는 학생들과는 아무런 관계가 없는 전문가 네 명이 맡았다. 심사위원들에게는 누가 뉴로피드백 훈련을 받았는지 알려 주지 않았다. 심사는 로열 아카데미의 기준에 따라 10점 만점으로 이루어졌다. 뉴로피드백을 받은 그룹의 학생들은 15분간의 훈련을 5주일에 걸쳐 10회 받았다. 그리고 두 그룹의 학생들 모두 연습은 똑같이 했다. 실험 결과는 무척이나 놀라웠다. 뉴로피드백을 받은 그룹은 전반적인 연주 수준, 기술적인 정확성, 곡에 대한 이해, 그리고 창의적인 해석의 측면에서 평균 15퍼센트 정도 수준이 향상된 것으로 나타났다. 반면 훈련을 받지 않은 그룹은 처음과 별 차이가 없었다. 이 실험은 다양한 학생들을 대상으로 반복적으로 이루어졌으며, 그 결과는 비슷했다.

나는 여기서 '퍼포먼스 게임'이라는 테스트도 받아 보았다. 이 게임은 작업의 정확성과 속도를 측정해 최적의 알파파 범위를 확인하기 위한 것이다. 게임 방법은 아주 간단하다. 컴퓨터 화면 왼쪽에 있는 카드 모양 이미지를 가능한 한 빨리 오른쪽 결승점으로 이동시키면 된다. 각 카드 위에는 L, R, P라는 글자가 반짝거린다. L은 왼쪽, R은 오른쪽, P는 중지를 의미한다. 그 글자에 맞추어 왼쪽이나 오른쪽 버튼을 누르거나, 또는 아무 버튼도 누르지 않으면 된다. 총 9분 안에 끝내야 한다. 올바른 버튼을 누르면 16분의 1인치만큼 오른쪽으로 전진한다. 빨리 누르는 만큼 카드도 빨리 움직인다. 카드가 결승점에 도달하면 게임은 끝난다. 하지만 실수로 잘못 누르면 한 단계 왼쪽으로 후퇴한다. 현실 세계와 마찬가지로 실수하면 벌을 받는 것이다. 이처럼 퍼포먼스 게임의 목적과 방법은 매우 간단하다. 특별한 재능이나 지식, 기술이 없어도 문제가 없다. 게임을 하는 사람은 오직 자신과 경쟁한다. 그 사람에게 모든 것이 달려 있으며 경쟁 상대는 없다. 주위의 시선도 없다. 마스터스 대회에서 우승하기 위해 2,000명의 갤러리들이 지켜보는 가운데 10피트 길이의 퍼팅을 성공시켜야 하는 경기가 아니다. 너무나 쉽다! 나는 순조롭게 시작했다.

L-R-L-R-L-L-P-R-R-P-P……. 식은 죽 먹기군! 속도를 좀 더 올려 보자. 그래도 쉽군. 기록에 도전해 볼까? 더 빨리. 아차, 실수. 호흡을 가다듬고. 왜 그랬지? 그럴 리가 없는데. 조금 더 천천히……. 좋아. 어라? 또 실수. 어이가 없군. P가 아니라 R이잖아? 잊자. 이제부터 잘하면 되지. 좀 더 속도를 높여서. 좋아, 좋아. 이렇게 쭉 나가자. 계속해서, 앗! 바보. 안 돼. 다시! 다시! 대체 뭘 하는 거야! 또 실수야? 자, 빨리빨리. 잠깐! 좋아, 좀 천천히 하자. 그게 중요해. 속도를 줄여, 더 이상 실수하면 안 돼. 진짜 천천히. 실수하지 말고. 마음을 비우고. R-P-P-P-L-L-R-P-P. 왜 이렇게 P가 많이 나오지? 그래도 계속 하자. 좋아, 좋아. 잘하고 있어. 숨을 한 번 쉬고 긴장을 풀자. 편안하게……. 너무 쉽군……. 이런 또 실수. 끝났군!

게임을 하면서 나는 최대한 집중하려고 노력했다. 그러나 '나 자신'이 나를 방해하고 말았다. 실수를 하고 잡념이 떠오르면서 주의력은 흐트러졌다. 손가락이 생각과는 반대로 움직이기도 했다. 다급해지자 실수가 잦아졌고, 이를 떨쳐 버리기 위해 더 집중해야만 했다.

게임 결과는 다음과 같다.

● 실수와 알파파와의 관계

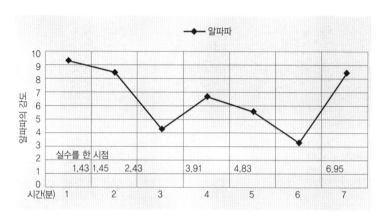

위의 표는 이렇게 해석할 수 있다. 실수가 많아질 때 알파파가 급격하게 떨어지고, 실수가 줄어들 때 알파파가 상승했다. 하지만 이 표에서 중요한 사실은 특정한 알파파의 범위에서 가장 실수를 적게 했으며, 이 범위가 가장 이상적인 구간이라는 점이다. 즉, 알파파가 높다고 좋은 게 아니고, 알파파가 낮다고 나쁜 것도 아니다. 이 게임의 목표는 성과를 극대화할 수 있는 최적의 알파파 구간을 발견하는 것이다. 퍼포먼스 게임은 쉽고 간단하지만 그

의미는 매우 중요하다.

　퍼포먼스 게임은 여러 단계 중 하나이다. 나는 그다음으로 20분 동안 이루어지는 전반적인 피드백 단계로 넘어갔다. 스콧은 여기서 시각적인 실험을 했다. 나는 그의 지시에 따라 눈을 뜨고 감기를 반복했다. 그리고 그의 말대로 네 살 때의 모습을 떠올려 보았다. 내 손에는 그 무렵의 사진 한 장이 들려 있다. 사탕 봉지를 들고 허름한 테디베어 인형을 옆구리에 끼고, 도로의 턱에 앉아 할아버지가 오시기를 기다리는 사진이다. 스콧은 뇌파의 피드백을 살펴보면서 그 시절을 계속해서 떠올려 보라고 얘기했다. 그리고 더욱 집중하라고 말했다. 나는 당시 느꼈던 감정과 주위 상황에 대해 생각해 보았다. 그러면서 스크린에 나타난 패턴과 음악에 집중했다. 나의 뇌파에 따라 영상과 음악 패턴은 달라졌다. 즉 브레인페인트 프로그램의 전체 과정을 거치면서 뇌파를 특정 범위로 유지하는 방법을 배우는 것이다. 이미지와 음악의 피드백에 집중하고 어린 시절을 떠올리려 노력하자 점차 새로운 패턴이 나타나기 시작했다. 이 단계에서 나의 목표는 어린 시절에 대한 회상을 통해 만들어진 패턴을 계속해서 유지하는 것이다(물론 최적의 범위를 유지하기 위해서는 최소한 수십 번의 연습이 더 필요하다). 이러한 연습을 반복한다면 나에게 꼭 맞는 심리적 상태를 유지할 수 있을 것이다.

브레인페인트 전체 단계에서 가장 흥미로운 것은 뇌파를 신호로 전환하는 메커니즘이다. 이는 브레인페인트가 일반적인 피드백 시스템과 차별화된 점이기도 하다. 스콧은 뇌파의 복잡한 모양을 그대로 표현하기 위해 이 장치를 개발했다. 브레인페인트 이전에는 뉴로피드백 테스트 결과도 선형적인 모양으로만 되어 있었다. 즉, 뇌파는 주파수와 진폭으로만 그려졌다. 여기서 확인할 수 있는 것은 평면 위에 나타난 곡선뿐이었다. 이에 대해 스콧은 이렇게 얘기한다. "이 방법은 산을 삼각형으로 그린 것과 다를 바 없어요. 뇌파는 절대 곡선 모양으로 움직이질 않아요." 이는 앞에서 소개했던 사라 수잔카가 사람들이 평면도만 보고 집을 판단한다고 지적한 것과 일맥상통한다.

그래서 스콧은 뇌파가 보내는 '모든' 구조적 신호를 피드백으로 정확하게 표현할 수 있는 장치를 연구하기 시작했다. 가령, 파도의 파고와 주기(단순한 선형 방식)는 물론, 파도의 비선형적 구조, 즉 굴곡, 속도, 역류, 물살, 굽이침, 위치, 부피, 온도를 모두 표현하는 것을 목표로 삼았다. 또한 이러한 장치를 통해 나온 패턴의 핵심적인 '특성' 또한 밝혀내고 싶었다. 이를 위해서는 뇌파의 비선형적인 형태를 가장 잘 표현하면서 실시간으로 확인 가능한 장치가 필요했다. 이렇게 해서 브레인페인트가 나온 것이다. 그런데 브레인페인트로부터 나온 패턴에서 한 가지 특이한 점이 발견되었다. 바로 그러한 패턴들이 프랙털을 이루고 있다는 사실이었다. 정교한 조직화와 치밀한 대칭 구조가 혼돈에서 시작되었고, 단순하면서도 자기 반복적인 법칙을 따랐다. 즉, 폴록의 그림과 자연 속에서 발견할 수 있는 형상이었다.

다음 이미지는 내가 브레인페인트 프로그램을 받을 때 나타난 피드백 영상이다. 이 화면은 내가 특정한 상태를 유지하고 있을 때 나온 것이다. 슈왈츠 박사의 표현으로, 이때 나는 '이완과 각성이 조화된 상태'에 있었다. 나의 그다음 목표는 이 이미지를 재현하는 것이다. 이 이미지가 좌우대칭 구조로 프랙털을 이루고 있다는 사실을 염두에 두고 자세히 살펴보자. 가까이서 보면 동일한 패턴이 전체에 걸쳐 반복해서 나타나는 모습을 확인할 수 있다.

나는 이 이미지가 결코 놀라운 것이 아니라고 생각한다. 우리의 뇌 역시 좌뇌와 우뇌의 대칭으로 이루어져 있다. 정보를 전달하는 신경돌기와 신경세포 역시 나무뿌리와 가지처럼 프랙털 모양을 하고 있다. 이와 관련해 옥스퍼드 대학교의 피터 앳킨스(Peter Atkins) 교수는 이렇게 얘기했다. "나는 프랙털 이미지가 우리의 뇌를 반영하는 것이 아닌가 하는 생각이 든다. 프랙털 이

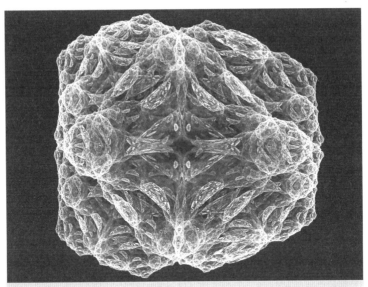

브레인페인트를 통해 나타난 저자의 피드백 이미지.

미지의 풍성한 형태를 보면, 우리 뇌의 신경회로와 닮았다는 느낌이 든다. 만약 그렇다면, 이는 아주 기쁜 소식이 될 것이다."

나는 이제 지금까지 걸어온 우아함의 여정을 마무리하고자 한다. 이제 다시 현실로 돌아와 우아함을 실천할 때가 왔다. 이제 당신의 마음속엔 잭슨 폴록이 들어 있을 것이다. 나는 브레인페인트 센터를 떠나면서, 생각의 과잉과 부족함 사이에 가느다란 줄이 놓여 있다는 생각이 들었다.

우아함이란 아마도 그 줄을 타는 방법을 배우는 일일 것이다.

감사의 글

이 책을 통해 나는 호기심을 마음껏 펼치는 행운을 누릴 수 있었다. 이 책이 세상에 나오기까지 고생하신 많은 분들께 감사하다는 말을 전하고 싶다.

브로드웨이 출판사의 편집부 직원들에게서 진정한 프로의 세계를 엿볼 수 있었다. 편집자 로저 스콜은 많은 부분에서 이 책을 다듬어 주었다. 그리고 모든 작가들이 바라는 값진 조언을 주었다. 아직도 로저의 전화를 처음으로 받았던 순간이 떠오른다. 뛰어난 재능은 물론, 생략의 법칙을 적용해 이 글을 완성해 준 그의 노력에 고마움을 표한다. 또한 초안 단계에서 많은 도움을 주었던 로저의 전 동료 사라 레이논에게도 감사를 드린다. 더불어 이 책이 세상에 나올 수 있도록 힘써 준 마이클 팰곤, 매러디스 맥기니, 니콜 듀이, 리즈 해즐턴에게도 고마움을 표하고 싶다. 또한 많은 사람의 노력을 마술처럼 하나로 모아 준 홍보 담당자 바바라 헨릭스에게도 고마움을 전한다.

지난 5년간 나의 에이전트였던 존 윌리그의 탁월한 결정에도 감사를 전한다. 그는 홍보 업무를 맡아 준 것은 물론, 끊임없는 아이디어와 격려를 주었다. 또한 존은 내게 없어서는 안 될 든든한 버팀목이 되어 주었다. 그가 없었더라면 로저와 함께 일하는 행운도 없었을 것이다.

주제를 이끌어 나가기 위해 나는 많은 사례들을 살펴보았다. 사례 속의 여러 유명 인사들은 생각했던 것보다 훨씬 만나기 어려웠다. 바쁜 일정에도 불구하고 시간을 내어 준 그들의 배려에 감사를 드린다. 보이드 맷슨은 하마가 달려들 때 가만히 서 있어야 한다는 이야기를 내게 들려주었다. 카라 플라토니는 이해하기 힘들고 따라가기 벅찬 도널드 크누스의 이론을 쉽게 설명해 주었다. 리처드 테일러 박사는 풍부하면서도 완벽한 정보를 제공해 주었다. 그리고 한스 몬더만, 마틴 카시니, 벤 해밀튼 베일리는 흥미로운 공유 공간 개념을 설명해 주었다. 제프리 슈왈츠 박사는 신경 과학과 명상의 세계를 보여 주었다. 또한 크리스 카마이클의 도움으로 엘리트 스포츠 선수들의 훈련 현장을 생생히 들여다볼 수 있었다. 나는 카마이클이 세상에서 가장 멋진 직업을 가진 사람이라고 생각한다. 장 프랑수아 조브리스트는 프랑스 말을 조금도 못하는 나를 잘 참아 주었다. 인간적인 매력과 뛰어난 재능을 지닌 사라 수잔카에게도 고마운 말을 전하고 싶다. 또한 수잔카가 설계한 집을 고객의 입장에서 평가해 주었던 조지 노플러와 데비 노플러에게도 감사를 드린다. 또한 빌 스콧의 도움으로 나는 내 머릿속에서 무슨 일이 일어나고 있는지 직접 눈으로 확인할 수 있었다.

책을 쓰다 보면 독자의 시선을 놓치기 쉽다. 도서관 사서로 일하면서 비판적인 시선으로 많은 책을 접하는 내 친구 스티브 존슨은 기꺼이 이 책의 시범 독자가 되어 주었고, 소중한 비판을 선물해 주었다. 또 그의 따뜻한 격려는 내게 큰 힘이 되었다.

가이 가와사키에게도 감사를 드린다. 그는 이 책에 어울리는 우아한 서문을 써 주었다. 그가 서문을 맡아 준 것 역시 내게는 큰 행운이었다. 우아함을 찾아서 여행하는 동안, 나는 수많은 아이디어를 떠올리고 또 실천해 보았다. 그리고 내 '머릿속에서' 엄청나게 오랜 시간을 보냈다. 아내 데바와 딸 모건은 시간적, 공간적으로 나에게 큰 도움을 주었다. 가족은 너무나 길었던 이 여행을 무사히 마칠 수 있게 한 최고의 조력자였다. 나는 그들의 인내와 도움으로부터 사랑을 느낄 수 있었다.

어떠한 작가라도 글을 쓰는 동안 이처럼 많은 선물을 받았다면 너무나도 고마운 마음이 들 것이다. 나 또한 마찬가지다.

　번역을 시작하기 전, 나는 의아한 느낌이 들었다. 이 책을 어느 분류에 포함시켜야 할까? 경영서일까, 아니면 실용서일까? 에세이일까, 아니면 철학책일까? 대부분의 번역가가 그러하겠지만, 책의 분류를 정해야 독자층이 떠오르고, 독자층이 떠올라야 그에 걸맞은 문체와 용어 사용을 결정할 수 있다. 이러한 점에서 이 책의 번역 작업은 결코 쉽지 않았다.

　이 책은 한마디로 "이런 것이다."라고 단정 짓기 힘든 책이다. 그러나 어느 샌가 나는 바로 그 점이 이 책만의 독특한 매력으로 작용한다는 사실을 깨달았다. 그리고 계속해서 읽어 나가는 동안, 이 책이 수많은 색깔을 머금고 있는 단 하나의 특별한 작품이라는 굳은 확신을 가질 수 있었다.

책이 말하는 바와 주제는 명백하다. 바로 '우아함(Elegance)'이다. 실제로 'elegance'라는 단어를 사전에서 찾아보면, '고상하고 기품이 있으며 아름다움'이라고 정의되어 있다. 하지만 이 책의 저자 매튜 메이는 좀 더 다채롭고 더욱 근원적인 관점에서 우아함이라는 개념에 재치 있게 접근해 간다. 그는 자신이 생각하고 있는 우아함을 설명하기 위해, 스탠퍼드 대학교 컴퓨터 사이언스 학과 교수인 도널드 크누스의 정의를 빌려 오기도 한다. "대칭적이면서, 인상적이고, 여백을 지닌, 즉 $E=mc^2$처럼 간결하면서도 불멸의 고리를 간직한 존재." 물론 그도 여러 차례 인정하고 있듯이, '우아함'이란 이렇듯 한마디로 정의할 수 없는 신비로운 개념이다.

그래서 저자는 갖가지 사례를 동원한다. 우아함의 개념을 독자들에게 전달하기 위해 드는 사례는 그 가짓수도 많을 뿐만 아니라, 그 분야도 눈이 휘둥그레질 만큼 각양각색이다. 대체 저자의 관심 분야는 어디까지일까 하는 궁금증마저 일 정도다. 미국의 인기 드라마에서부터 영국 보험 회사의 광고에 이르기까지, 레오나르도 다빈치의 모나리자에서 잭슨 폴록의 액션 페인팅에 이르기까지, 햄버거 가게의 메뉴판에서 아이폰 마케팅에 이르기까지, 너무나 다양하고 기발한 이야기들이 우르르 쏟아진다. 매튜 메이는 이처럼 다양한 사례를 제시함으로써 독자들 앞에 우아함의 비밀을 하나씩 하나씩 공개한다. 다시 말해, 저자는 시간과 공간을 초월한 광활한 무대 속에서 우아함의 정수를 멋들어지게 끄집어내고 있다.

이 책에서 밝히고 있듯이, 매튜 메이는 도요타에서 자문으로 활동하는 동안 자연스럽게 아시아의 문화와 사상에 관심을 갖게 되었다. 실제로 그는 이 책 구석구석에서 노자의 『도덕경』 구절을 인용하고, 일본의 소박한 미학인 '시부미'에 대해서도 자세한 설명을 곁들인다. 서양인들이 동양 문화를 접할 때 흔히 그러는 것처럼, 저자 역시 이를 신비에 가득 찬 눈으로 바라본다. 하지만 그는 단순히 신비로움을 경탄하는 데 그치지 않는다. 동양의 사상과 문화에 대한 존경을 표하며, 미래를 이끌어 갈 정신적 비전으로의 재탄생을 꿈꾼다.

현대인들은 너무나 바쁘다. 급변하는 시장에서 생존하기 위해, 쉴 새 없이 변화하고 노력해야 한다. 하지만 분주하고 복잡한 환경에서 앞만 보고 달려가다 보면, 간단하지만 기발한 아이디어 하나로 문제를 단번에 해결할 수 있다는 사실을 놓치고 만다. 하는 것보다 중요한 하지 않음. 존재하는 것보다 더 중요한 존재하지 않음. 무언가를 더하는 것보다 중요한 생략하기. 자연 속에 들어 있는 프랙털의 균형미. 우리는 그 우아함의 절대 법칙을 놓쳐서는 안 된다. 그리고 그 법칙을 손에 쥐는 '우아한 깨달음'의 순간은 바로 이 책을 읽는 일로부터 비롯될 것이라고 자신한다.

Notes

프롤로그

1. 2007년 6월 13일 AP 통신은 다음과 같은 기사를 보도했다. "드라마 〈소프라노스〉가 뉴욕의 경쟁자 대부분을 물리쳤다. 1,190만 명에 달하는 시청자들이 〈소프라노스〉의 마지막 회를 선택했으며, HBO 방송사는 역사적인 기록을 달성했다. 3,000만 가구들이 보고 있는 이 유료 케이블 채널은 지난주 동안 공중파 채널을 압도했다. 닐센 미디어 리서치에 따르면, 첫날 시청자 수 1,300만 명을 기록한 NBC의 〈아메리카 갓 탤런트(America's Got Talent)〉 첫 회만이 〈소프라노스〉 마지막 회를 이겼다고 한다. 그 밖에 ABC, CBS, 폭스, 그리고 1억 1,100만 가정에서 무료로 시청할 수 있는 채널 중 〈소프라노스〉의 아성을 넘본 것은 없었다. 이것은 1999년 〈소프라노스〉가 HBO에서 방영된 이후 네 번째로 높은 기록이며, 2004 시즌 이래 가장 높은 수치였다. VOD 서비스와 DVD 레코더 사용자를 감안한다면, 정확하게 얼마나 많은 사람들이 〈소프라노스〉의 마지막 회를 시청했는지는 집계하기 어렵다. 또한 닐센에 따르면, 〈소프라노스〉의 마지막 회는 일요일 밤 타 채널에서 동시에 방영되었던 NBA 결승 2차전(860만 명)은 물론 토니 상 시상식(620만 명)도 따돌렸다."

2. 데이비드 체이스, 드라마, 수상, 에피소드 가이드 등 〈소프라노스〉에 관한 모든 것은 http://www.hbo.com/sopranos에서 확인할 수 있다.

3. 페기 누난은 'Declaration' 칼럼 지면 전부를 〈소프라노스〉의 마지막 에피소드에 할애했다. 2007년 6월 8일 오피니언 저널 닷 컴(OpirnionJounal.

com)에 실린 이 기사의 제목은 "Old Jersey Real : The Greatness of ⟨The Sopranos⟩"였다. 이 기사는 「월 스트리트 저널」 2007년 6월 9일자에도 실렸다. 기사 전문은 http://opinionjournal.com/columnists/pnoonan에서 확인할 수 있다.

4. ⟨소프라노스⟩의 마지막 회에 대한 분석 기사 두 개를 소개한다. 첫 번째는 『트레베키스탄의 죄수(Prisoner of Trebekistan)』를 쓴 밥 해리스(Bob Harris)가 작성했는데, 그의 블로그인 http://BobHarris.com에 2007년 6월 15일자로 올라와 있다. 48시간 동안 무려 8만 명이 넘는 사람들이 이 글을 읽었다. 두 번째는 「워싱턴 포스트」 지에서 스타일 섹션을 맡고 있는 방송 편집자 마이클 캐브너(Michael Cavna)가 2007년 6월 17일 블로그에 올린 글이다. 이 기사의 제목은 "Eureka! Solving the Sopranos"이다.

5. Lao Tzu, Tao Te Chins, trans. *Gia-Fu Feng and Jane English* (Vintage Books, 1989), ch. 11.

6. 2007년 후반, 보이드 맷슨과 나는 서던 나사렛 대학교에서 강의를 했다. 보이드는 여기서 "How to Stand Still When the Hippos Charge"라는 제목으로 강의했다. 나는 이듬해에 보이드가 다양한 유사 전략에 대해 강의할 때에도 그와 함께할 수 있었다. 보이드는 TV 시리즈인 ⟨익스플로러⟩를 진행하다가 내셔널 지오그래픽의 탐사 기자로 오랫동안 활동하고 있다. 그는 최근 PBS에서 방송한 내셔널 지오그래픽의 새로운 프로그램인 ⟨와일드 크로니클스⟩의 진행을 맡았다. 보이드에 관한 더욱 자세한 정보는 http://www.nationalgeographic.com/speakers/profile_matson.html에서 확인할 수 있다.

7. 짐 콜린스가 쓴 "Best New Year's Resolution? A Stop Doing List"라는 기사는 「USA 투데이」 2003년 12월 30일자 포럼 섹션에 게재되었다. www.jimcollins.com에서 그의 '멈추기' 기술에 관한 기사와 오디오 클립을 확인할 수 있다.

8. 이 연구는 일리노이 대학교의 데니스 박(Denise C. Park)에 의해 추진되었다. 연구팀은 미국과 싱가포르에서 젊거나 나이 든 피실험자 200명 정도에게 복잡한 이미지를 보여 주면서 fMRI로 뇌를 스캔했다. *Scientific American Mind* 18, 4 (August/ September 2007), pp.9~13, "The Hidden Power of Culture" 참조.

1장
1. 「하버드 크림슨」 기자인 빅토리아 할렛(Victoria C. Hallett)이 셔틀걸 이야기를 기사로 다루었다. "ShuttleGirl's Identity Revealed"(2001년 5월 21일), "The Boys Behind ShuttleGirl"(2001년 6월 7일) 참조.
2. 「샬롯 옵저버(Charlotte Observer)」 작가인 크렌츠(Fischer-Krentz)는 다음의 단편소설을 통해 넬슨(Randy Nelson)의 성과를 잘 소개하고 있다. "He Wants His Short Prose to Challenge," *Charlotte Observer*, December 11, 2005.
3. 「뉴욕 타임스」 1983년 11월 12일자 "Civil Rights"에서 인권위원회에 관한 이야기를 다룬다.
4. 「이스트 베이 익스프레스(East Bay Express)」의 전직 기자인 카라 플라토니(Kara Platoni)는 친절하게도 그녀가 쓴 글과 크누스 교수와의 사적인 인터뷰에 대해 많은 정보를 제공해 주었다. "Love at First Byte," *Stanford Magazine* (May/June 2006).
5. 오일러가 1782년에 쓴 논문은 "Investigations on a New Type of Magic Square"이다. 이는 http://www.math.dartmouth.edu/~euler/docs/translations/E530.pdf에서 다운로드할 수 있다.
6. 윌 쇼츠가 밝힌 스도쿠 중독에 관한 내용은 2006년 2월 24일 「뉴스위크」에 실린 제시카 베넷의 글, "Will Shortz on the Lure of Sudoku-How

the Game Can Help Your Health, Your Brain, and Your Self-Image"에서 확인할 수 있다.

7. LECOM 의대(Lake Erie College of Osteopathic Medicine)의 심리학 교수이자 Independent Study pathway를 이끌면서 「사이언티픽 아메리칸 마인드」(August/ September 2007)에 글을 쓴 마크 앤드류스는 이 잡지의 "Ask the Brains" 섹션에서 커크 맥언의 질문에 대해 이렇게 설명한다. "스도쿠 같은 게임이 정신적인 만족감을 주는 이유는 무엇일까? 두뇌의 쾌감 중추를 활성화하기 때문인가? 아니면 단지 문제를 풀었다는 만족감에 불과한 것인가?"

8. 카렌 한센(Karen Hansen)은 "A Roller-Coaster Year," *The Pantagraph* (January 18, 2004)에서 미쓰비시의 프로그램에 대해 설명한다.

9. 다이아몬드 모양의 도로 표지판을 수집하는 크누스의 취미는 http://www-cs-faculty.stanford.edu/~knuth/index.html에서 확인할 수 있다.

2장

1. 바일이 대칭에 관해 쓴 훌륭한 글 세 편을 소개한다. *Symmetry* (Princeton University Press, 1952), Mario Livio; *The Equation That Couldn't Be Solved-How Mathematical Genius Discovered the Language of Symmetry* (Simon & Schuster, 2005); *Why Beauty Is Truth-A History of Symmetry* (Basic Books, 2007). 마리오 리비오(Mario Livio)는 대칭에 대한 바일의 정의가 가장 정확하다고 언급한다.

2. 그린은 『엘러건트 유니버스(*The Elegant Universe-Superstrings, Hidden Dimensions, the Quest for the Ultimate Theory*)』의 7장에서 1919년 네덜란드 물리학자인 로렌츠가 보낸 축하 전보에 대한 아인슈타인의 답을 다룬 이야기로부터 미학적 대칭에 관한 논의를 풀어 나간다. 그린

의 견해에 따르면, 대칭은 끈 이론의 마법이다. 7장의 제목은 "The 'Super' in Superstrings"이다.

3. 우주를 조화로운 교향곡으로 묘사한 그린의 표현은 Part III : The Cosmic Symphony의 6장인 "Nothing But Music : The Essentials of String Theory"에서 찾아볼 수 있다.

4. 숨겨진 단어에 대한 사례는 *The Elegant Universe*, pp.300~302의 "The Power of Symmetry"에서 확인할 수 있다.

5. 리처드 테일러의 연구에 대한 내용은 2008년 2월의 인터뷰를 바탕으로 한 것이다. 당시 그는 뉴질랜드 오클랜드에서 안식일을 보내고 있었다. 나는 「사이언티픽 아메리칸」에 실린 기사 "Order in Pollock's Chaos" (December 2002), pp.116~121을 통해 폴록의 작품에서 프랙털 패턴을 발견한 테일러의 연구에 관심을 갖게 되었다. 테일러의 글과 관련 자료들은 오레곤 대학교의 연구진 홈페이지인 http://materialscience.uoregon. edu/taylor/art/infb.html에서 찾을 수 있다.

6. 리처드 테일러는 이브 클라인에 관한 이야기를 "Personal Reflections on Pollock's Fractal Paintings"라는 에세이에서 다루고 있다. *The Journal of History, Science & Health* 13 (2006), pp.108~123에 실렸다.

7. 잭슨 폴록에 대한 글은 「라이프」 지의 1949년 8월 8일 기사에 실려 있다.

8. 이 별명은 잭슨 폴록에 관한 「라이프」 지의 1956년 8월 8일 기사에 실려 있다.

9. 만델브로트(B. B. Mandlebrot)는 일련의 프랙털 연구들을 그의 저서 *The Fractal Geometry of Nature* (W. H. Freeman, 1977)에 소개한다.

10. 프랙털의 복잡성에 대한 실험은 Richard P. Taylor et al., "Universal Aesthetic of Fractals," *Chaos and Graphics* 27 (2003), p.813에 나와 있다.

11. 라바이플라인의 설계와 설치 전후의 통계 수치에 대한 자세한 정보는

P. Euser, "The Laweiplein : Evaluation of the Reconstruction into a Square with Roundabout," *Noordelijke Hogeschool Leeuwarden/ Verkeerskunde* (March 2006), pp.5~18에 나와 있다.

12. 2007년 11월 영국에서 몬더만을 인터뷰했다. Tom McNichol, "Roads Gone Wild," Wired 12, 12. (December 2004) 참조. http://www.wired.com/wired/archive/12.12/traffic.html에서 정보를 얻을 수 있다.

13. 이 주제와 관련된 마틴 카시니의 연구는 다음 두 가지 방법으로 확인할 수 있다. (1) Martin Cassini, "The Case Against Traffic Lights," BBC News, January 14, 2008. 이 자료는 http://news.bbc.co.uk/2/hi/programmes/newsnight/7187165.stm에서 볼 수 있다. (2) "In Your Car No One Can Hear You Scream! Are Traffic Controls in Cities a Necessary Evil?" *Institute of Economic Affairs 2006* (Blackwell Publishing). 이 글은 마틴의 홈페이지(http://www.freewebs.com/mjcassini)에서 확인할 수 있다.

14. 2007년 2월 영국에서 마틴 카시니를 인터뷰했다.

15. Roger Morrison, "The Comparative Efficiency of Stop Signs and Stop-and-go Signals at Light-traffic Intersections," *Annual Meeting Compendium, Institute of Transportation Engineers* (March 1931), pp.39~49.

16. 2007년 2월 벤 해밀튼 베일리와 영국에서 가진 인터뷰. 홈 존과 공유 공간 설계에 관한 좋은 자료가 있다. "Shared Space : Reconciling People, Places and Traffic," *Built Environment* 34, 2 (2008); Emma Clarke, "The Evolution of Shared Space," *Traffic Engineering & Control* (September 2006); Ben Hamilton-Baillie, "What Is Shared Space?" 2006. 벤의 웹 사이트(http://www.hamilton-baillie.co.uk)도 참조.

17. 유튜브에서 공유 공간에 관한 전 세계적인 동영상 자료를 살펴볼 수 있다. 'Traffic Moderman'과 'Shared Space'로 검색을 해 보자. 그중 몇 가지를 여기 소개한다. http://www.ytube.com/watch?v=tye8zjr7pZO, http://www.ytube.com/watch?v=2IuZ0eQA35c. 대부분 카이로나 인도처럼 교통 혼잡이 극심한 지역에서는 고유한 문화 때문에 공유 공간이 제대로 작동하지 않을 것이라고 생각한다. 하지만 다음 동영상에서는 인도에서도 얼마든지 효과가 있다는 것을 확인할 수 있다. http://www.ytube.com/watch?v=RjrEQaG5jPM.

18. 전미 운전자 협회의 차드 도니스페(Chad Dornsife)는 몬태나 역설에 관한 중요한 글 두 편을 썼다. "Montana : No Speed Limit-Safety Paradox" (February 11, 2000)와 "Fatal Accidents Double on Montana's Interstates" (May 10, 2001)가 그것이다. 협회 홈페이지 (http://www.motorists.org)에서 확인할 수 있다.

19. 폴 아들러(Paul S. Adler)는 "Time and Motion Regained," *Harvard Business Review* 71, 1 (1993), pp.97~108에서 도요타에 의한 GM 공장의 전환에 대해 자세하게 설명한다.

20. Samuel Beckett, "Lessness," *New Statesman* (May 1, 1970).

21. Ruby Cohn, *Back to Beckett* (Princeton University Press, 1973).

22. Elizabeth Drew and Mads Haahr, "Lessness : Randomness, Consciousness and Meaning," Fourth International CAiiA-STAR Research Conference, Perth, Australia, August 2002.

3장

1. E. H. Gombrich, *The Story of Art*, 16th ed. (Phaidon Press 1950, 1995), pp.300~303.

2. E. H. Gombrich, "Blurred Images and the Unvarnished Truth," *The British Journal of Aesthetics* 2 (1962), pp.170~179.

3. Wendelin A. Guentner, "British Aesthetic Discourse, 1780~1830 : The Sketch, the Non Finito, and the Imagination," *Art Journal* (Summer 1993).

4. Jonah Lehrer, *Proust Was a Neuroscientist* (Houghton Mifflin, 2007), pp.114~117.

5. "Morgenstern's Picks : Silence, Loud and Clear," *Wall Street Journal*, January 5-6, 2008.

6. 아이폰 출시와 스티브 잡스의 버튼 혐오증에 대한 기사 두 개를 소개한다. Paul Kedrosky, "The Jesus Phone," *Wall Street Journal*, June 29, 2007; Nick Wing-field, "Hide the Button : Steve Jobs Has His Finger on It : Apple CEO Never Liked the Physical Doodads, Not Even on His Shirts," *Wall Street Journal*, July 25, 2007.

7. William James, *Principles of Psychology* (Holt, 1890), http://psychclassics.yorku.ca/James/Principles.

8. Daniel E. Berlyne, *Conflict, Arousal, and Curiosity* (McGraw-Hill, 1960).

9. Leonard Meyer, *Emotion and Meaning in Music* (University of Chicago Press, 1956).

10. George Loewenstein, "The Psychology of Curiosity : A Review and Reinterpretation," *Psychological Bulletin* 166 (1994), pp.75~98.

11. Satya Menon and Dilip Soman, "Managing the Power of Curiosity for Effective Web Advertising Strategies," *Journal of Advertising*, 31, 3 (Fall 2002).

12. 캘리포니아 주 로스앤젤레스에 위치한 슈왈츠 박사의 사무실을 처음으로 찾아간 것은 2008년 2월이었다.

13. Adam Smith, *The Theory of Moral Sentiments* (A. Millar, 1759).

14. Christian von Ehrenfels, "On Gestalt Qualities," *Psychological Review* 44, 6 (November 1937), pp.521~524.

15. Vilayanur S. Ramachandran and Diane Rogers-Ramachandran, "Mind the Gap : The Brain, Like Nature, Abhors a Vacuum," *Scientific American Mind* (April 2005), p.100.

16. Richard Warren, "Auditory Illusions and Confusion," *Scientific American* 223, 12 (1970), pp.30~36.

17. Takayuki Sasaki, "Sound Restoration and Temporal Localization of Noise in Speech and Music Sounds," *Tohuku Psychologica Folia* 39 (1980), pp.79~88.

18. 아이오와 대학교의 초콜릿 실험은 다음 자료에서 확인할 수 있다. Dhananjay Nayakankuppam, Baba Shiv, and Himanshu Mishra, "The Blissful Ignorance Effect : Pre Versus Post Action Effects on Outcome-Expectancies Arising from Precise and Vague Information," University of Iowa Health Sciences press release, January 30, 2008.

19. Aaron O. Patrick, "Big Clients Beat a Path to Fallon in London : Shop Gets Buzz, Billings with Edgy Campaigns; Gorilla-Suit Ad is a Hit," *Wall Street Journal*, December 11, 2007. 유튜브에서 이 광고를 볼 수 있다. http://www.youtube.com/watch?v=RiohUx2XIBg.

20. 뇌의 만족 중추에 대한 간단한 설명은 다음 자료에서 확인할 수 있다. Mark A. W. Andrews, "Ask the Brains," *Scientific American Mind* (August/ September 2007).

21. Eric Dijk and Marcel Zeelenberg, "When Curiosity Killed Regret : Avoiding or Seeking the Unknown in Decision-Making Under Uncertainty," *Journal of Experimental Social Psychology* 43 (2007), pp.656~662.

22. 「뉴요커」만화 자막 콘테스트의 역사를 다룬 좋은 기사가 두 가지 있다. Ben Greenman, "Your Caption Here," *New Yorker*, May 2, 2005; Ramin Setoodeh, "Behind the Scenes : At the Caption Contest," *Newsweek*, December II, 2006.

4장

1. 아래 블로그에서 인앤아웃 버거와 비밀 메뉴에 관한 두 가지 자료를 확인할 수 있다. 첫 번째는 www.laughingsquid.com에 스콧 빌(Scott Beale)이 2007년 6월 17일에 올린 "In-N-Out Burger, a Fast Food Underdog with a Cult Following"이며, 두 번째는 www.badmouth.net에 존 마콧(John Marcotte)이 2005년 2월 24일에 올린 "In-N-Out's Secret Menu"이다.

2. 100x100 버거를 조금씩 먹어 해치우는 이야기는 다음 사이트에서 사진으로 볼 수 있다. http://whatupwilly.blogspot.com. 이 글은 2006년 1월 23일에 게재되었으며 제목은 "In-N-Out 100×100"이다.

3. Tom McNichol, "The Secret Behind a Burger Cult," *New York Times*, August 14, 2002.

4. 카마이클과 암스트롱에 관한 이야기는 2007년 1월에 있었던 카마이클과의 인터뷰 내용을 기초로 삼고 있다. 카마이클의 자세한 이야기와 그의 철학은 http://www.trainright.com에서 확인할 수 있다.

5. 이 이야기는 Jay T. Kearney, "Training the Olympic Athlete,"

Scientific American 274, 6 (June 1996), p.52에 실려 있다.

6. Lennard Zinn, "Cadence, Carmichael and Crushing," http://velonews.com/article/1192, July 17, 2001.

7. 나는 1997년 소비자 만족도에 관한 심포지엄에서 하버드 비즈니스 스쿨의 제프리 레이포트(Jeffrey Rayport)가 발표한 내용을 보고 나서 퍼스트 다이렉트에 대해 관심을 가졌다. 퍼스트 다이렉트의 자세한 분석 자료는 하버드 비즈니스 스쿨의 사례 분석에 나와 있다(Number 9-897-079, prepared by Dickson L. Louie under the supervision of Jeffrey F. Rayport, April 9, 1998).

8. 하버드 비즈니스 스쿨 사례 분석에서 레인클라우드 프로젝트 태스크포스에 관한 자료를 확인할 수 있다(Number 9-897-079, prepared by Dickson L. Louie under the supervision of Jeffrey F. Rayport, April 9, 1998).

9. Masaaki Imai, *Kaizen : The Key to Japan's Competitive Success* (McGraw-Hill, 1986). 다음에 나온 책으로 *Gemba Kaizen : A Commonsense, Low-Cost Approach to Management* (McGraw-Hill, 1997)가 있다. 두 권 모두 카이젠의 원리와 실천에 관해 다룬다.

10. 타이치 오노의 연구와 방법은 *Toyota Production System : Beyond Large Scale Production* (Productivity Press, 1988)에 나와 있다.

11. Brian M. Carney, "Workers of Europe Innovate," *Wall Street Journal*, July 25, 2005.

12. 장 프랑수아를 인터뷰한 것은 2008년 3월이었다.

13. 파비의 경영에 대한 좀 더 자세한 분석은 다음 자료에 나와 있다. Jean Lefebvre and Shoji Shiba, "Collaboration and Trust in the Supply Chain : The Case of FAVI S.A.," *Supply Chain Forum* 6, 2 (2005), pp.90~95.

14. 이 이야기는 2007년부터 2008년까지 사라 수잔카와 만나 여러 차례 토론하고 인터뷰한 내용, 그리고 톤턴(Taunton Press)에서 출판된 그녀의 책들을 바탕으로 하고 있다. 여기에는 *The Not So Big House* (1998), *Creative the Not So Big House* (2000), *Home by Design* (2004), *Inside the Not So Big House* (2005)가 있다.

15. 2008년 3월, 나는 캘리포니아 레이크 셔우드에서 수잔카의 고객인 조지와 데비를 만났다.

16. Christopher Alexander, *A Pattern Language : Towns, Building, Construction* (Oxford University Press, 1977).

17. Christopher Alexander, *A Timeless Way of Building* (Oxford University Press, 1979), p.5.

18. Susanka, *Creating the Not So Big House*, p.38. 사라는 이 부분을 발췌해 내게 이메일로 보내 주었다.

5장

1. 압바의 항아리 냉장고에 관한 이야기는 다음 두 사이트에서 확인할 수 있다. "Low-Tech Solution : Using Simple Physics to Help Poor Nigerians," http://rolexawards.com/en/the-laureates/ mohammedbahabba-the-project.jsp; http://www.worldaware. org.uk/awards.

2. Barry Nalebuff and Ian Ayres, *Why Not?* (Harvard Business School Press, 2003), pp.38, 116. 사고 훈련에 관한 구상은 짧은 토론으로부터 시작되었다.

3. 케네디와 히틀러에 관한 이야기는 Morgan D. Jones, *The thinker's Toolkit* (Three Rivers Press, 1998)에서 발췌했다.

4. 피터 셍게는 조직적인 학습을 다루고 있는 그의 저서 *The Fifth Discipline* (Doubleday Business, 1990)에서 시스템 사고에 대한 강력한 사례를 다룬다. Chris Argyris, *Action Science* (Jossey-Bass, 1985)와 *Knowledge for Action* (Jossey-Bass Wiley, 1993) 참고.

5. 이안 미트로프의 견해는 셍게의 저서 *The Fifth Discipline*에서 확인할 수 있다.

6. 일리노이 대학교의 올슨과 피츠버그 대학의 제니퍼 윌리 교수의 연구는 Ulrich Kraft, "Unleashing Creativity," *Scientific American Mind* 16, I (2005)에 나와 있다.

7. Kevin P. Coyne, Patricia Gorman Clifford, and Renee Dye, "Breakthrough Thinking from Inside the Box," *Harvard Business Review* (December 2007), pp.71~78.

8. 브래튼에 관한 자료 두 가지를 소개한다. Joe Domanick, "The Reformer, on Honeymoon," *Los Angeles Times Magazine*, January 19, 2003; and Heather Mac Donald, "Chief Bratton Takes on L.A.," *City Journal*, Autumn 2003.

9. 깨진 유리창 이론은 다음 자료에서 살펴볼 수 있다. James Q. Wilson and George L. Kelling, "Broken Windows," *Atlantic Monthly*, March 1982; George L. Kelling and Catherine Coles, *Fixing Broken Windows* (Simon & Schuster/ Free Press, 1996); E. J. Dionne, Jr., "A Broken-Windows Approach to Crime," *Washington Post*, December 29, 1996; and Malcolm Gladwell, *The Tipping Point* (Little, Brown & Company, 2000).

10. Ellen Byron, "New York Officers Learn to Paint Crime Scenes with Broader Strokes," *Wall Street Journal*, July 27, 2005. 나는 이 일면 기사를 읽고 관찰 기술을 개발하기 위해 미술 작품을 활용하는 뉴욕

경찰의 사례에 관심을 가졌다.

11. *The Lexus Story* (Melcher Media. 2004). 이 책은 렉서스에 대해 깊이 있게 다룬다.

12. 플레이펌프 인터내셔널에 대한 자세한 사항은 회사 홈페이지에서 확인할 수 있다. http://www.playpumps.org. 동영상도 함께 볼 수 있다.

13. Rudyard Kipling, "The Elephant's Child," *Just So Stories*, 1902; http://www.kipling.org.uk/poems_serving.htm.

결론

1. 나는 슈왈츠 박사를 두 번째로 방문하기 위해 2008년 4월 캘리포니아 주 로스앤젤레스를 찾았다.

2. Ann Emmert Abbott, "The Value of Idle Hours," *Artist's Sketchbook* (October 2004).

3. 유레카의 순간에 관한 자료 두 가지를 소개한다. Semir Zeki, "Artistic Creativity and the Brain," *Science* 293 (July 6, 2001), pp.51~52, and Guenther Knoblich and Michael Oellinger, "The Eureka Momnent," *Scientific American Mind* 17, 5 (2006), pp.38~43.

4. 창조적이고 획기적인 아이디어를 만들어 내는 휴식의 힘을 다룬 자료들을 소개한다. Robert Stickgold et al., "Visual Discrimination Learning Requires Sleep After Training," *Nature Neuroscience* 13, 12 (December 2000), pp.1237~1238; Ullrich Wagner et al., "Sleep Inspires Insight," *Nature* 427 (January 22, 2004), pp.352~355; and Robert Stickgold and Jeffrey Ellenbogen, "Quiet! Sleeping Brain at Work," *Scientific American Mind* 19, 4 (August/ September 2008), pp.22~29.

5. 슈왈츠 박사는 그의 저서 *Brain Lock* (with Beverly Beyette, HarperCollins, 1996)에서 UCLA의 강박증 환자들에 대한 연구를 자세히 설명한다. 샤론 베글리(Sharon Begley)와 공동 저술한 *The Mind and the Brain : Neuroplasticity and the Power of Mental Force* (Regan Books, 2003)는 두뇌를 변화시키는 마음의 힘에 관한 바이블로 알려져 있다.

6. 「월 스트리트 저널」의 과학 칼럼니스트를 거쳐 「뉴스위크」에서 과학부 편집자를 맡고 있는 베글리는 티베트 수도승들을 대상으로 광범위한 연구를 했다. *Train Your Mind, Change Your Brain* (Ballantine Books, 2007); "How Thinking Can Change the Brain," *Wall Street Journal*, January 19, 2007; and "Scans of Monks' Brains Show Meditation Alters Structure, Functioning," *Wall Street Journal*, November 5, 2004.

7. 슈왈츠 박사가 설명한 명상법은 그의 저서 *Dear Patrick* (Harper Perenial, 2003), pp.174~175에 나와 있다.

8. 마크 정 비먼의 연구에 관한 세 가지 자료를 소개한다. 첫 번째는 학술서이며, 나머지는 대중서이다. Mark Jung-Beeman and John Kounios et al., "The Origins of Insight in Resting-State Brain Activity," *Neuropshychologia* 46 (2008); Jonah Lehrer, "The Eureka Hunt," *New Yorker*, July 28, 2008; and "Scientists Explain 'Aha!' Moments : Brain Activity Differs Whenin Restie Insight Tekes Hold," WebMD Health, News. http:// en.web d.cd / news/20040413/scientists-explain-aha-moments에서 확인할 수 있다.

9. 2008년 4월과 5월에 나는 캘리포니아 주 로스앤젤레스의 브레인페인트에서 스콧과 함께 토론을 하고 인터뷰를 가졌다.

10. Tobias Egner and John Gruzelier, "Ecological Validity of Neurofeedback : Modulation of Slow Wave EEG Enhances Musical Performance," *Cognitive Neuroscience and Neuro-psychology* 14, 9 (July 2003).

찾아보기

우아한 아이디어가 세상을 지배한다

펴낸날   초판 1쇄 2010년 1월 12일
         초판 3쇄 2010년 3월 29일

지은이   매튜 메이
옮긴이   박세연
펴낸이   심만수
펴낸곳   (주)살림출판사
출판등록 1989년 11월 1일 제9-210호

경기도 파주시 교하읍 문발리 파주출판도시 522-1
전화 031)955-1350   팩스 031)955-1355
기획·편집 031)955-4667
http://www.sallimbooks.com
book@sallimbooks.com

ISBN   978-89-522-1317-4   03320

책임편집 정홍재